本书出版得到“中央高校基本科研业务费专项资金”资助（supported by “the Fundamental Research Funds for the Central Universities”）。

犯罪论问题解释的新构想

曾文科 著

中国政法大学出版社
2025 · 北京

图书在版编目（CIP）数据

犯罪论问题解释的新构想 / 曾文科著. -- 北京 ：中国政法大学出版社，2025. 3. -- ISBN 978-7-5764-1976-4

Ⅰ. D924.05

中国国家版本馆 CIP 数据核字第 2025JM0337 号

书　名	犯罪论问题解释的新构想 FANZUILUN WENTI JIESHI DE XINGOUXIANG
出版者	中国政法大学出版社
地　址	北京市海淀区西土城路 25 号
邮　箱	bianjishi07public@163.com
网　址	http://www.cuplpress.com (网络实名：中国政法大学出版社)
电　话	010-58908466(第七编辑部) 010-58908334(邮购部)
承　印	北京旺都印务有限公司
开　本	720mm × 960mm　1/16
印　张	13.5
字　数	220 千字
版　次	2025 年 3 月第 1 版
印　次	2025 年 3 月第 1 次印刷
定　价	65.00 元

前　言

本书是笔者自入职中国政法大学以来，有关犯罪论解释问题的思考成果集结。从内容上看，涉及危险犯论、构成要件论、正当防卫论、故意论以及中止犯论五大领域。本书虽然处理的主要是刑法总论相关的争议问题，但在行文时，尽可能将我国刑法分则的具体规定一并考虑进去，不限于各个具体罪名，试图实现刑法总论思考与刑法分论问题的联结融通，并通过分类型、分情形的方法推进研究的精细程度。是为书名中所谓“新构想”的第一层含义。

例如，本书第一章论证了“未必的危险”这一新的解释工具引入我国刑法学的可能性，并将其既用于解释未遂犯的处罚根据，又用于说明部分以往中外刑法比较中较少涉及的具体罪名（如巨额财产来源不明罪、负有照护职责人员性侵罪以及非法植入基因编辑、克隆胚胎罪等）的罪质问题。此外，通过将未必的危险类型化为法益本身事实上是否存在、法益是否因被害人行使自己决定权而被放弃以及是否保护了更加优越利益三种情形，进一步呈现未必的危险作为解释工具的实际运用效果。又如，本书第二章将以往止步于刑法总论中（如发生抽象认识错误时故意犯罪既遂的认定问题、部分犯罪共同说下共同罪名的确定问题、法条竞合的范围划定问题等）有关犯罪重合评价的思考，沿用至我国刑法分则的条文适用中以开拓新的解释领域。考察将具有重合关系的重罪评价为轻罪反而使行为人处于不利地位（包括从无罪变为有罪，从处罚轻变为处罚重）时，是否应当以及如何确定一定的规则以划定重合评价的边界等新问题。通过对涉及法律拟制、涉及行为数量、涉及犯罪数额（数量）、涉及预防必要性四种情形的进一步研讨，展现并提升犯罪间重合评价规则的可操作性。

尽管涉及犯罪论解释上的多个话题，但由于刑法解释学独特的体系性，本书各部分都在尽力贯彻笔者所支持的刑法解释学基本立场，即客观主义下的结果无价值论。刑法解释学之所以要强调基本立场，是为了担保裁判的可预测性与论理的可检验性。如果只是一案一议，只进行问题性思考，那么国民就丧失了对将来实施行为会带来何种后果的准确预期。尤其是在因政治、经济、社会、文化以及科技状况发生变化而出现新的行为方式，或者对既有的行为方式在国民规范意识上作出新的评价时。在这一点上，可以说确立基本立场是构建体系性思考的原点，是契合刑法所讲求的罪刑法定原则的内在精神的。此外，倘若欠缺基本立场，就无法保证在不同问题上做出论理一致的判断，同时也剥夺了其他人检视其理论融贯性的机会，无助于刑法学的理性发展。当然，强调刑法学作为一门学问的理论性，并不是要否定其实践性面向，而是希望构筑起以基本立场为起点的体系大厦，从而确保实践性问题的解决方案能够纳入国民可预测范围的合理轨道之中。

反过来看，本书所选取的探究对象，大多也是以往从结果无价值论的基本立场出发未能予以充分说明的问题。例如，在本书第一章讨论的“行为当时就无法查明被害人生死状况”的情形中，对于主观主义论者或者行为无价值论者而言，要认定未遂犯或许并不存在障碍，但对于结果无价值论者而言恐怕就有必要跳出以往不能犯的论域，构造出一类新的危险用作未遂犯的处罚根据。又如，本书第三章和第四章提到以“防卫意思的连续性”作为判断复数防卫行为是否具有一体性的重要因素。那么，在不承认防卫认识、防卫意图是主观正当化要素的前提下，逻辑上还能否依赖“防卫意思的连续性”这一因素，就成为考验结果无价值论基本立场的关键问题，对此不得不予以正面回应。因此，坚守结果无价值论的基本立场并提出新的解释方案以应对该基本立场面临的解释难题，此可谓书名中所谓“新构想”的更深一层的含义。

在“构建中国刑法学自主知识体系”的时代背景下，犯罪论的解释问题需要创设新的解释工具、开拓新的解释领域、探索新的解释路径、提出新的解释方案。但在此过程中绝不可“为赋新词强说愁”。既不能妄自尊大地对其他法治国家刑法理论与实践中的有益资源不屑一顾，也不能妄自菲薄地对我国刑法文本的现行规定与刑法学界的理论成果置若罔闻。因此，本书在论证相关问题时，既不排斥借鉴国外的学说经验，也不忽视我国现行刑法所限定的解释框架。甚至更加希望通过比较研究的方法，发现国内外不同时期适用刑法时在社会条件、文本规定、司法状况等方面存在的重大差异，从而能够从纷繁复杂的理论学说中探索出真正可兹借鉴的新路径，或者在批判反思的基础上另起炉灶提出化繁为简的新方案，最终服务于我国的刑事司法实践。这或许可以说是书名中所谓“新构想”的第三层含义。

例如，本书在探索量的防卫过当的本土化问题时，一方面在第三章详细考察了日本的判例观点与理论学说并做出归纳评述，另一方面在第四章结合当下我国理论界与实务界对正当防卫的态度转变，关照中日两国有关防卫过当减免处罚规定之不同，论证“防卫意思的连续性”与“动摇的精神状态的持续”是评价防卫行为一体化时必须同时具备的要素，进而在厘清量的防卫过当与假想防卫（过当）关系的基础上，区分不同情形讨论了正当防卫与(量的) 防卫过当的适用关系问题。又如，本书在第六章探讨中止犯的减免处罚根据时，既考虑了德日相关学说的合理成分及其不足，也顾及了我国中止犯规定与德日的差异，进而通过方法论上的检讨，受分类概念与类型概念区分的启发，提出类型并合说。然后在第七章中分别从责任降低、违法降低和政策因素三个视角出发运用类型并合说来指导中止犯成立类型的认定，并辅以我国的司法实践案例予以检证。再如，本书第五章更是着眼于我国刑法规定的故意概念，以“危害社会”这一大事因缘为切入点，提出法规范标准说以构建起符合我国刑法文本的故意理论，正面探寻出一条处理故意与违法性认识（可能性）关系的新路径，不再受困于德日刑法学依托错误理论处理该问题的学说迷局之中。正是在参考或借鉴或批判国外理论学说的基础上，针对可能共通于国内外的犯罪论问题探索新的解释路径、提出新的解释方法，所以这些新的构想具有与其他国家刑法学者对话交流的可能性，应当不至于招致“自主有余，却关起门来自说自话”的批评吧。

在研究犯罪论问题时，之所以形成联结刑法总论与分论并做类型化思考的习惯，之所以面对解释学上的难题不是直接放弃结果无价值论的基本立场而是试图提出更合理的解释学推导，之所以对国外尤其是日本的学说与判例保持包容与借鉴的开放态度，皆因在研习刑法学的道路上深受硕导张明楷教授与博导松原芳博教授的影响，并在自己的研习道路上通过反复思索检验，最终确信这些立场与做法是合理的、应当坚持传承下去。两位导师不仅在为学上传授笔者技能心得，而且在为人上给予笔者点拨指引，于公于私在诸多方面都对笔者大力关照与支持。师恩浩瀚，感激不尽却无法报答师恩之万一。

本书提出的新构想倘若还有些许学术价值，当归功于两位导师因材施教、指导有方；若是有重大疏漏错误，定是作为学生的笔者资质愚笨、学艺不精。在笔者的研究、成长之路上，还有幸得到了包括但不限于清华大学、早稻田大学、中国政法大学的诸多师友鼎力提携与支援，倍感幸运，在此一并致谢。最后，还要感谢中国政法大学出版社给予本书宝贵的出版机会，使其能够尽早面世接受众人评判。无论好坏，哪怕是在犯罪论的研究长河中，本书能够起到试错作用，想必也是其应有的价值与命运所在吧！

曾文科

2024 年 6 月 1 日

目　录

第一章

论作为解释工具的未必的危险

“危险是一个危险的概念。”[1]较之实害，危险的判断更加困难也更具争议。一旦对危险的种类、范围把握不当，极易出现处罚过宽或过窄的局面。结果作为客观构成要件要素的同时，也为犯罪行为的违法性（结果无价值）奠定基础。在实害犯中，只要事实上“认定”了死伤或财产损失等结果，就能“评价”为出现了违法结果。与此相对，在危险犯中却要在认定行为时相关事实的基础上，进一步规范地“评价”是否存在值得刑罚处罚的违法结果。可以说，实害是纯粹的事实概念，危险则带有极强的规范色彩。[2]

虽说危险是规范的价值判断，但其仍然不可摆脱事实认定这一前提，而在认定事实时又不可避免地面临人类认知事物的能力极限。即便科技不断发展，对于人类理性而言，有些问题不仅是“难”题，而且被证明因其固有属性，在将来可预见的合理时间内，甚至无论在多长时间内，都可能无法被解决。[3]例如，即便理论上人的生死界限分明，却不意味着任何案件中都能准确地“认识到”该分界线，至多界定出一个死亡时间的合理范围。[4]也就是说，生死之间存在灰色的过渡地带。那么，在凭借人类现有的认识手段无法辨别行为时被害人是否具有生命体征时，能否直接援引存疑有利于被告原则（以下简称有利被告原则），置换为行为时被害人已死亡的案件处理呢？在此

---

〔1〕［日］木村亀二『新刑法読本』（法文社，全訂新版，1959年）263頁。

〔2〕［日］曽根威彦『刑法原論』（成文堂，2016年）488頁参照。

〔3〕参见［美］诺桑·亚诺夫斯基：《理性的边界》，王晨译，中信出版社2019年版，第134、153页。

〔4〕参见［美］道格拉斯·莱尔：《法医科学研究室》，祁怡玮等译，麦田出版社2017年版，第133页。

需注意，①能否在“行为时”准确认定事实与②能否在“行为后”准确还原事实，是两个不同的问题。有利被告原则无疑适用于问题②，但问题①是否包含在该原则的射程内，以往的研究未予充分讨论。倘若问题①超出了有利被告原则的射程，则有必要考虑穷尽人类认知事物的方法也无法在“行为时”认定相关事实时，在刑法上有无评价为危险的余地。

此外，触及人类认知极限的情形在刑事立法活跃化的当下更多见其踪迹。例如，《刑法修正案（十一）》〔1〕增设了负有照护职责人员性侵罪与非法植入基因编辑、克隆胚胎罪。前者应对的正是“行为时”无法查明被害女性是否存在真实性交意愿的情形，而仅仅事后无法查明（行为时本可以查明）被害女性真实意愿的情形。增设该罪表现出刑法在被害心理这一传统领域触及人类认知边界时的积极应对姿态。而后者所规制的植入行为究竟会对公共卫生管理秩序乃至人类生存利益造成何种程度的影响，在行为当时也无法从科学上予以明确预测。“工业化历程不仅促进了文明开展，但也随之产生许多威胁人类生存基础的，却又无法即时有效辨明及控制的潜在危险。”〔2〕科技进步在大幅提高人类认识能力的同时，也不断迫近人类预测风险的边界。增设该罪表现出刑法在生物技术这一前沿领域触及人类认知边界时的积极应对姿态。问题在于，面对人类种种认知极限时，刑法是否配备了妥当的解释工具来说明其积极介入姿态的合理性。

刑法是通过规范国民行为以保护法益的重要社会控制手段，常以设置危险犯的方式来事前防范风险。但以具体危险与抽象危险为核心构建起来的传统危险犯理论，能否完全适用于人类认知极限场合的危险评价，不无疑问。这是因为，无论具体危险还是抽象危险，都是基于行为时确定的事实（无论事后查明的抑或根据有利被告原则所认定的）证明或无反证地推定行为时的危险（在此意义上，本章将二者统称为“确定的危险”）。与此相对，在触及人类认知极限的场合，行为后自不待言，即便行为当时也无法查明相关事实。若要将这种事态本身评价为值得刑法处罚的危险，则不得不在确定的危险外论证一种新的危险类型，本章暂且将其称为“未必的危险”。下文首先以

〔1〕 为行文方便，本书中出现的我国法律法规直接使用简称，如《中华人民共和国刑法修正案（十一）》简称《刑法修正案（十一）》，全书统一，不再一一说明。

〔2〕 古承宗：《刑法的象征化与规制理性》，元照出版有限公司2017年版，第45页。

杀人时被害人生死不明案件的处理为例，析出未必的危险的具体形象，探讨其在程序法上是否违反有利被告原则，在实体法上又能否作为未遂犯的处罚根据（第一节）；然后通过对比确定的危险，阐述未必的危险在构造上的独特性（第二节）；最后利用未必的危险这一解释工具，合理说明刑法分则中部分犯罪的罪质及相关适用问题（第三节）。

第一节　作为未遂犯处罚根据的未必的危险

一、杀人时被害人生死不明的情形

如何说明未遂犯中反映结果无价值的客观危险，是客观未遂论的重要课题。〔1〕立足笔者所赞成的结果无价值论，未遂犯的处罚根据在于造成法益侵害的具体紧迫危险，〔2〕更严格地说，是导致犯罪构成要件齐备的具体紧迫危险。倘若能够查明举枪射击时被害人确已死亡（客体不能案件），那么根据修正的客观危险说，〔3〕此时不存在侵害生命法益的具体危险，不构成故意杀人罪未遂。问题是，因人类认知极限无法查明行为时被害人生死状况的，该如何处理？具体可分为两种不同的情形：①行为时本来能够查明，但事后却无法证明行为时被害人的生死状况；②行为时就无法查明被害人的生死状况。以往并未有意识地区分这两种情形并展开详细讨论。没有疑问的是，情形①应当根据有利被告原则，认定行为时被害人已经死亡，从而转化为客体不能案件处理。但情形②是否应当与情形①同等对待呢？

例如，被告人 A 听到屋外枪声，认为是另一被告人 B 枪击了被害人 C，于是跑出玄关查看；此时 B 正在追赶着 C 朝某牙科医院跑去；在此过程中 A 又听到了两声枪响，A 担心 B 未击中要害，想帮其给 C 最后一击，于是立即

〔1〕 即便认为我国刑法采取的是以主观未遂理论为基础而辅以客观未遂理论的折中立场，也应当注意这种折中不同于德国的主观客观混合未遂理论。后者“作为辅助的客观面乃‘法秩序的危殆化’”，而前者“作为辅助的则为‘法益侵害的危险性’”（参见陈子平：《未遂犯的处罚根据　从比较法观点的思考》，载《中外法学》2021 年第 2 期，第 542 页）。

〔2〕 参见张明楷：《法益初论（增订本）》，商务印书馆 2021 年版，第 570 页。

〔3〕 具体危险说与修正的客观危险说的对立，未必与行为无价值论和结果无价值论的对立直接相联，［日］佐藤拓磨「不能犯」川端博ほか編『理論刑法学の探究④』（成文堂，2011 年）34-35 頁参照。但可以说，行为无价值论与具体危险说，结果无价值论与修正的客观危险说之间分别存在亲和关系。

携刀赶去该牙科医院；面对因 B 的枪击而倒在医院玄关前的 C，A 相信其尚有生命，于是怀着杀意用刀捅刺其左右腹部、前胸部等处。被告人一方主张，A 实施的不过是损伤 C 尸体的行为，构成损坏尸体罪（《日本刑法》第 190 条）。根据一审鉴定人的报告，C 的直接死因为贯穿头部的枪伤所造成的脑挫伤，但一般情况下，负有该创伤者虽会消失意识但不会立即死亡，发展为真正死亡至少需要几分钟乃至十几分钟，有时甚至需要更长时间，难以认定 C 身上的捅刺伤、砍伤是死后才出现的，推测这些伤出现于生前近乎濒死的时点。而根据二审鉴定人的报告，C 的死因是在牙科医院前射出的第二发子弹造成的贯穿头部的枪伤，其后所受的捅刺伤、砍伤患处虽然存在单纯的细胞活性反应，但难以认定为生理反映，所以认为，在造成这些创伤时 C 在医学上已经死亡。日本广岛高等裁判所采信了二审时的鉴定报告，并认为本案"属于就 C 的生死而言在专家之间意见也多有分歧，以至于在医学上生死界限十分微妙的案件。所以，无论是谁都会极其当然地认为，不只是被告人 A 相信加害当时被害人还活着，一般人也不能得知当时被害人已经死亡，从而会对 C 因被告人 A 的上述加害行为而死亡感到危险。在这种情形中，虽然认为 C 临近于被告人 A 的加害行为之前已经死亡，这也只不过是因意外的障碍而没能发生预期的结果，不能说行为的性质上没有发生结果的危险。因此，不应该将该被告人的行为理解为杀人的不能犯，论以杀人的未遂罪是合适的"。[1]

本案中，根据一审鉴定人的报告，在 A 实施捅刺行为时 C 尚有生命，A 应当构成故意杀人罪既遂。但无论被告人一方的主张还是广岛高等裁判所的结论，都是立足于二审鉴定人的报告，即 A 行为时 C 客观上已经死亡这一事实。[2]二者的分歧不过是客体不能案件中应如何评价致人死亡的具体危险。从判决理由来看，裁判所是将一般人的认知情况作为判断资料，且以一般人是否感到危险作为判断标准，无疑采用的是具体危险说。此外，判决理由中还提到，A 的行为在性质上具有发生结果的危险。但这种危险是作为行为属性的危险，并非作为结果的危险。可见，裁判所的判决背后还隐藏着行为无

〔1〕 日本広島高判昭和 36 年 7 月 10 日刑集 14 卷 5 号 310 頁。

〔2〕 若因两份鉴定报告意见不一致，导致事后无法判断 A 行为时 C 的生死状态，则根据有利被告原则应当推定 C 当时已经死亡，归入上述情形①，争议焦点与直接采信二审鉴定人报告时并无不同。

价值论这一大背景。

值得玩味的是，部分结果无价值论学者一方面采用修正的客观危险说，另一方面却试图在上述案例中得出犯罪未遂的结论，以契合国民规范意识。[1] 可是，客体不能案件中得出犯罪未遂的结论，并不符合结果无价值论立场下修正的客观危险说的一贯逻辑。修正的客观危险说本质上考虑的是概率问题。抽象法从正面考虑经过抽象后的案件事实导致结果发生的概率，[2] 而置换法则从反面考虑能够导致结果发生的假想事实得以出现的概率。[3] 但在客体已死亡，因此无法构成犯罪既遂的案件中，无论如何抽象或置换案件事实，已经死亡的人不可能被抽象地视作活着的人，行为时已死亡的人还活着的事态也绝对不可能出现，故没有成立未遂犯的余地。

如此一来，既要贯彻修正的客观危险说，又试图在上述案例中得出犯罪未遂的结论，那么只能考虑上述案例是否本来就超出了客体不能案件的范围。以往讨论的客体不能案件都以行为时能够查明被害人已经死亡这一事实为前提（即便事后无法证明，也属于上述情形①），所以能够断定，行为时不存在值得保护的生命法益。与此相对，如二审法院所承认的，上述案例“属于就C的生死而言在专家之间意见也多有分歧，以至于在医学上生死界限十分微妙的案件”。换言之，本案不仅事后难以证明，而且在行为当时也无法准确判断C的生命状况（属于上述情形②）。佐伯仁志教授指出，“可以认定对尸体成立杀人未遂的，是被害人在临近行为之前还活着的情形，不应该通过假定的方法大幅度地变动事实”。[4] 之所以作如此限定，正是由于该情形下难以在行为当时准确判断被害人的生死状况，这与“被害人在临近行为之前确已死亡”的情形（客体不能）有着本质区别。既然存在如此重大的区别，就不必也不应将上述案例先纳入情形①归为客体不能案件，再在修正的客观危险说下冒着逻辑矛盾之嫌将此类案件作为例外来对待；而是应当将其纳入情形②中，从正面去论证此类案件中是否存在未遂犯的处罚根据。

---

〔1〕 参见黎宏：《刑法学总论》，法律出版社2016年版，第246页；［日］前田雅英『刑法総論』（東京大学出版会，7版，2019年）122頁；［日］山口厚『刑法総論』（有斐閣，第3版，2016年）290頁；［日］松原芳博『刑法総論』（日本評論社，第3版，2022年）367頁。

〔2〕 参见钱叶六：《未遂犯与不能犯之区分》，《清华法学》2011年第4期，第75页以下。

〔3〕 ［日］西田典之（橋爪隆補訂）『刑法総論』（弘文堂，第3版，2019年）332頁参照。也有综合运用这两种方法的见解，参见张明楷：《刑法学（上）》，法律出版社2021年版，第462页。

〔4〕 ［日］佐伯仁志『刑法総論の考え方・楽しみ方』（有斐閣，2013年）352頁。

由于行为时本来就无法查明被害人的生死状况，这种情形下的危险不如瞄准活人开枪但子弹没有打中时的生命危险那么确定，所以本章将此种危险称为“未必的危险”。未必的危险能否为未遂犯处罚奠定基础，取决于以下两个关键问题：第一，在程序法上，以未必的危险为由处罚未遂犯，是否违反有利被告原则；第二，在实体法上，未必的危险是否具有作为处罚根据的适格性。

二、未必的危险与有利被告原则

构建一种新的危险类型，仅指出其实体法上的解释功能尚且不够，还需要考虑是否符合程序法上的要求。对于刑事审判而言，“存疑有利于被告”是不可突破的铁则。尽管在行为当时本来能否查明被害人生命状况这一点上存在差异，但在最终无法证明行为时被害人是否死亡这一点上，情形①与情形②的确存在共同之处。既然情形①毫无疑问适用有利被告原则，那么情形②是否也应受该原则约束从而认定行为时被害人已经死亡，不存在评价为“未必的危险”的事实基础呢？

在此需要确认适用有利被告原则的两个基本前提。第一，在大陆法系的刑事法传统中，有利被告原则是有关事实认定的基本原理，〔1〕不关乎法律适用问题。〔2〕如林钰雄教授所言，“罪疑唯轻原则，仅是用来解决‘事实问题’不明时法官如何裁判的准则，至于‘法律问题’的解决，应该取决于各该法律规范的解释方法与运用准则”。〔3〕换言之，倘若仅是事实认定问题，那么当然受有利被告原则的约束；与此相对，倘若是对事实的法律评价问题，则并不存在罪疑唯轻或疑罪从无的必然选择。〔4〕第二，有利被告原则所应对的是

---

〔1〕 除有关定罪量刑的指控性事实外，对于辩护性事实及程序法事实能否以及如何适用有利被告原则，详细的讨论参见龙宗智：《存疑有利于被告原则及司法适用》，载《中国法学》2024 年第 1 期，第 75 页，第 80-81 页。

〔2〕 参见林山田：《刑法通论（下册）》，北京大学出版社 2012 年版，第 254 页；张明楷：《“存疑时有利于被告”原则的适用界限》，载《吉林大学社会科学学报》2002 年第 1 期，第 58 页。

〔3〕 林钰雄：《严格证明与刑事证据》，学林文化事业有限公司 2002 年版，第 150 页。

〔4〕 在普通法系及国际刑法层面，有利被告原则也被适用于法律解释之中（参见朱丹：《“存疑有利于被告原则”在国际刑法中的适用及其反思》，载《中外法学》2021 年第 6 期，第 1661 页以下）。我国主张有利被告原则适用于法律问题的观点（参见邱兴隆：《有利被告论探究——以实体刑法为视角》，载《中国法学》2004 年第 6 期，第 148 页以下；邓子滨：《刑事诉讼原理》，北京大学出版社 2019 年版，第 131 页）。

"具体犯罪"的相关事实，必须针对可能成立的各具体犯罪考察事实是否存疑。因对"因果关系"存疑而不能认定"故意杀人既遂"这一具体犯罪时，并不当然意味着也不成立"故意杀人罪未遂"。例如，在同时犯的情形中，甲、乙在没有意思联络的情况下同时朝丙开枪，结果只有一颗子弹射中丙致其死亡，但查不明该子弹出自谁的手枪时，按照有利被告原则，甲、乙皆不成立故意杀人罪既遂。但由于二人的行为分别都对丙的生命造成了危险，该事实是确定无疑的，故二人都成立"故意杀人罪未遂"这一具体犯罪，此时并无有利被告原则的适用余地。

将以上两个前提运用于"未必的危险"中，首先，需要讨论，未必的危险是事实认定问题还是法律评价问题。如前所述，危险的判断不同于实害的判断，后者是纯粹的事实认定问题，在描述上只有存在与不存在两种形态；而前者是基于行为时的事实状况所作的规范评价，除存在与否之外还有高低程度差异。[1]由于未必的危险是对行为时被害人生死状况不明这一确定事态下杀人行为的法律评价，所以将有利被告原则适用于未必的危险领域，欠缺上述第一个前提条件。

其次，从第二个前提条件来看，与同时犯一样，由于无法查明行为时被害人生死状况，也就不能说行为造成了被害人从生到死这一事态，故不能认定为故意杀人罪既遂。但这并不影响对故意杀人罪未遂成立与否展开讨论。这是因为，就未遂犯的成立而言，此时能够查明确定的事实，即被害人在行为时处于一种依靠人类认知能力无法查明生死的特殊状态。换言之，行为时无法判断生死状况本身就是一种事实状态，此时需要追问的不过是该状态下本着杀意开枪的是否有必要评价为未遂犯。未遂犯处罚规定的设立目的在于，一方面告知国民处罚范围扩大了，即便没有造成实害结果也要处罚，从而期待起到更好的一般预防效果；另一方面则是为了在查不明因果关系时，不至于直接宣告无罪，而是以危险为由科处一定的刑罚以恢复国民对法规范的信

[1] 除本章所讨论的作为结果的危险外，行为的危险也是规范判断而非事实判断。例如，王飞跃：《论抽象危险犯个罪裁判规范的续造》，载《中国法学》2022年第2期，第150页指出，"'行为'与'危险'是存在明显差异的。'行为'是以行为人的举止动静为考察内容的，也是考察行为人是否客观实施某一行为并作出有无的判断，因而只是单纯的事实判断；而'危险'是以行为人行为的社会意义为考察内容的，也即既要围绕行为人的行为进行事实判断，又要围绕行为人行为的社会意义进行价值判断。而围绕行为人行为的社会意义进行价值判断势必涉及行为以外的其他社会因素"。

赖，弥补事实认定规则与国民处罚感情之间的缝隙。可见，根据有利被告原则否定既遂犯时，不可当然地把成立未遂犯的可能性也排除掉，否则有损未遂犯规定本来的机能。

归根结底，由于未必的危险是个关乎犯罪未遂处罚根据的评价问题，而非有关犯罪既遂结果是否出现的事实问题，所以不受有利被告原则的约束，不能以行为时无法查明被害人生死状态为由径自否定成立未遂犯的可能。

三、未必的危险作为未遂犯处罚根据的适格性

1. 未遂犯中的危险概念

在实体法上讨论未必的危险是否具有作为未遂犯处罚根据的适格性问题之前，有必要先对未遂犯中的危险概念本身作以下三点交代。

第一，从客观主义立场，尤其是结果无价值论的立场出发，即便是未遂犯也必须存在犯罪结果。这种“作为未遂犯结果的危险”有别于“作为实行行为属性的危险”，判断资料是客观的事实或状态，而不是行为人主观上的危险性。〔1〕若在判断未遂犯的结果时考虑行为人的故意等主观要素乃至其犯罪计划，则会使危险的判断丧失客观性，易滑入主观主义的窠臼。传统刑法理论之所以把未遂犯限定于（直接）故意犯罪中，〔2〕不过是因为此时行为人的可谴责性达到了值得动用刑罚予以应对的程度，并非由于犯罪故意为危险的判断奠定了基础。

第二，作为结果的危险是有关客观事实的规范评价，而不是对客观事实的单纯描述，且这种规范评价并不等于行为人或者一般人的朴素感觉。周光权教授一方面指出危险判断的客观标准并不符合实际，对危险的判断中需要考虑公众的危险感受、处罚呼吁，未遂犯中的危险是行为人特别感知或者一般人能够感受到的危险；另一方面又承认，在未遂犯的认定相对容易的场合存在某种客观的、公认的危险。〔3〕可是，既然在认定相对容易的未遂犯的情形中承认存在客观的、公认的危险，那么在未遂犯与不能犯的区分存在困难的情形中，不是也应该从这种客观的、公认的危险中寻找规范评价的依据吗？

---

〔1〕［日］山口厚『刑法総論』（有斐閣，第3版，2016年）284頁参照。

〔2〕参见高铭暄、马克昌主编：《刑法学》，北京大学出版社、高等教育出版社2022年版，第143页。

〔3〕参见周光权：《区分不能犯和未遂犯的三个维度》，《清华法学》2011年第4期，第52-53页。

否则，同样是对未遂犯的认定，只因认定的难易不同而对作为处罚根据的“危险”适用两套判断标准，这缺乏合理根据。此外，危险虽然是一种规范评价后的结论，但也是未遂犯的“结果”，需要在证据上有事实层面的支撑。如果不通过公认的标准对危险结果予以客观把握，只是将其理解为一种危险感觉，那么在事实认定上不仅困难，而且存在极大的随意性。

第三，未遂犯虽然在罪质上常被定位为具体的危险犯，但二者毕竟不同。〔1〕我国《刑法》在总则中规定了犯罪未遂，理论上所有的故意犯罪都有成立未遂犯的余地。所以，不仅实害犯有未遂，危险犯也有未遂；不单是侵害个人法益的犯罪有未遂，侵害社会法益、国家法益的犯罪也有未遂。严格来说，“未遂犯的危险性不是‘发生结果的危险性’，而是‘达至既遂的危险性’”，所以，“未遂犯虽然以达至既遂的具体的危险性作为处罚根据，但不是具体的危险犯”。〔2〕因此，即便说具体危险犯的处罚根据是侵害法益的紧迫危险，但作为未遂犯处罚根据的危险则未必需要作相同理解，不限于对法益具有现实、确定的威胁。〔3〕

2. 未必的危险符合未遂犯中危险的标准

在杀人时被害人生死不明的案件中，以存在“未必的危险”为由认定故意杀人罪未遂时，需要检视这种未必的危险是否符合以上作为未遂犯处罚根据的危险标准。首先，行为时依靠人类目前认知水平无法查明被害人生死状态，这一事态本身具有客观性，并非以行为人主观上的杀意作为危险的判断基础，所以即便将未必的危险评价为作为未遂结果的危险，也不违背客观主义下结果无价值论的基本立场。

其次，虽然行为时无法查明被害人的生死状况，但这只不过意味着不能对故意杀人罪既遂等实害犯中的结果进行完整的描述，不能认定“行为导致了实害结果”。在穷尽现代科技手段都无法查明行为时法益状态的情况下实施

---

〔1〕 参见吕翰岳：《未遂处罚根据的功能性危险论证》，载《中外法学》2019 年第 6 期，第 1649 页以下；佐藤拓磨『未遂犯と実行の着手』（慶應義塾大学出版会，2016 年）7 頁以下。

〔2〕［日］井田良「危険犯の理論」山口厚ほか『理論刑法学の最前線』（岩波書店，2001 年）174-175 頁。另外，立足主观未遂论，主张未遂犯与危险犯的处罚基础不同，前者是指客观危险状态，而后者是指主观犯罪意志的观点，参见张志钢：《“未遂犯是危险犯”命题否定论》，载《当代法学》2016 年第 6 期，第 56 页。

〔3〕［日］佐藤拓磨「不能犯」川端博ほか編『理論刑法学の探究④』（成文堂，2011 年）65 頁参照。

现实中可能侵害法益的行为，这种事态本身仍有评价为危险的余地。需要注意的是，未必的危险不是按照一般人的经验法则作出的事实判断，而是在面临人类认知极限时的无奈之举。这种未必的危险犹如“薛定谔的猫”一般，[1]虽然在打开盒子之前理论上呈现的是生死叠加状态，科学上无法就其生死作出明确判断，但拥有科学认知的一般人都会对这只可怜的猫感到担忧，认为它的生命处于危险之中。

问题是，触及人类认知能力的边界时为什么要评价为危险而非相反呢？这主要是出于刑事政策上的价值判断。大凡法律评价，都遵循规制目的的指引，具体到刑法中，则需要以刑事政策目的的实现为归宿。所以，在不同的国家、不同的历史时期，由于犯罪情势不同，预防犯罪的刑事政策需求也各有差异。仅从一时一地所形成的理论立场出发，形式化地推导出亘古不变的危险判断标准，是不合时宜的。“在必须严厉禁止、镇压相应犯罪的请求相当强烈的社会或时代，会产生预防性的、广泛处罚未遂的倾向。”[2]在行为时本就无法查明法益状况的情形中，不仅一般国民，甚至连持修正的客观危险说的部分学者也认可未遂犯的处罚，足以说明将“未必的危险”作为未遂犯处罚根据的做法契合国民的规范意识。又如井田良教授所言，“作为对成立未遂犯而言必要的危险，法益侵害结果的发生或不发生在科学上并不确定的事态（在科学上不能排除结果发生可能性的事态），对法来说并不是理想的事态，故可以认为，招致这般事态就是结果不法，作为对该事态的否定值得受到刑罚处罚”；[3]“当以危险为根据进行刑事性的介入时，即便在科学上没有充分解释清楚发生结果的机理（至少，解释清楚的程度没有达到能够在科学论文中发表的程度），但从防止大规模的危险这一视角出发，也可以充分地考虑在该阶段禁止行为。换言之，根据所预想的危险规模，以仅停留在一个假说的

---

〔1〕“薛定谔的猫”是奥地利著名物理学家薛定谔提出的一个量子力学思想实验。具体是指，“把一只猫放进一个封闭的盒子里，然后把这个盒子连接到一个装置，其中包含一个原子核和毒气设施。设想这个原子核有50%的可能性发生衰变。衰变时发射出一个粒子，这个粒子将会触发毒气设施，从而杀死这只猫。根据量子力学的原理，未进行观察时，这个原子核处于已衰变和未衰变的叠加态，因此，那只可怜的猫就应该相应地处于‘死’和‘活’的叠加态。非死非活，又死又活，状态不确定，直到有人打开盒子观测它”（张天蓉：《走近量子纠缠系列之一：薛定谔的猫》，载《物理》2014年第4期，第273页）。

〔2〕［日］前田雅英『刑法総論講義』（東京大学出版会，第7版，2019年）107頁。

〔3〕［日］井田良『講義刑法学・総論』（有斐閣，第2版，2018年）455頁注23。

层次上的危险，而未必是在科学上得到证明的危险为理由禁止行为，是合理的。”〔1〕

最后，既然未遂犯与具体危险犯并非等同概念，那么即便未必的危险不同于确定的、具体的危险，将其作为未遂犯处罚根据的一种新类型并不存在体系障碍。与此相关，山口厚教授指出，“具体的危险犯与未遂犯中的危险概念的不同之处在于，前者的危险完全是指发生结果（法益侵害）的具体可能性或盖然性；与此相对，由于后者的危险被理解为‘成立既遂的危险性’，所以不仅包括发生结果（既遂）的具体可能性或盖然性，还包括行为与结果之间存在因果关系的具体可能性或盖然性”。〔2〕例如，在客体不能案件中，即便没有行为人的开枪行为，被害人的死亡状态仍然存在于行为当时，所以开枪行为与死亡状态之间不存在因果关系的具体可能性或盖然性。而在行为时无法查明被害人生死状况的情形中，倘若没有行为人的开枪行为，死亡状态就有可能不出现在行为当时，所以行为与结果之间存在因果关系的具体可能性或盖然性。如果说发生结果（既遂）的具体可能性或盖然性是确定的危险，那么行为与结果之间存在因果关系的具体可能性或盖然性无外乎本章所主张的未必的危险。

综上所述，达至既遂的未必的危险是一种法律评价，以凭借人类认知能力无法查明法益状况这一“行为时”确定的事实为前提，超出了有利被告原则的射程，与确定的危险一样具有作为未遂犯处罚根据的适格性。

第二节　未必的危险与确定的危险

除影响未遂犯的处罚根据外，“危险”还关系到具体罪名的罪质判断及其解释适用。近年来刑事立法多增设不要求出现实害后果的危险犯，以期通过事后处罚与事前预防双管齐下更好地预防犯罪。刑事政策的此种变化为危险犯研究提出了迫切的时代要求。首当其冲的问题是，未必的危险在构造上究

---

〔1〕［日］井田良「危険犯の理論」山口厚ほか『理論刑法学の最前線』（岩波書店，2001 年）190 頁。虽然井田良教授做出该论断时的问题意识与本文所欲讨论的问题并不相同，但其实质内容却恰到好处地佐证了“未必的危险”作为未遂犯处罚根据的合理性。

〔2〕［日］山口厚「コメント①」同ほか『理論刑法学の最前線』（岩波書店，2001 年）196 頁。

竟与确定的危险有何区别，通说采用的具体与抽象危险二分法[1]是否足以涵盖现行刑法中的全部危险犯类型，是否有必要引入未必的危险作为新的解释工具。

一、危险评价的三种情形

未必的危险与确定的危险在构造上的差别起因于危险评价时点的二元化，即行为时（事前）与审判时（事后）。一方面，行为具有要素联结机能，将作为犯罪属性的其他要素结合在一起，[2]而“危险”是行为所导致的结果，本质上是对犯罪行为当时法益受侵害可能性的评价。另一方面，对犯罪的认定又总是在案件发生之后，对“危险”的最终评价是在审判时进行的。简言之，危险的判断是一种立足审判时点对行为当时法益状态相关事实所做的评价活动，这种评价活动本身虽然发生在事后，但评价的事实基础却是事前的。

因此，刑法中危险的判断取决于两个关键问题：①行为时本来能否查明法益状况相关事实，以及②事后能否证明行为时存在①中的事实。排列组合后形成以下三种情形：【情形一】行为时能够查明法益状况相关事实，且事后能够证明上述事实的存在。【情形二】行为时本来能够查明法益状况相关事实，但事后无法证明上述事实的存在。【情形三】行为时本来就无法查明法益状况相关事实，事后也能证明行为时本来就无法查明这一事实。【情形二】与【情形三】虽然都有查不清的问题，但前者是在“审判时”无法证明行为时本可查清的事实；而后者则是在“行为时”就无法查清法益状况相关事实，事后能够证明的也仅是“行为时无法查清”这一点。

以往常将故意杀人罪未遂理解为具体危险犯，这是以行为当时可以确定被害人生死状况为前提的，上述【情形一】或【情形二】，罪质上属于确定的危险犯。例如，甲本着杀意朝躺在地上的乙开枪，子弹只打中乙耳边的地板时，如表 1-1 所示，倘若在甲开枪时能够查明乙还活着且事后也能证明这

[1] 也有学者在传统二分法的框架下进一步细分出狭义的具体危险犯、准具体危险犯、狭义的抽象危险犯与准抽象危险犯等多种类型。参见陈洪兵：《准抽象危险犯概念之提倡》，载《法学研究》2015 年第 5 期，第 127 页以下；[日] 山口厚『危険犯の研究』（東京大学出版会，1982 年）262 頁，或者把抽象危险犯再继续划分为更细致的具体类型（参见张明楷：《抽象危险犯：识别、分类与判断》，载《政法论坛》2023 年第 1 期，第 80 页以下）。

[2] [日] 曾根威彦『刑法原論』（成文堂，2016 年）92 頁参照。

一点，那么无疑对乙的生命具有现实紧迫的危险，甲构成故意杀人罪未遂（情形一 A）；倘若在甲开枪时能够查明乙已经死亡且事后也能证明这一点，那么甲是否构成故意杀人罪未遂取决于客体不能案件中的理论选择，根据修正的客观危险说应得出不成立未遂犯的结论（情形一 B）。此外，在甲开枪时如果立即检测乙的生命体征，本来能够确定乙的生死状态，但因事后还原事实能力的局限性而无法查明开枪时乙是死是活（情形二），则应当根据有利被告原则认定甲开枪时乙已经死亡，处理结果与情形一 B 相同。与此相对，在甲开枪时即便立即检测乙的生命体征也因人类认知水平的局限性而无法判断其生死状况时，则属于以未必的危险为根据认定构成故意杀人罪未遂的情形（情形三）。

表 1-1　故意杀人案件中危险评价的三种情形

	情形一 A	情形一 B	情形二	情形三
行为时可以查明的情况	乙活着	乙死亡	乙生死状况确定	乙生死状况不明
审判时能够证明的情况	乙活着	乙死亡	乙生死状况不明	乙生死状况不明
对甲的处理	故意杀人罪未遂（确定的危险）	按客体不能处理	按客体不能处理	故意杀人罪未遂（未必的危险）

另外，对于故意杀人罪未遂而言，以确定的危险作为处罚根据时，不要求出现死亡结果，只要求现实存在的生命法益受侵害的高度可能性。与此相对，以未必的危险作为处罚根据时，事后来看的确出现了死亡结果，只不过由于行为当时无法判断被害人生死状况，所以基于刑事政策将其评价为具有致人死亡的高度盖然性。〔1〕倘若事后没有出现被害人死亡的结果，则意味着行为当时必然可以查明被害人还活着，那么只存在是否评价为致人死亡具体

〔1〕在风险升高的案件中，所谓“提升了被害人死亡的概率”不过是指行为时无法断定是否具有死亡结果的回避可能性，对被害人的生命而言存在未必的危险。未必的危险只能成为未遂犯的处罚根据，不能为既遂犯奠定基础，所以此类案件中将死亡结果归属于行为人，的确存在违反有利被告原则、将未遂犯或危险犯无正当根据地升格为既遂犯或实害犯来处罚等问题（参见周光权：《风险升高理论与存疑有利于被告原则——兼论“赵达文交通肇事案”的定性》，载《法学》2018 年第 8 期，第 73 页以下；［德］乌尔斯·金德霍伊泽尔：《刑法总论教科书（第 6 版）》，蔡桂生译，北京大学出版社 2015 年版，第 33 页等）。

危险的问题，不涉及有关未必的危险的讨论。简言之，作为具体危险犯的故意杀人罪未遂，是“对确实存在的生命造成其侵害的可能性”；而作为未必危险犯的故意杀人罪未遂，是“对可能存在的生命造成侵害”。

二、未必的危险与具体/抽象的危险

一般认为，具体的危险是指司法认定的危险，而抽象的危险是指立法推定的危险。[1]例如，生产、销售不符合安全标准的食品罪以“足以造成严重食物中毒事故或者其他严重食源性疾病”作为成立犯罪的结果要件，属于具体的危险犯。该罪中，仅证明查获时点涉案食品具有造成严重食源性疾病的高度可能性尚且不够，还得结合食品的保质期等考察是否在生产、销售的时点涉案食品就存在上述具体危险。但可以确定的是，在生产或销售涉案食品的时点若即刻进行食品成分的化学分析，那么根据现代科学检验技术，可以明确判断出是否具有上述具体危险。又如，危险驾驶罪中的“在道路上醉酒驾驶机动车”属于抽象危险犯。行为人血液中的酒精含量达 80 mg/100 ml 以上时，即可认定为醉酒状态，从而将其在道路上驾驶机动车的行为评价为对公共安全产生了抽象危险。[2]但是，即便查获时行为人血液中的酒精含量没有达到上述标准，尚不能断言其驾驶机动车时不处于醉酒状态，还得结合行为人从饮酒到被查获的时间间隔及行为人的酒精消解能力等，考察是否在驾驶机动车时存在醉酒的可能。但可以确定的是，若在行为人刚刚驾驶机动车的时点将其抓获并立即做酒精测试，则根据现代科学检验技术能够明确判断出其是否处于醉酒状态。

可见，无论认为具体的危险与抽象的危险是危险评价程度的区别，[3]抑或仅为保护阶段上的技术性选择差异，[4]二者均属于行为时能够查明法益状况相关事实的情形，都是确定的危险。如表 1-2 所示，由于关于行为时危险有无及其程度的基础事实，在行为当时及事后都有可能查清楚，所以即便是

〔1〕 参见陈兴良：《规范刑法学（上册）》，中国人民大学出版社 2017 年版，第 72 页。

〔2〕 参见 2023 年 12 月 13 日最高人民法院、最高人民检察院、公安部、司法部《关于办理醉酒危险驾驶刑事案件的意见》第 4 条。

〔3〕 ［日］山口厚『刑法総論』（有斐閣，第 3 版，2016 年）47 頁参照。

〔4〕 参见古承宗：《刑法的象征化与规制理性》，元照出版有限公司 2017 年版，第 99 页。

抽象的危险，在刑事司法中也存在反证的可能。〔1〕有学者指出："大体而言，将某种犯罪作为抽象危险犯的理由，一方面是因为法益侵害结果重大，故需要将处罚时点提前；另一方面难以或者不能证明（包括不适合在法庭上证明的情形）实害结果与具体危险的发生；有些抽象危险犯则是同时基于上述两方面的理由。""难以或者不能证明实害结果与具体危险的发生，是指根据社会生活经验，某种行为通常都会造成实害或者具体危险，但由于证明上的困难，刑法没有规定实害结果与具体危险要素。"〔2〕需注意，论者在此所言的"难以或者不能证明"，是指的事后（法庭上）难以查清，而不是行为当时本就无法查明法益状况相关事实。与此相对，事后能够证明行为时无法查明法益状况相关事实时，才有可能构成未必的危险犯。"行为时无法查明"是基于人类当前认知水平所作出的确定的事实判断，无人能够超越这种认知水平针对行为时"法益状况如何"本身（如行为时被害人是死是活）提出反证。但是，就"无法查明"这一事实提出反驳是有可能的。倘若能够在事实上证明"行为时可以查明"法益相关事实，那么就超出了未必的危险领域而进入确定的危险领域。一旦进入确定的危险领域，则视事后能否证明为危险奠定基础的行为时法益状况相关事实，根据危险的程度分别认定为具体危险犯或抽象危险犯。

---

〔1〕参见何荣功、罗继洲：《也论抽象危险犯的构造与刑法"但书"之关系——以危险驾驶罪为引例》，载《法学评论》2013年第5期，第52-53页。2017年5月1日最高人民法院《关于常见犯罪的量刑指导意见（二）（试行）》中也明确指出，"对于醉酒驾驶机动车的被告人，应当综合考虑被告人的醉酒程度、机动车类型、车辆行驶道路、行车速度、是否造成实际损害以及认罪悔罪等情况，准确定罪量刑。对于情节显著轻微危害不大的，不予定罪处罚；犯罪情节轻微不需要判处刑罚的，可以免予刑事处罚"。2023年12月13日最高人民法院、最高人民检察院、公安部、司法部《关于办理醉酒危险驾驶刑事案件的意见》第12条第1款更进一步明确规定，"醉驾具有下列情形之一，且不具有本意见第十条规定情形的，可以认定为情节显著轻微、危害不大，依照刑法第十三条、刑事诉讼法第十六条的规定处理：（一）血液酒精含量不满150毫克/100毫升的；（二）出于急救伤病人员等紧急情况驾驶机动车，且不构成紧急避险的；（三）在居民小区、停车场等场所因挪车、停车入位等短距离驾驶机动车的；（四）由他人驾驶至居民小区、停车场等场所短距离接替驾驶停放机动车的，或者为了交由他人驾驶，自居民小区、停车场等场所短距离驶出的；（五）其他情节显著轻微的情形"。

〔2〕张明楷：《抽象危险犯：识别、分类与判断》，载《政法论坛》2023年第1期，第75页。

表 1-2　确定的危险与未必的危险的划分

<table>
<tr><th>判断事项一</th><th>判断事项二</th><th>危险有无</th><th>所属领域</th></tr>
<tr><td>事后能够证明“行为时无法查明”法益状况相关事实</td><td>—</td><td>存在未必的危险</td><td>未必的危险犯</td></tr>
<tr><td rowspan="2">事后能够证明“行为时可以查明”法益状况相关事实</td><td>事后能够证明为危险奠定基础的“行为时法益状况相关事实”</td><td>存在确定的危险</td><td rowspan="2">确定的危险犯</td></tr>
<tr><td>事后不能证明为危险奠定基础的“行为时法益状况相关事实”</td><td>不存在确定的危险</td></tr>
</table>

综上所述，在行为时能否查明法益状况相关事实这一点上，未必的危险截然不同于确定的危险，是构造上独立的危险类型。包括具体危险与抽象危险在内的确定的危险是指现实存在的法益具有受到侵害的可能性，而未必的危险是指行为与现实出现的法益实际受损结果之间具有因果上的高度盖然性。对确定的危险而言，允许反证法益不存在任何危险；而对未必的危险来说，只可能就“行为时无法查明”这一事实提出反驳。

第三节　作为危险犯罪质来源的未必的危险

尽管未必的危险与确定的危险在理论构造上存在显著区别，但现行刑法中是否真的存在罪质为未必的危险的犯罪类型，则是另需讨论的问题。唯有准确辨别哪些危险犯的罪质是未必的危险而非确定的危险，才能在这些犯罪的具体适用中作出合理的解释。以下结合我国《刑法》分则中的具体罪名，详细阐述以未必的危险为罪质的危险犯可能存在于行为时无法查明①法益本身事实上是否存在，〔1〕②法益是否因被害人行使自己决定权而被放弃，以及③是否保护了更加优越利益三种情形之中。

〔1〕 前述以未必的危险为由认定实害犯未遂的，可归入这种情形。

一、行为时无法查明法益本身事实上是否存在的情形

1. 巨额财产来源不明罪的罪质

行为时无法查明法益本身事实上是否存在，以未必的危险为由认定构成犯罪的典型例子是巨额财产来源不明罪。本罪规定在《刑法》分则第 8 章贪污贿赂罪中，共通于该章犯罪的法益是国家工作人员职务行为的廉洁性。[1]本罪对国家工作人员的廉洁性具有兜底保护的作用，即虽然不能查明国家工作人员通过贪污、挪用公款或受贿等具体方式获得巨额财产，但当其不能说明巨额财产来源时就予以刑罚处罚。可是，单纯的“不能说明”本身并不能为刑罚权的发动奠定充分基础。犯罪的违法性来源于对法益的侵害或危险，任何犯罪仅有行为尚且不够，还应当具有犯罪结果。[2]所以本罪中必须解释“不能说明”对廉洁性究竟有何影响。

一般认为本罪是通过立法拟制的方法认定对廉洁性具有抽象危险，只要不能说明来源，“在我国当前公务员腐败较为严重的情况下，无疑会被推定为违法所得，损害国家工作人员自身的廉洁性”。[3]但是，作为确定的危险，其判断前提是行为当时法益状况相关事实有查清楚的可能性，而在本罪中，行为时有关廉洁性本身是否存在的相关事实是无法查清的。本罪的“行为时”不是获得巨额财产或持有巨额财产的时点，而是指经责令说明却不能说明来源的时点。[4]巨额财产不同于枪支、弹药、假币或毒品等违禁品，单纯获得财产或持有巨额财产并不侵害国家工作人员的廉洁性，并不直接构成巨额财产来源不明罪。所以，即便认为持有型犯罪属于典型的抽象危险犯，[5]也不意味着巨额财产来源不明罪也是抽象危险犯。

---

〔1〕 参见王作富主编：《刑法分则实务研究（下）》，中国方正出版社 2007 年版，第 1736 页；张明楷：《刑法学（下）》，法律出版社 2021 年版，第 1554 页。另外，认为本罪的保护法益是公民对国家工作人员职务廉洁性的信赖的观点，参见魏超：《巨额财产来源不明罪法益与主体新论——信赖说之提倡与国家工作人员之证立》，载《东北大学学报（社会科学版）》2018 年第 4 期，第 400-401 页。

〔2〕 参见张明楷：《论刑法中的结果》，载《现代法学》2023 年第 1 期，第 175 页；黎宏：《刑法学总论》，法律出版社 2016 年版，第 72 页；付立庆：《行为犯概念否定论》，载《政法论坛》2013 年第 6 期，第 114 页。

〔3〕 参见黎宏：《刑法学各论》，法律出版社 2016 年版，第 519 页。

〔4〕 参见王作富主编：《刑法分则实务研究（下）》，中国方正出版社 2007 年版，第 1858 页。

〔5〕 参见阎二鹏：《持有型犯罪立法动向及其正当化根据》，载《国家检察官学院学报》2019 年第 3 期，第 118 页。

在不能说明巨额财产来源的时点，倘若能够查明来源于贪污、受贿等行为，那么应当直接以贪污罪、受贿罪等论处；倘若能够查明来源于合法行为或者尚不构成犯罪的违法行为，那么也不应以本罪论处。正是由于在不能说明来源的时点，根据人类现有认识水平无法查明涉及有损廉洁性的相关事实，但“不能说明来源”又征表出国家工作人员极有可能侵害了廉洁性，所以虽不能以廉洁性受到实害为由认定行为人构成贪污罪、受贿罪等，但仍以廉洁性有危险为由在立法上规定为巨额财产来源不明罪。[1]由于在“不能说明来源”的时点，巨额财产事实上的确有可能与国家工作人员的职务行为无关，所以在该时点并不能断定存在着值得刑法予以保护的廉洁性。因此，作为本罪罪质的危险就不能理解为“对确实存在的廉洁性造成侵害的可能性”，只能理解为“对可能存在的廉洁性造成侵害”，即本罪不是针对廉洁性的确定的抽象危险，而是一种未必的危险。或许有观点会主张，虽然本罪的实行行为是不能说明来源，但在国家工作人员财产大幅增加的时点，廉洁性是否已受侵害是确定的，且行为人对此也完全知晓，从而不存在未必的危险。但这样的理解存在问题：第一，法益是经由实行行为而遭受侵害的，把对廉洁性的侵害这一结果的判断时点置于不能说明来源这一实行行为之前，不合逻辑；第二，所谓在财产大幅增加的时点廉洁性已受侵害，是以该时点能够查明贪污、受贿等行为为前提的，而本罪正是适用于无法满足该前提的情形中；第三，即便行为人对巨额财产是如何得来的心知肚明，但对法益是否有侵害的判断是客观的，并不因行为人主观上知道自己是否侵害了法益而客观上当然就可以查明行为时法益状况相关的事实。

2. 未必的危险与举证责任倒置

将巨额财产来源不明罪理解为未必的危险犯，有助于澄清本罪中举证责任倒置的问题，即是否通过实体法中构成要件的特殊设置违背了刑事诉讼中举证责任分配的基本原则。若将本罪的罪质理解为对廉洁性的实害犯或确定的危险犯，则需要检察机关证明“国家工作人员所持有的巨额财产是通过职务行为违法获得的”，但本罪的存在意义正在于没有确实充分的证据证明巨额财产来源时也定罪处罚。虽然形式上可以主张，在刑法确立推定规范的场合

〔1〕 将这种立法现象归结为立法上可推翻的强制性推定的见解，参见劳东燕：《揭开巨额财产来源不明罪的面纱——兼论持有与推定的适用规制》，载《中国刑事法杂志》2005年第6期，第55页。

存在证明责任分配上的例外，〔1〕但这种例外说并没有解释之所以形成例外的实质根据。允许立法者恣意设置构成要件以达到举证责任倒置的程序法效果，无异于为实体法僭越程序法打开了方便之门。

与此相对，倘若将本罪理解为未必的危险犯，那么为这种危险奠定基础的事实就变成了“在‘不能说明’的时点查清巨额财产来源已经超出了人类认知水平”。如此一来，检察机关不需要证明行为时巨额财产来源于违法的职务行为，只要证明行为时巨额财产的来源确实无法查清，事后证明“未必的危险”的举证责任仍然在检察机关一方，就不存在举证责任倒置的问题。反过来看，倘若事后能够证明“不能说明”的时点本来可以查明巨额财产的来源，则意味着检察机关没有证明“行为时巨额财产的来源确实无法查清”这一事实，此时就不得以巨额财产来源不明罪论处，而应根据查明的来源予以处理。换言之，“只有在司法机关用尽各种手段，仍无法查清差额巨大的财产的真实来源时，才能适用本罪”。〔2〕

因此，仅以①行为人不予配合、不能说明来源为由尚不能构成巨额财产来源不明罪，还需要满足②检察机关在行为人不予说明时穷尽一切可能的调查方法后仍然无法查清财产来源这一条件。条件①是对本罪行为的要求，条件②则是对本罪结果即未必的危险的要求，二者都需检察机关举证证明。条件②也有利于督促检察机关尽力收集证据查清巨额财产来源的相关事实，而非过度依赖行为人本人的说明，同时防止检察机关轻易以处罚相对较轻的巨额财产来源不明罪替代本可查明的贪污罪、受贿罪等处罚较重的犯罪。

二、行为时无法查明自己决定权是否有效行使的情形

1. 负有照护职责人员性侵罪的保护法益

行为时无法查明自己决定权是否有效行使，以未必的危险为由认定构成犯罪的典型例子是负有照护职责人员性侵罪。要说明本罪的罪质问题，即究竟是实害犯还是危险犯（确定的危险犯还是未必的危险犯），首先需要确定本罪的保护法益。从本罪规定在《刑法》分则第 4 章这一体系位置来看，本罪的保护法益并非有关性风俗、性禁忌的社会管理秩序，而是有关性自由的人

〔1〕 参见陈瑞华：《刑事司法裁判的三种形态》，载《中外法学》2012 年第 6 期，第 1122 页。

〔2〕 黎宏：《刑法学各论》，法律出版社 2016 年版，第 520 页。

身权利。目前学界也主要是在性自主权说与身心健康说之间展开争论。

身心健康说认为，本罪的保护法益是已满 14 周岁不满 16 周岁的未成年女性（以下简称少女）的身心健康。[1]可是，即便增设本罪的立法意图在于严格保护少女的身心健康，[2]但立法意图反映的不过是将某类行为纳入刑法予以规制的契机而已，并不等同于具体犯罪的保护法益。例如，“民意所向”是较为常见的立法理由，立法意图正是为了“反映民意”。可是，刑法中不可能将“民意”作为任何一个具体犯罪的法益来对待。此外，杀人、伤害、拐卖甚至抢劫行为等事实上都会对少女身心健康产生不良影响，可没有人把身心健康作为故意杀人罪、故意伤害罪、拐卖妇女罪或者抢劫罪的保护法益。这反过来说明，少女的身心健康的确值得刑法保护，但“身心健康”这一提法本身过于笼统抽象，不符合法益的经验实在性要求。[3]换言之，身心健康说并没有正面回答，本罪究竟是侵害了少女哪方面的具体利益从而影响其身心健康。[4]再者，如有学者所指出的，“身心健康并非性侵未成年人犯罪的专属法益，无法推导出成年人遭遇性侵后身心健康无恙的结论”。[5]

与此相对，性自主权说主张本罪的法益与强奸罪、强制猥亵罪相同，都是性的自主决定权（性自由）。[6]这种观点在体系上保证了本罪与前后犯罪保护法益的一致性，同时也保障了法益在经验事实上的具体性、实在性，笔者予以赞同。针对该观点的主要疑问是，既然本罪保护的是少女个人的性自主决定权，那么是否意味着得到少女同意后与之发生性关系的，会因法益阙

---

〔1〕 参见张明楷：《刑法学（下）》，法律出版社 2021 年版，第 1143 页；周光权：《刑法各论》，中国人民大学出版社 2021 年版，第 38 页等。

〔2〕 参见张义健：《〈刑法修正案（十一）〉的主要规定及对刑事立法的发展》，载《中国法律评论》2021 年第 1 期，第 51 页。

〔3〕 法益除具有对人而言的有用性外，还必须具有经验上可把握的实体，如此一来才有值得法保护的必要。参见张明楷：《论实质的法益概念——对法益概念的立法批判机能的肯定》，载《法学家》2021 年第 1 期，第 92 页；［日］松原芳博『刑法総論』（日本評論社，第 3 版，2022 年）16 頁。

〔4〕 将身心健康说与性自主权说结合在一起的所谓复合法益说也面临身心健康说的各种问题。对于这种复合法益说的详细批判，参见姜瀛：《负有照护职责人员性侵罪的法益追问与适用边界——“不被诱骗的性自决说”之提倡》，载《现代法学》2022 年第 3 期，第 90-91 页。

〔5〕 陈家林、吕静：《负有照护职责人员性侵罪的解释视角与规制边界》，载《中南大学学报（社会科学版）》2021 年第 5 期，第 55 页。

〔6〕 参见付立庆：《负有照护职责人员性侵罪的法网范围》，载《国家检察官学院学报》2022 年第 2 期，第 125 页；李立众：《负有照护职责人员性侵罪的教义学研究》，载《政法论坛》2021 年第 4 期，第 19 页等。

如而不构成犯罪？倘若一概得出肯定结论，那么无疑违背设立本罪的初衷，会完全架空本罪。这是因为，如果只有少女不同意时才构成本罪，那么完全可以评价为“违背妇女意志侵害其性自主决定权”，此时应当依照处罚较重的强奸罪定罪处罚。所以，对该罪的解说中常提及，无论少女同意与否，负有照护职责人员与之发生性关系的都构成本罪，[1]甚至说本罪正是适用于因少女存在同意而不构成强奸罪的情形。[2]可如此一来，看上去似乎有违性的自主决定权这一基本立场。

为了缓和上述矛盾，一种解决方案是引入家父主义观念，主张本罪部分提高了性同意年龄，既然得到幼女同意后与之性交的构成强奸罪，那么同样的道理，即便获得少女同意，国家也对少女的性自主决定权予以绝对保护，否定其同意的效力；[3]或者以性剥削理论为依托，在主张本罪没有提高性同意年龄的同时，以强家父主义来说明本罪的法理依据。[4]但是，“在未成年人权利自觉意识形成的过程中，我们应该尊重他们的尊严且不随意否认他们的决定能力”。[5]在法益保护主义下，发动刑罚权原则上应当遵循侵害原理，而强家父主义与之难以调和，弱家父主义至多是对该原理的例外补充。[6]当代国家以家父姿态介入个人自我决定时，必须具备与法益保护相关的充分理由。例如，奸淫女精神病患者时，由于被害人无法理解性行为的含义，无法准确

---

〔1〕 参见杨金彪：《负有照护职责人员性侵罪构成要素比较分析》，载《环球法律评论》2022年第3期，第47页。

〔2〕 参见付玉明、李茜：《积极刑法观下“负有照护职责人员性侵罪”的规范适用》，载《南京社会科学》2022年第3期，第79-80页。

〔3〕 参见朱光星：《〈刑法修正案（十一）〉后我国的性同意年龄制度反思——以中国与欧洲之比较为视角》，载《环球法律评论》2022年第3期，第55-56页。

〔4〕 参见张梓弦：《积极预防性刑法观于性犯罪中的体现——我国〈刑法〉第236条之一的法教义学解读》，载《政治与法律》2021年第7期，第53-54页。该文立足于强家父主义立场，将本罪的法益界定为青少年免受侵扰的性健全发展权。这种做法与将本罪的法益表述为“性的不可侵犯权”一样，看似简洁明了但不过是在形式上重申了“负有照护职责人员不得与少女发生性关系”这一禁止规范。这种观点虽然套上了“权利”的外壳，却并没有说明禁令背后不可侵犯的实质利益或者说健全发展的具体内容是什么，难以回答为什么只有特定主体才侵害本罪法益，少女的性的不可侵犯权具有“相对性”的实质根据是什么。倘若不是从违背体系解释的性禁忌角度出发，那么仍然只能从性自由的角度展开说明。

〔5〕 陈家林、吕静：《负有照护职责人员性侵罪的解释视角与规制边界》，载《中南大学学报（社会科学版）》2021年第5期，第60页。

〔6〕 [日] 高橋則夫『刑法総論』（成文堂，第5版，2022年）27頁参照。

形成处分自身性利益的意识，所以即便获得其同意也要否定该同意的效力。根据《刑法》第236条第2款、第237条第3款，有关性自主决定权的同意年龄被设定为14周岁，[1]这说明在国家看来，只有不满14周岁的人才因年龄尚小而欠缺对性行为的完全理解，需要国家强行否定其同意以保护其性自主决定权。反过来，对于已满14周岁的少女，国家强行介入其性自主决定权的行使则欠缺实质根据。另外，如果认为少女的性自主决定权在面对负有照护职责人员时为家父主义所否定，那么会得出“既然该自主决定权不存在，就谈不上被侵犯”，[2]从而本罪的保护法益只能求之于抽象的身心健康这一笔者所反对的结论。

2. 对性自主决定权的未必的危险

另一种解决方法是将本罪从实害犯转换为危险犯来理解，[3]即本罪行为虽然没有直接侵害少女的性自主决定权，但有使其受侵害的危险。由于本罪与强奸罪一样，以发生性关系作为既遂标准，所以，如果将本罪理解为针对少女性自主决定权的危险犯，那么本罪的处罚应当与强奸罪未遂的处罚大体相当。从两罪的法定刑配置来看，本罪的加重法定刑与强奸罪的基本法定刑一致，本罪的基本（加重）法定刑相较于强奸罪的基本（加重）法定刑正好“减轻”一个量刑幅度，的确呈现类似于未遂犯比照既遂犯从轻或者减轻处罚的特点。由此可以佐证，本罪不是对少女性自主决定权的实害犯而是危险犯。问题在于，本罪属于何种类型的危险犯，为何已经发生了性关系却仍然只能评价为对少女性自主决定权的危险。

如前所述，无论具体危险还是抽象危险，都属于确定的危险，指现实存在的法益具有受损害的可能性。倘若事后查明行为时少女在未受行为人影响的情形下的确自愿与之发生性关系，则说明少女如其所愿地行使了性自主决定权，法益不存在受侵害的任何危险。但更为常见的情形是，由于行为人与少女之间

---

〔1〕 关于负有照护职责人员性侵罪并未有限提高性同意年龄的详细论证，参见付立庆：《负有照护职责人员性侵罪的保护法益与犯罪类型》，载《清华法学》2021年第4期，第74页以下；周详：《论负有照护职责人员性侵罪的规范目的——“年龄提高轮”反思》，载《法商研究》2022年第4期，第91页以下。

〔2〕 周光权：《刑法各论》，中国人民大学出版社2021年版，第39页。

〔3〕 主张本罪是针对性自主决定权的实害犯的观点，参见姜瀛：《负有照护职责人员性侵罪的法益追问与适用边界——“不被诱骗的性自决权说”之提倡》，载《现代法学》2022年第3期，第92-93页。

的特殊关系而难以断定行为时少女是否存在真实同意。一旦将本罪理解为确定的危险犯（即便是立法上拟制类型化危险的抽象危险犯〔1〕），事实认定上就不得不受有利被告原则的约束，只能推定行为时存在少女的同意，仍然只能得出性自主决定权不受危险的结论，无法为本罪的适用留下逻辑自洽的理论空间。

应当注意到，当因存在特殊关系而“难以断定行为时少女是否存在真实同意”时，不仅事后难以查明少女的同意是否真实有效，而且根据人类现有的心理学等知识，在发生性关系的行为当时就无法断言少女与行为人发生性交符合其真实意愿。这是因为，即使少女表面上通过语言表示同意性交或者通过行为呈现顺从姿态，也完全有可能因长期受特殊关系的影响而形成牢固的价值观，导致其难以有意识地作出相反的举动，甚至在内心不愿意时仍然认为自己应当同意实施该行为。〔2〕在这种情形下，一方面由于具体案件中行为时本来就无法对少女是否有效行使性自主决定权作出确定的判断，所以少女事实上完全有可能对发生性关系是真心同意的，不能认为少女的性自主决定权受到了确实的侵害或危险。所以，发生性关系本身并不等同于性自主决定权受到实际侵害，将本罪定位为危险犯与以发生性关系作为本罪的既遂标准，二者并不冲突。另一方面，尽管具体案件中无法断言少女的真实意愿，但统计上少女因受特殊关系的长期影响而作出有瑕疵同意的概率比起作出真实同意的概率要高得多，“越来越多的国家和地区开始严厉惩罚权威关系下与未成年人发生的性行为”。〔3〕虽然不能以类案中的概率计算取代具体案件中少女内心意愿的事实认定，或者说不能凭借抽象统计直接断定所有案件中少女都是不同意的（否则应当直接认定为强奸罪，而不是本罪），但在刑事政策上完全可以将这种事实认定时触及人类认知边界却在统计数据上有侵害法益较高概率的案件，类型化地规定为未必的危险犯，即以侵害少女性自主决定权

〔1〕 参见付立庆：《负有照护职责人员性侵罪的保护法益与犯罪类型》，载《清华法学》2021年第4期，第80页。从身心健康说或性健全发展权说出发，主张本罪是抽象危险犯的观点参见张明楷：《刑法学（下）》，法律出版社2021年版，第1143页；张梓弦：《积极预防性刑法观于性犯罪中的体现——我国〈刑法〉第236条之一的法教义学解读》，载《政治与法律》2021年第7期，第55页。

〔2〕 在这一点上，本罪被指出与巨额财产来源不明罪一样存在程序法上是否允许“举证责任倒置”的问题（参见周详：《论负有照护职责人员性侵罪的规范目的——“年龄提高论”反思》，载《法商研究》2022年第4期，第97页）。

〔3〕 朱光星：《〈刑法修正案（十一）〉后我国的性同意年龄制度反思——以中国与欧洲之比较为视角》，载《环球法律评论》2022年第3期，第59页。

的未必的危险为由处罚负有照护职责人员。

归纳一下，在发生性行为当时，理论上存在①可以查明少女内心真实意思与②无法查明少女内心真实意思两种情形。情形①中，（a）如果事后查明行为时少女是不同意的，则行为人构成强奸罪；（b）如果事后查明行为时少女是同意的，则既不构成强奸罪也不构成本罪。行为时本可以查明少女的真实意愿，但事后无法查明的，仍然属于情形①，只不过在事实认定上受有利被告原则的约束，最终处理结果与（b）相同。与此相对，情形②则触及人类认知能力的极限，基于对性自主决定权的未必的危险成立本罪。反过来看，若能证明行为时本可以查明少女的真实意愿，则欠缺认定未必的危险犯的前提，无关本罪，应转化为情形①处理。但现实中往往是事后证明少女不愿意发生性关系时，才反过来说明行为时本可以查明少女的真实意愿，否则大多只能认定为行为时就难以查清少女意愿。所以，当负有照护职责人员与少女发生性关系时，除可证明构成情形①（a）强奸罪外，大多会按照情形②认定为本罪，能够归入情形①（b）从而作无罪处理的应相当罕见。因此，以未必的危险犯来把握负有照护职责人员性侵罪，不仅可以与性自主决定权取得妥当的体系解释，而且有助于捋清本罪与强奸罪各自的适用场景。

三、行为时无法查明是否保护了更加优越利益的情形

1. 非法植入基因编辑、克隆胚胎罪中的法益衡量

比起行为时准确判断当下全部事实，在对将来发展趋势的判断上，人类认知的局限性更为明显。随着人类认识与改变世界的能力不断增强，人类难以把控的局面也越发扩大，尤其是在尖端科学技术领域，当下的某一行为会对将来产生何种影响越来越难以捉摸。例如，生物科技突飞猛进的发展导致提高生物安全防御能力被提升至国家安全层面的战略高度。[1]“贺某某非法行医案”后，[2]作为对总体国家安全观下生物安全的积极回应，《刑法修正案（十一）》增设非法植入基因编辑、克隆胚胎罪。本罪是行为时无法查明是否保护了更加优越的利益，以未必的危险为由认定构成犯罪的典型例子。

---

〔1〕 刘艳红：《化解积极刑法观正当性危机的有效立法——〈刑法修正案（十一）〉生物安全犯罪立法总置评》，载《政治与法律》2021年第7期，第29页。

〔2〕 北大法宝引证码 CLI. C. 309357170。

关于本罪的保护法益，有观点认为是抽象的人类尊严，[1]但更为常见的看法是从本罪的体系位置（《刑法》分则第6章第5节）出发，主张本罪保护的是国家生物安全管理制度。[2]一方面，将法益理解为人类尊严的观点混淆了法律与道德的界限，将导致法益概念的过度精神化，[3]尤其“在承认多元价值观共存的现代国家，不可能确定一套正确的伦理，假使能够确定也不应该将其强加给个人”。[4]况且，基因编辑行为是否必然违背人性尊严在法理上也未有定论。[5]另一方面，刑事处罚不同于行政处罚，后者可以单纯处罚不服从行为而不论该行为在具体案件中是否与公民的实在利益相关，而前者则必须强调法益在经验上的实在性，否则会导致以“维护秩序”为名发动刑罚权大量处罚单纯行政不服从行为的不良局面。“要使法益具有可判断性，前提是只能将具有经验的实在性的利益与状态作为保护法益。如果不是人们能够感觉出来的客观存在，就不能作为具体犯罪的保护法益。”[6]所以，即便将基因编辑、克隆的人类胚胎植入人体或者动物体内，或者将基因编辑、克隆的动物胚胎植入人体内的行为（以下简称植入行为）违反了《人类辅助生殖技术规范》《人胚胎干细胞研究伦理指导原则》等相关规定，是行政不服从行为，却不足以断言其已经达到值得动用刑罚予以规制的程度。国家生物管理制度不过是作为手段服务于维持与发展在健全的公共卫生条件下的人类生存利益。[7]较之作为手段的制度本身，被设定为目的的人类基因构成的稳定性等当下及将来的生存利益更加具有经验上的实在性，更适合作为本罪的保护法益。[8]

---

〔1〕参见彭和棋、刘啸：《论基因技术滥用的犯罪风险及其规制》，载《医学与哲学》2021年第7期，第64页。

〔2〕参见高铭暄、马克昌主编：《刑法学》，北京大学出版社2022年版，第591页。

〔3〕参见马永强：《基因科技犯罪的法益侵害与归责进路》，载《法制与社会发展》2021年第4期，第109页。

〔4〕［日］松原芳博『刑法総論』（日本評論社，第3版，2022年）15-16頁。

〔5〕例如，朱振：《基因编辑必然违背人性尊严吗?》，载《法制与社会发展》2019年第4期，第179-180页主张通过完善论的自主性尊严理论来论证有限制的基因编辑的合理性。

〔6〕张明楷：《具体犯罪保护法益的确定标准》，载《法学》2023年第12期，第83页。

〔7〕姜涛：《基因编辑之刑法规制及其限度》，载《东方法学》2021年第2期，第78-79页也指出，基因编辑行为的危害法益不是形而上的人性尊严，应该是形而下的人类遗传安全。

〔8〕将管理秩序与人类的安全繁衍同时作为本罪保护法益的观点，参见周光权：《刑法各论》，中国人民大学出版社2021年版，第488页。

根据法益保护原理，只有当行为侵害了值得刑法保护的利益且没有保护更加优越的利益时，才能作为犯罪处理。基因编辑与克隆是现代生命科学领域的关键技术，单纯从科学的角度来看，植入行为是检验这两项技术并推进其发展的有效实验手段，对于改善将来的人类生存品质具有极高价值。另外，《宪法》第47条也将进行科学研究的自由作为公民的基本权利予以保障。如此一来，就必须考虑，植入行为在违反公共卫生管理秩序的同时是否在促进科技进步、改善人类生存品质、实现公民宪法权利等方面保护了更加优越的利益。

立法机关工作人员在解说本罪时提到，“对生殖细胞的基因编辑是可以将被改变的生物性状代代遗传的，受基因编辑高概率脱靶风险的影响，基因编辑中对于正常基因的破坏也将会遗传给后代，这些被改变的基因将会产生怎样的影响短期内可能难以估量，代代相传将会使改变基因的人数成几何倍数增长”。〔1〕可见，从目前人类的认知水平来看，能够确定的只是植入行为会大范围地改变人类后代基因，但无法确定的是这种大范围的基因改变究竟对人类发展而言是利是弊。如果遵循有利被告原则，那么应当认定植入行为会对人类基因起到改善而非恶化作用，且这种生物科技上的突破终将惠及众人，给人类社会带来的预期利益将远远大于对眼下管理制度的墨守。从而植入行为会凭借其潜在的巨大科学价值而阻却违法性，最终应被认定为无罪。可如此一来无疑完全架空了本罪。问题出在了哪里呢?

2. 非法植入基因编辑、克隆胚胎罪的罪质

首先，一概否认植入行为的科学价值并非明智之举，这是罔顾事实的做法。立法机关工作人员的解说中也指出，“若行为人尚未将基因编辑的胚胎植入人或动物体内，但有证据证明，是为了最终植入母体，不宜按犯罪处理”。〔2〕此时不按照预备犯或未遂犯来处罚，很重要的一个原因是“保护科学研究”。换言之，即便当行为人具备本罪故意，仍然不能否定植入行为本身具有科学研究的价值，需要衡量其与行为不同发展阶段所带来的危害，在尚未植入时考虑科研利益更为优越，从而不宜按犯罪处理。所以，无论最终权衡结果如何，

〔1〕 王爱立主编：《中华人民共和国刑法条文说明、立法理由及相关规定》，北京大学出版社2021年版，第1322页。

〔2〕 王爱立主编：《中华人民共和国刑法条文说明、立法理由及相关规定》，北京大学出版社2021年版，第1327页。

植入行为的科学价值不容否认，至少应当将其放在法益的天平上与行为带来的危害后果作衡量。

其次，必须直面人类在生命科学研究领域对实验后果的预期极限，目前的确无法判断植入行为利弊权衡后究竟哪一方更占优势。人类理性存在可行性限制，即“在正常的时间之内或者消耗正常数量资源的情况下无法做出某种预测或找到某种解决方法”。[1]虽然构成本罪时需要达到“情节严重”的程度，但究竟如何估量植入行为成功时所带来的修补人类遗传基因缺陷等正面利益，以及失败时所带来的科研试错价值等负面利益，依然超出了人类目前的认知边界，更不用说如何与维持管理秩序的价值之间权衡轻重。

最后，只能考虑如何不受有利被告原则的约束。如前所述，有利被告原则适用于行为时本可查明法益相关事实而事后无法证明的情形，不适用于行为时本就无法查明法益相关事实的情形。本罪正是在实施植入行为的时点，虽然能够查清违反相关管理规定这一为违法性奠定积极基础的事实，但受制于人类认知极限，无法查明是否同时保护了更加优越的利益这一为违法性奠定消极基础的事实，从而超出了有利被告原则的适用范围。

由此可见，植入行为兼具巨大科研利益与巨大破坏潜能两个方面，而人类却无法准确预估其发展趋势，在此背景下立法者在政策上作出了尽可能规避生物科技风险的保守判断，“为了防止数代之后可能产生的巨大损害，认为有必要在现阶段就处罚侵害性并不明白的行为”。[2]这的确符合国际上严格规制植入行为的普遍做法。但是，由于具体的植入行为事实上完全有可能保护了更加优越的利益，所以不能说该行为对人类生存利益造成了侵害，甚至不能断言存在确定的危险，只能在对重大科技隐患心存疑虑的意义上说植入行为对人类生存利益带来了未必的危险。换言之，生物安全风险具有导致破坏的不确定性，而“这种不可预测性本身又是可以预测的”。[3]因此，本罪既不是实害犯，也不是具体危险犯或抽象危险犯，[4]而是未必的危

〔1〕［美］诺桑·亚诺夫斯基：《理性的边界》，王晨译，中信出版社2019年版，第360页。

〔2〕［日］井田良『講義刑法学・総論』（有斐閣，第2版，2018年）25頁。

〔3〕姜涛：《生物安全风险的刑法规制》，载《中国刑事法杂志》2020年第4期，第60页。

〔4〕从人类的遗传利益、遗传安全这一保护法益出发，同时考虑当前基因科技探索的阶段性和人类认知的不完全性，认为基因编辑行为属于抽象危险犯的观点，参见马永强：《基因科技犯罪的法益侵害与归责进路》，载《法制与社会发展》2021年第4期，第114-115页；姜涛：《基因编辑之刑法规制及其限度》，载《东方法学》2021年第2期，第81页。

险犯。[1]

综上所述，人类认识事物的局限性表现为以下三种情形：①事后难以完全认识到行为当时的事实状况（对过去发生事实的认知局限），②行为时难以完全认识到此时此刻的事实状况（对当下发生事实的认知局限），以及③行为时难以完全预测事态的发展演变状况（对将来发生事实的认知局限）。确定的危险以行为时本能查明法益状况相关事实为前提，即便事后难以还原相关事实，也只涉及情形①，受有利被告原则约束。与此相对，情形②（如巨额财产来源不明罪和负有照护职责人员性侵罪）与情形③（如非法植入基因编辑、克隆胚胎罪）中则有可能把“人类的认知局限”本身考虑进行为当时的事态中，然后在刑事政策上以未必的危险为由设立危险犯。

结 语

无论是传统领域（如被害心理）还是前沿领域（如生物技术），触及人类认知边界时，当前活性化的刑事立法都呈现积极的应对姿态。未必的危险正是面对人类认知事物的能力极限时，为积极周全地保护可能存在的法益，而有必要在刑法中明确其构造与功能的重要解释工具。在构造上，未必的危险不同于具体危险、抽象危险等确定的危险，是独立的危险类型，二者在“行为时能否查明法益状况相关事实”这一点上截然不同。确定的危险是指现实存在的法益具有受到侵害的可能性，而未必的危险是指行为与现实出现的法益实际受损结果之间具有因果上的高度盖然性。在功能上，未必的危险可有效说明部分未遂犯的处罚根据与部分犯罪的罪质。一方面，达至既遂的未必的危险是一种法律评价，以凭借人类认知能力无法查明法益状况这一“行为时”确定的事实为前提，超出了有利被告原则的射程，适合作为未遂犯的处罚根据。另一方面，未必的危险犯在类型上包括行为时无法查明①法益本身事实上是否存在（如巨额财产来源不明罪），②法益是否被有效放弃（如负有照护职责人员性侵罪），以及③是否保护了更加优越利益（如非法植入基因编辑、克隆胚胎罪）等三种情形。

---

〔1〕盛豪杰：《非法植入基因编辑、克隆胚胎罪的解读》，载《医学与哲学》2021 年第 20 期，第 58 页，虽然指出本罪不同于传统的抽象危险犯，但并未进一步论证本罪罪质究竟为何。

第二章
论犯罪间重合评价的适用界限

《刑法》分则中规定的各犯罪并非处于相互对立的关系中，许多犯罪之间可以作出“重合”的评价。例如，贷款诈骗罪可以评价为诈骗罪，抢劫罪可以评价为盗窃罪等。犯罪间的重合评价常在诸如构成要件要素的理解、认识错误、共同犯罪、罪数等刑法总论问题中进行讨论。

例如，甲造成了被害人的死亡，但无法查明甲主观上对死亡是故意还是过失时，如果承认“因为疏忽大意而没有预见”与“轻信能够避免”是表面的构成要件要素，即故意与过失只是位阶关系而非对立关系，进而故意杀人可以评价为过失致人死亡，[1]那么只要能够证明甲对死亡具有预见可能性，就可以成立过失致人死亡罪，而不会出现根据“存疑有利于被告”的原则，既不构成故意杀人罪，又不构成过失致人死亡罪的不合理局面。

又如，乙以侵占遗忘物的故意转移了实际上由他人占有之物时，一般作为抽象的事实认识错误处理，得出在可重合的范围内成立轻罪既遂的结论，即成立侵占罪既遂。[2]此时需将盗窃罪的构成要件评价为侵占罪的构成要件，即二者在侵占的范围内存在重合。倘若否定这种重合，那么对于乙只能认定为侵占罪未遂与过失盗窃（不可罚）。

再如，丙以杀人的故意，丁以伤害的故意共同造成被害人死亡时，如果采取部分犯罪共同说，会得出丙、丁在故意伤害致人死亡的限度内成立共同犯罪的结论，二人均需对死亡结果负责。[3]此时，故意杀人的行为被评价为故

---

〔1〕参见张明楷：《论表面的构成要件要素》，载《中国法学》2009年第2期，第95-96页。

〔2〕参见张明楷：《刑法学（上）》，法律出版社2021年版，第365页。

〔3〕丙同时成立故意杀人罪（参见周光权：《刑法总论》，中国人民大学出版社2021年版，第332页）。

意伤害致人死亡的行为，换言之，两个犯罪之间被评价为可重合。如果认为两罪不可重合，那么根据完全犯罪共同说，会否定丙、丁构成共同犯罪，倘若此时查不明致命伤由谁造成，则丙、丁均不需对死亡结果承担刑事责任。〔1〕

此外，诈骗罪与保险诈骗罪，盗窃罪与盗伐林木罪是法条竞合还是想象竞合，涉及能否将后者罪名所涉情形一概评价为前者的问题。如果认为前者与后者均为法条竞合关系，且严格遵循法条竞合时“特殊法条优先一般法条”的原理，那么无论保险诈骗的数额或盗伐林木的数量多么巨大，最高只能判处15年有期徒刑。〔2〕与此相对，如果将前者与后者作为想象竞合来把握，那么将保险诈骗的行为或盗伐林木的行为同时评价为诈骗行为或盗窃行为，最高可以判处无期徒刑。〔3〕

可见，将具有重合关系的重罪评价为轻罪时，往往为了起到不轻纵犯罪的效果。以往的讨论也大体止于上述刑法总论相关问题。但能否将犯罪间的重合评价一概援用到《刑法》分则条文的适用中，并非毫无疑问。尤其是将具有重合关系的重罪评价为轻罪反而使行为人处于不利地位（包括从无罪变为有罪，从处罚轻变为处罚重）时，往往有违“轻罪应轻罚”这一朴素的法感觉，甚至表面看上去有违罪刑法定原则。

例如，能否将一次数额较小的抢劫评价为盗窃，再与一次只是数额巨大的盗窃累计数额，达到数额特别巨大的程度，最终按一个盗窃罪（数额特别巨大）处理，而不按普通抢劫与盗窃（数额巨大）数罪并罚？又如，行为人一年内两次盗窃、一次抢夺时（累计三次数额也未达到数额较大的追诉标准），能否将抢夺评价为盗窃，从而按照多次盗窃追究行为人的刑事责任？再如，能否将持续一年的拐卖儿童行为评价为6个月的拐骗儿童与6个月的拐卖儿童，从而对行为人数罪并罚？还如，能否将徇私枉法罪评价为滥用职权罪，从而回避《刑法》第399条第4款的适用，将“司法工作人员收受贿赂徇私枉法”评价为“司法工作人员收受贿赂滥用职权”，对行为人按照滥用职权罪与受贿罪数罪并罚？此外，能否将绑架罪评价为非法拘禁罪，从而适用

〔1〕 完全犯罪共同说的另一种处理方法是，认定丙、丁成立故意杀人罪的共同正犯，但对丁只科处故意伤害致死的刑罚（参见张明楷：《外国刑法纲要》，法律出版社2020年版，第264页）。

〔2〕 参见周光权：《法条竞合的特别关系研究——兼与张明楷教授商榷》，载《中国法学》2010年第3期，第164页。

〔3〕 参见张明楷：《法条竞合与想象竞合的区分》，载《法学研究》2016年第1期，第142-143页。

第 238 条第 2 款，对于“犯绑架罪，使用暴力致人伤残、死亡的”，也一概拟制为故意伤害罪、故意杀人罪处理？

即便认为抢劫罪、抢夺罪能评价为盗窃，徇私枉法罪能评价为滥用职权罪，绑架罪能评价为非法拘禁罪，对上述问题也并非当然都能得出肯定结论。这就涉及本章所欲探讨的犯罪间重合评价的适用界限问题。具体而言，首先要明确，犯罪间可以作重合评价的标准究竟是什么（第一节）？然后需要详细考察，在符合了该标准的情况下，将可重合的某个重罪评价为轻罪时，哪些情形下使行为人处于不利地位是合理的，哪些情形下并不合适，划定这种犯罪间重合评价的适用界限的规则又是什么（第二节）？

第一节 犯罪间重合评价的标准——以财产犯为例

一、有关重合评价的问题整理

在探讨犯罪间重合评价的适用界限前，首先需要说明满足何种条件时可以将两个不同的犯罪类型评价为“重合”，即重合评价的标准问题。如前所述，刑法总论的“表面的构成要件要素”“抽象的事实认识错误”“部分犯罪共同说”“法条竞合”等领域都涉及犯罪间重合评价的问题。

首先，“刑法明文规定的某些要素并不是为了给违法性、有责性提供根据，只是为了区分相关犯罪（包括同一犯罪的不同处罚标准）的界限。这种构成要件要素称为‘表面的构成要件要素’或‘虚假的构成要件要素’，也可以称为分界要素”。〔1〕如果两个犯罪之间的差别仅在于存在某个表面的构成要件要素，那么由于该表面的构成要件要素并不影响违法性与责任，所以这两个犯罪当然可以评价为“重合”，即可以将位阶高（违法性更重或责任更重）的犯罪评价为位阶低（违法性更轻或责任更轻）的犯罪。

其次，如果两个罚则之间存在特别关系，即基本—派生或加重—减轻关系，那么这两个罚则属于法条竞合。〔2〕从具有特别关系的两个罚则中抽取出来的两个犯罪构成要件可以评价为“重合”，即特别法条所规制的犯罪可以评

〔1〕 张明楷：《论表面的构成要件要素》，载《中国法学》2009 年第 2 期，第 93 页。

〔2〕［日］山中敬一『刑法総論』（成文堂，第 3 版，2015 年）1049 頁参照。

价为一般法条所规制的犯罪。

再次，抽象的事实认识错误中所讨论的问题实际上可以分为三类：①以轻罪故意实现了重罪结果的情形；②以重罪故意实现了轻罪结果的情形；③以A罪的故意实现了B罪的结果，但A罪与B罪法定刑相同的情形。[1]严格来说，只有②与③中所要解决的才是"故意"或"认识错误"的问题，即能否将行为人主观上的故意评价为对客观上实现的犯罪具有认识与意欲，而①中所要解决的其实是客观上重罪的构成要件能不能评价为轻罪的构成要件的问题。但是，由于构成要件具有故意规制机能，[2]所以一旦解决了①中的问题，②③中的故意认定问题也随之迎刃而解。在抽象的事实认识错误问题中，一般认为除具有法条竞合关系的重罪与轻罪外，如果重罪与轻罪在构成要件上"实质重合"，也可以成立轻罪的既遂犯。[3]所以，一方面，在抽象的事实认识错误中，认定犯罪间重合的范围比前述表面的构成要件要素与法条竞合问题中的范围更广；另一方面，如何确定"实质重合"的标准，成为争议的焦点。

最后，部分犯罪共同说对于可重合的犯罪的认定，与抽象事实认识错误中的认定是一致的。换言之，部分犯罪共同说将具有重罪故意的行为人认定为与只具有轻罪故意的行为人成立该轻罪的共同犯罪，实际上是上述抽象的事实认识错误中第②种情形的一个运用。

可见，能否将重罪评价为轻罪，关键在于当两罪之间的差异并非只是表面的构成要件要素，二者也并非处于法条竞合关系中时，允许在多大范围内认定二者"实质重合"，或者说以何种标准认定二者"实质重合"。能否妥善解决抽象的事实认识错误（及共同犯罪）问题，是检验重合评价标准是否合理的试金石。限于本章的篇幅与关注重心，且考虑到后文论述多涉及财产犯，在此主要以财产犯为例讨论犯罪间"实质重合"的标准。

---

〔1〕［日］松原芳博『刑法総論』（日本評論社，3版，2022年）266頁参照。

〔2〕构成要件的故意规制机能是指，在故意犯中，构成要件"展示了作为故意（认识）对象的必要的客观事实"，［日］曽根威彦『刑法原論』（成文堂，2016年）111頁。

〔3〕［日］山口厚『刑法総論』（有斐閣，3版，2016年）236-237頁参照。

二、财产犯间的重合评价

在财产犯中，抢劫与盗窃基本上属于法条竞合；〔1〕盗窃与侵占之间只存在表面的构成要件要素的差异；〔2〕职务侵占只比挪用资金多了“不法占有/所有目的”，前者并不欠缺后者的构成要件要素。〔3〕所以抢劫可以评价为盗窃，盗窃可以评价为侵占，职务侵占可以评价为挪用资金，对此应无疑议。关于盗窃罪与抢夺罪的关系，传统观点注重二者的区别与界限，认为盗窃罪以“秘密窃取”为成立条件，抢夺罪以“公然夺取”为成立条件。〔4〕与此相对，颇有影响力的观点则指出，“抢夺罪与盗窃罪并不是 A 与非 A 的对立关系。可以认为，抢夺行为都符合盗窃行为的特征，但盗窃行为不一定符合抢夺行为的特征。换言之，抢夺罪与盗窃罪是特别关系”。〔5〕笔者赞成后一种观点，即抢夺罪与盗窃罪在盗窃罪的范围内可以评价为“实质重合”，详细理由学界已有充分论证，在此不再赘述。下文主要想讨论以往学界未曾着力探讨，甚至未曾形成问题意识的盗窃罪与诈骗罪、敲诈勒索罪、故意毁坏财物罪之间是否可以评价为“实质重合”的问题。为便于讨论，本部分仅研究“数额较大”这种最典型的盗窃罪与上述财产犯罪的关系，其他特殊盗窃类型的问题则留待本章第二节最后再一并详述。

1. 盗窃罪与诈骗罪的关系

一般认为盗窃罪与诈骗罪是对立关系，即“表现为属于 A 概念的事项不可能也属于 B 概念，反之亦然。……针对一个行为对象或者一个法益侵害结果而言，某个行为不可能既触犯刑法第 264 条，又触犯第 266 条”。〔6〕该观点着眼于规定盗窃罪的《刑法》第 264 条与规定诈骗罪的第 266 条这两个法条

〔1〕　参见张明楷：《刑法学（下）》，法律出版社 2021 年版，第 1286 页。

〔2〕　参见张明楷：《论表面的构成要件要素》，载《中国法学》2009 年第 2 期，第 98 页以下。

〔3〕　同样地，“挪用公款罪与贪污罪不是对立关系，贪污公款的行为一般也符合挪用公款罪的犯罪构成。……在行为人将公款转移给个人占有时，即使不能查明行为人是否具有归还的意思，也能够认定为挪用公款罪。反之，只要查明行为人具有非法占有目的，就应认定为贪污罪”，张明楷：《刑法学（下）》，法律出版社 2021 年版，第 1570 页。

〔4〕　参见高铭暄、马克昌主编：《刑法学》，北京大学出版社 2022 年版，第 506、512 页；陈兴良：《规范刑法学（下册）》，中国人民大学出版社 2023 年版，第 234、276 页。

〔5〕　张明楷：《刑法学（下）》，法律出版社 2021 年版，第 1300 页。更为详细的论证参见张明楷：《盗窃与抢夺的界限》，载《法学家》2006 年第 2 期，第 119 页以下。

〔6〕　张明楷：《刑法学（上）》，法律出版社 2021 年版，第 623 页。

本身，所谓的“对立关系”不过是两个法条之间的关系。但是，“构成要件并不是条文本身，通过解释有可能认定构成要件的重合”。[1]例如，无论盗窃罪还是诈骗罪，都以“非法占有目的”为成立条件，但该目的并没有明确记载于条文中。从构成要件的角度看，盗窃罪与诈骗罪完全有可能在盗窃罪的范围内评价为“实质重合”。

第一，虽然在财产犯分类上，盗窃罪属于夺取型财产犯，诈骗罪属于交付型财产犯，[2]但并不能因此得出二者不能重合的结论。这是因为，虽然抢劫罪和敲诈勒索罪同样分别属于夺取型财产犯与交付型财产犯，但理论上仍然认为抢劫罪可以实质评价为敲诈勒索罪，即“敲诈勒索罪与抢劫罪不是对立关系，符合抢劫罪的犯罪构成的行为，同时也是敲诈勒索行为（当然，当场杀害被害人后取得财物的除外）”。[3]无论是夺取型财产犯还是交付型财产犯，在“违背被害人的意志转移占有”这一点上是一致的，都属于转移型财产犯罪。如果说诈骗罪通过引起被害人的意思瑕疵侵害了其处分、利用财物的自由，难道违背被害人的意愿转移财物占有的盗窃时，被害人处分、利用财物的自由就没有受到破坏吗？桥爪隆教授曾指出，“既然诈骗罪是利用陷入错误的被害人来移转占有的行为类型，那么将诈骗罪评价为规定的是部分盗窃罪的间接正犯，这也不是不可能”。[4]尤其是在三角诈骗的场合，其构造与盗窃的间接正犯极其相似，差别只在于被骗人是否具有处分被害人财产的权限或者地位。[5]但无论被骗人的权限或地位如何，从被害人的角度来看，法益侵害是一样的。此时至多能说被骗人的处分财物的意思决定自由受到侵害，但被骗人并非被害人，被骗人所遭到的“侵害”不能说是法益侵害。由此亦可佐证，诈骗与盗窃在法益侵害这一点上，存在构成要件的实质重合。甚至可以说，诈骗罪实际上是将部分盗窃的间接正犯特别地规定为新的犯罪类型；转移型财产犯罪中，罪中盗窃罪是基本犯罪，而诈骗、抢劫、抢夺等是派生出来的特别犯罪。

第二，从比较法的角度来看，《日本刑法》第 246 条之二规定了使用电子

---

〔1〕［日］佐伯仁志『刑法総論の考え方・楽しみ方』（有斐閣，2013 年）284 頁。

〔2〕关于财产犯的体系，［日］山口厚『刑法各論』（有斐閣，第 2 版，2010 年）170 頁参照。

〔3〕张明楷：《刑法学（下）》，法律出版社 2021 年版，第 1335 页。

〔4〕［日］橋爪隆「構成要件的符合の限界について」法学教室 407 号（2014 年）108 頁。

〔5〕参见张明楷：《三角诈骗的类型》，载《法学评论》2017 年第 1 期，第 13 页。

计算机诈骗罪，即除《日本刑法》第 246 条规定以外，向他人用于处理事务的电子计算机输入虚假信息或不正当指令，因而制作导致财产权发生得失或变更的不真实电磁记录的，或者将导致财产权的得失或者变更的虚假电磁记录供他人处理事务使用，因而取得或使他人取得财产上不法利益的，处 10 年以下拘禁刑。〔1〕关于该条的行为类型，我国学者之间存在盗窃说与特殊诈骗说之争。〔2〕笔者赞成盗窃说，即该条本质上规定的是盗窃财产性利益的情形。日本学者一般认为使用电子计算机诈骗罪与诈骗罪在构成要件上是重合的。〔3〕如此一来，既然盗窃财产性利益与诈骗财产性利益可以存在构成要件上的重合，那么盗窃财物与诈骗财物的情形中也应当在构成要件上评价为实质重合。

第三，承认盗窃罪与诈骗罪在构成要件上重合，有利于解决抽象事实认识错误问题。例如，A 伪造加油卡去自动加油机器上刷卡加油，A 误以为自动加油机器与自动售货机一样，无须人工确认，但实际上自动加油机器连接着办公室的电脑终端，每次刷卡后均需工作人员核实余额后点击确认键才能实现自动加油。本案中，若以“机器不能被骗”为前提，则 A 主观上认为自己实施的是盗窃行为，客观上却是通过伪造的加油卡欺骗了加油站工作人员。如果不承认盗窃罪与诈骗罪的重合，那么 A 只能认定为盗窃未遂与过失诈骗，这样的结论难以令人接受。只有承认两罪在“违背他人意志转移占有”这一点上可以重合，才能得出 A 构成盗窃罪既遂的合理结论。当然，需要特别指出的是，承认盗窃罪与诈骗罪的重合，并不意味着二者的区分就不重要了，也不意味着提倡把盗窃罪与诈骗罪合并为一个罪。即便认为二者重合，也仍然承认诈骗是一种“特殊的”盗窃，而这种特殊性的判定其实就是盗窃罪与

---

〔1〕 2022 年 6 月的日本刑法修正中，将以往的惩役刑与禁锢刑统合规定为拘禁刑。该修正内容已在立法机关通过并公布，虽然目前尚未施行，但将自 2022 年 6 月 17 日起 3 年内依政令所确定的日期（预计是 2025 年 6 月 1 日）起施行。因此，本书除引用其他文献中的表述时或特意讨论惩役刑或禁锢刑时之外，均不再区分惩役与禁锢，直接使用拘禁刑这一表述。

〔2〕 支持特殊诈骗说的观点，参见刘明祥：《用拾得的信用卡在 ATM 机上取款行为之定性》，载《清华法学》2007 年第 4 期，第 23 页以下；刘明祥：《再论用信用卡在 ATM 机上恶意取款的行为性质——与张明楷教授商榷》，载《清华法学》2009 年第 1 期，第 75 页等。支持盗窃说的观点，参见张明楷：《也论用拾得的信用卡在 ATM 机上取款的行为性质——与刘明祥教授商榷》，载《清华法学》2008 年第 1 期，第 94 页以下；张明楷：《非法使用信用卡在 ATM 机取款的行为构成盗窃罪——再与刘明祥教授商榷》，载《清华法学》2009 年第 1 期，第 56 页等。

〔3〕 ［日］松原芳博『刑法総論』（日本評論社，第 3 版，2022 年）264 頁；［日］橋爪隆『刑法総論の悩みどころ』（有斐閣，2020 年）172 頁参照。

诈骗罪的区分问题。可是，虽然二者有区别，我们却没有必要把二者完全对立起来，理解为互斥关系，完全可以承认在特殊情况下，为了得出合理结论，将诈骗罪评价为盗窃罪。

第四，将诈骗评价为盗窃在实务中遇到的最大障碍，或许是我国司法解释对两罪确定了不同的追诉标准。例如，诈骗1500元的原本达不到诈骗罪的追诉标准，若将该行为评价为盗窃1500元从而以盗窃罪论处，是否形成了间接处罚，〔1〕架空了诈骗罪的追诉标准呢？笔者认为，首先，司法解释对诈骗罪设立的追诉标准高于盗窃罪本身并不具有合理性。如前所述，诈骗罪实际上是将部分盗窃的间接正犯特别地规定为新的犯罪类型，并不欠缺盗窃罪的构成要件要素，甚至还可能主张说诈骗罪中通过欺骗的方法还侵害了他人的意思决定自由。换言之，诈骗1500元的法益侵害并不低于盗窃1500元的法益侵害。所以从法益侵害的角度看，诈骗罪的追诉标准本不应该低于盗窃罪。当然，追诉标准的确定除了考虑法益侵害性，还会考虑预防必要性的大小。在电信诈骗层出不穷、愈演愈烈的当下，诈骗罪的预防必要性是否还如以往那样必定小于盗窃罪，仍有待重新慎重检讨。其次，按照司法解释认为诈骗1500元不是犯罪，也不过是说这种行为不构成诈骗罪，并不能说该行为完全不可能构成其他犯罪。正如强奸男性的不构成强奸罪但完全可以构成强制猥亵罪一样。目光应往返于事实与规范之间，〔2〕既然骗取1500元的案件事实不能适用诈骗罪的罪刑规定，那么此时就不应该固执于涉案行为就是诈骗行为的印象，将案件事实固化为诈骗，而应当考虑是否有可能通过盗窃罪的罪刑规定来归纳案件事实。〔3〕倘若能够将诈骗1500元的行为事实与盗窃罪的罪刑规定通过合理的法解释对应起来，那么就不能说诈骗1500元的行为原本不是刑罚处罚的对象，从而以盗窃罪应对该行为并不构成所谓的间接处罚。最后，

〔1〕为贯彻罪刑法定原则，禁止间接处罚被确立为一项基本的刑罚原理，禁止以下情形的出现，即“某种行为及结果原本不是刑罚处罚的对象，但由于该行为及结果存在于某一犯罪中，导致对该行为及结果实施刑罚处罚”。张明楷：《责任刑与预防刑》，北京大学出版社2015年版，第264页。

〔2〕关于法律（应然）与案例事实（实然）的交互分析处理，参见［德］阿图尔·考夫曼：《法律哲学》，刘幸义等译，法律出版社2011年版，第18页。

〔3〕同理，贪污罪本质上也是财产犯罪，对于国家工作人员利用职务上的便利窃取、骗取公共财物，没有达到司法解释所确立的贪污罪的定罪数额起点，但达到司法解释所确立的盗窃罪、诈骗罪的定罪数额起点的案件，可以盗窃罪、诈骗罪论处。参见张明楷：《贪污贿赂罪的司法与立法发展方向》，载《政法论坛》2017年第1期，第7页以下。

考虑到罪刑均衡的要求，对于诈骗金额在1000元以上不满3000元的，虽然可以按照盗窃罪定罪处罚，但量刑时不应该超过诈骗3000元时按照诈骗罪所科处的刑罚量。

2. 盗窃罪与敲诈勒索罪的关系

如上所述，既然同为交付型财产犯的诈骗罪与盗窃罪可以评价为实质重合，那么在原理上就不能否定敲诈勒索罪与盗窃罪也可在盗窃罪的范围内评价为实质重合。因为敲诈勒索罪中也包含了“违背他人意志转移占有”这一核心要素。可能存在的质疑是，一方面，盗窃罪与诈骗罪、敲诈勒索罪在侵害样态上并不相同；另一方面，前者与后二者在保护法益上也不同，盗窃罪保护的是财物的占有乃至所有权等本权，而诈骗罪、敲诈勒索罪还同时保护处分财产的自由或者意思决定的自由。〔1〕但是，笔者认为这些质疑均不成立。

第一，侵害样态上的不同并不足以否定犯罪间的重合评价。如果两个罪除了保护法益，连侵害样态都一模一样，那么本来就不会形成两个犯罪构成要件。侵害样态的不同可能是由于两罪的构成要件完全不重合而引起的，也可能是由于其中一罪在包含另一罪的所有要素后另具备有关行为样态的额外要素而引起的。诈骗罪、敲诈勒索罪的侵害样态之所以与盗窃罪的不同，并非因为不包含盗窃罪的要素，而是在盗窃罪的要素之外增添了要素，即“使被骗人或被恐吓人产生认识错误或畏惧心理从而交付财产”而已。

第二，当同一个犯罪规定了多个侵害样态，而这些侵害样态之间发生不一致时，并不当然地否定犯罪的成立。例如，B教唆C以暴力的方式实施抢劫，结果C通过胁迫的方法压制了被害人的反抗并取得财物时，B当然成立抢劫罪既遂的教唆犯，绝不会得出暴力型抢劫与胁迫型抢劫不能重合评价的结论。既然如此，倘若将盗窃、诈骗、敲诈勒索规定在同一个条文中形成选择性罪名，〔2〕那么如D教唆E诈骗，结果因被害人外出E直接窃取了财物的情形中，也应当认为D成立盗窃罪的教唆犯。现行《刑法》虽然将盗窃、诈骗、敲诈勒索分别规定在三个条文中，但并不应当得出不同结论。因为“条

〔1〕参见周光权：《刑法各论》，中国人民大学出版社2021年版，第151页；王钢：《德国判例刑法（分则）》，北京大学出版社2016年版，第284页。

〔2〕《治安管理处罚法》第49条就采用了将多种侵害财产的行为规定在同一条文中的方式。该条规定，“盗窃、诈骗、哄抢、抢夺、敲诈勒索或者故意损毁公私财物的，处五日以上十日以下拘留，可以并处五百元以下罚款；情节较重的，处十日以上十五日以下拘留，可以并处一千元以下罚款”。

文表述会受到一些技术性要求的左右，如此一来，‘横向重合’并不必然地以‘款’‘条’为单位”。[1]

第三，在判断犯罪构成要件是否重合时，保护法益才是关键性标准。如佐伯仁志教授所指出的，“构成要件在多大范围内重合虽然是各个构成要件解释的问题，但由于构成要件是为了保护法益而规定的，所以构成要件中规定的保护法益一致是必须的要件”。[2]的确，认为诈骗罪、敲诈勒索罪在保护财物的占有或本权的同时，还保护财产处分的自由或者意思决定的自由，这种观点并非毫无道理。但财产处分自由或意思决定自由较财物的占有或本权而言，终究只是次要的法益，并不起决定性作用。例如，暴力型抢劫与胁迫型抢劫除在侵害样态上不同外，还分别保护身体生命与意思自由这两类不同的次要法益，但并不会因此得出两种类型的抢劫不可重合评价的结论。对此，山口厚教授认为，即便像盗窃罪与诈骗罪这样，侵害样态的不同影响了次要法益的不同，但如果次要的法益侵害只是为了限定处罚，那么可以与针对同一法益的不同侵害样态的情形（如《日本刑法》原第 177 条规定的强奸罪与第 178 条第 2 款规定的准强奸罪）作同样处理；[3]桥爪隆教授也认为，“如果主要的法益侵害内容是共通的，那么即便行为样态不同意味着次要的法益侵害的不同，这在构成要件上也并不是重要的，并非不能认定构成要件重合”；[4]佐伯仁志教授同样明确表示，“在财产犯的框架内，这种次要的法益侵害并不重要”。[5]另外，从根本上看，德日有关诈骗罪保护法益的学说并非当然可以援用至我国，“意思决定自由”究竟是否应当作为我国诈骗罪、敲诈勒索罪的次要保护法益也值得推敲。与规定了胁迫罪、强要罪的德日不同，我国刑法中并没有单纯保护意思决定自由的犯罪，那么为何又可以将意思决定自由作为次要法益偷偷塞入诈骗罪、敲诈勒索罪等财产犯罪的保护法益之中呢？换言之，单独不受刑法保护的某种利益（如意思决定自由）包装成次要法益后纳入某犯罪的保护范围内，是否有间接处罚对意思决定自由的侵害之嫌呢？

第四，在英美法上，根据 Fletcher 教授的研究，《1916 年英格兰盗窃罪

---

〔1〕［日］松原芳博『刑法総論』（日本評論社，第 3 版，2022 年）264 頁。

〔2〕［日］佐伯仁志『刑法総論の考え方・楽しみ方』（有斐閣，2013 年）287 頁。

〔3〕［日］山口厚『刑法総論』（有斐閣，第 3 版，2016 年）241 頁。

〔4〕［日］橋爪隆「構成要件的符合の限界について」法学教室 407 号（2014 年）107 頁。

〔5〕［日］佐伯仁志『刑法総論の考え方・楽しみ方』（有斐閣，2013 年）289 頁。

法》"形成了英美盗窃罪的首个立法定义。定义中小心翼翼的措辞反映了一百年来将盗窃罪带入各种行为模式的诉讼历程，而这些行为模式在其他法系中，或者不予处罚，或者作为诈骗罪或侵占罪对待。比如，'侵夺'一词显然从盗窃罪的定义中被删去了，以便包容任何这样的人：'在没有物主同意的情况下，诈骗性地或者在没有真诚做出权利主张的情况下，便取得并拿走任何可偷之物者……'""19 世纪英格兰法院的经验，对该盗窃罪法定义'取得'有相当大的影响。'"取得"就是这样"获得占有权"：a、通过欺骗；b、通过恐吓；c、因物主的错误，但知道就物主而言占有权已经这样获得；d、通过拾遗，并且拾遗者在拾遗的当时相信，若采取适当步骤，可以找到物主。'""由于'侵夺'的消亡，盗窃罪不再是一种彰显秘密或强力取得的犯罪"。[1]由此可见，淡化盗窃罪中"侵夺"的观念并非不可能，而淡化之后，无论是没有获得被害人同意，还是通过欺骗或恐吓等方式转移占有的，都能实质统一到盗窃罪的概念之下。虽然传统刑法理论常常使用"平和的手段"来描述盗窃罪的行为方式，但"平和的手段"不过是表面的构成要件要素，[2]为盗窃罪奠定违法性基础的实质在于"违背他人意志转移财物占有"。因此，在理解我国的盗窃罪时，也应当淡化"侵夺"的观念，即便采取了非平和的手段，如抢劫罪中的压制反抗、抢夺罪中的强力夺取甚至诈骗罪中的欺骗或者敲诈勒索罪中的恐吓，也仍然能够满足盗窃罪中真正的构成要件要素。

3. 盗窃罪与故意毁坏财物罪的关系

一般以是否具有"利用意思"（非法占有目的或不法领得意思的内容之一[3]）区分盗窃罪与故意毁坏财物罪。但也有学者指出，"如果将财物的物理性破坏作为器物损坏罪的法益侵害内容，那么由于盗窃罪中并不要求达到效用丧失的程度，所以也可能得出否定两罪重合的结论。但是，依照判例与通说，只要使财物陷入利用困难的状态就足以称为'损坏'了（效用侵害说），并不要求达到物理性损毁的程度……因此，虽然在哪个时点可以肯定'损坏'尚存疑问，但对于实际上在不具备不法领得意思的状况下使被害人丧失占有，侵害其利用可能性的行为，可以广泛地认定成立器物损坏罪。若以

[1] [美] 乔治·弗莱彻：《反思刑法》，邓子滨译，华夏出版社 2008 年版，第 82-83 页。

[2] 参见张明楷：《论表面的构成要件要素》，载《中国法学》2009 年第 2 期，第 98 页。

[3] 关于非法占有目的是否属于领得型财产犯的必备要素及其具体内容，参见张明楷：《外国刑法纲要》，法律出版社 2020 年版，第 499 页以下。

此为前提来考虑，则可以将盗窃罪评价为器物损坏罪的（基于不法领得意思的）加重类型，于是可以在器物损坏罪的限度内承认构成要件重合。”[1]

关于“毁坏”的含义，存在物理毁弃说与效用侵害说的对立。[2]虽然笔者赞成效用侵害说，但采用效用侵害说并不意味着必然肯定故意毁坏财物罪与盗窃罪存在重合。这里涉及如何理解“效用侵害”的问题。如果认为“效用侵害”是指被害人在一段时期内难以利用财物，从而减损了财物相对于被害人的效用或价值（以下简称效用侵害说①），那么从被害人因盗窃行为而丧失占有的那一刻起，就可以认定为该行为符合故意毁坏财物罪的构成要件。与此相对，如果认为“效用侵害”是指被害财物自身的效用丧失或者显著减损（以下简称效用侵害说②），从而使被害财物未能按照其事物本性发挥作用，那么行为人盗窃财物后的利用行为恰好证明了财物自身的效用并未受到侵害，此时该行为就不符合故意毁坏财物罪的构成要件。

例如，F 教唆 G 毁坏被害人的财物，G 却产生了利用意思，在将该财物通过盗窃的方式到手后（时点 1），发现该财物对自己并无用处，于是将其毁坏（时点 2）。按照效用侵害说①，由于 G 盗窃的行为本身使被害人在一段时期内难以利用财物，从而 G 盗窃的行为可以同时评价为侵害财物相对于被害人的效用的行为，于是 F 在时点 1 可以成立故意毁坏财物罪的教唆犯。与此相对，按照效用侵害说②，由于 G 盗窃的行为并没有当然地使财物自身的效用减损，所以 G 盗窃的行为不能同时评价为侵害财物效用的行为，因此在时点 1 不能将 F 评价为故意毁坏财物罪的教唆犯（此时不存在故意毁坏财物的正犯行为）。只有到了时点 2，F 才成立故意毁坏财物罪的教唆犯。在此需要注意的是，盗窃后毁坏财物的行为虽然属于共罚的事后行为，不需与盗窃罪并罚，[3]但仍然与先前的盗窃行为并非同一个行为，所以按照效用侵害说②，不能以 F 在时点 2 成立故意毁坏财物罪来说明时点 1 盗窃罪的构成要件中包含故意毁坏财物罪的构成要件。

---

〔1〕［日］橋爪隆『刑法総論の悩みどころ』（有斐閣，2020 年）171 頁。另外，［日］佐伯仁志『刑法総論の考え方・楽しみ方』（有斐閣，2013 年）288-289 頁参照。

〔2〕物理毁弃说认为，“从物质上（物理上）破坏、毁损财物的一部分或者全部，因而侵害财物的本来的效用的行为，才是毁弃、损坏”；与此相对，效用侵害说则认为，“凡是有害财物的效用的行为，都属于毁弃、损坏”（张明楷：《外国刑法纲要》，法律出版社 2020 年版，第 596-597 页）。

〔3〕参见黎宏：《刑法学总论》，法律出版社 2016 年版，第 330 页。

笔者赞成效用侵害说①。因为，第一，故意毁坏财物罪作为财产犯罪，所要保护的是个人法益，而非纯粹的财物本身。既然是个人法益，那么必须联系具体的被害人来考虑法益是否遭受损失。简言之，故意毁坏财物罪的保护对象或者说法益享受主体实际上是原财物的所有人即被害人，而不是被害财物本身。只要使被害人丧失了对被害财物的利用可能性，就可以说被害财物对于被害人的效用减损或丧失了，行为人是否具有利用被害财物的意思，事后是否实际利用了被害财物，都不影响以具体被害人为保护对象的故意毁坏财物罪的认定。〔1〕而按照效用侵害说②，故意毁坏财物罪的保护法益在于财物本身，如此一来，对于单纯毁坏无主物的行为也可能认定为故意毁坏财物罪，但这种结论并不合理。

第二，虽然一般以是否具有“利用意思”来区分盗窃罪与故意毁坏财物罪，但并不意味着故意毁坏财物罪以“不具有利用意思”为成立条件。换言之，“不具有利用意思”在故意毁坏财物罪中只是用以区别盗窃罪的“界限要素”，并不增加该罪的违法性或有责性。当事后无法查明行为人在转移占有时是否具有利用意思的场合，并不能得出无罪的结论，而是至少可以成立故意毁坏财物罪。例如，在朱某勇故意毁坏财物案中，〔2〕被告人朱某勇利用事先获悉的账号和密码，侵入被害人陆某辉、赵某花夫妇在证券营业部开设的股票交易账户，然后篡改了密码，并使用陆、赵夫妇的资金和股票，采取高进低出的方法进行股票交易，共给陆、赵夫妇的账户造成资金损失 19.7 万余元。上海市静安区人民法院认为，被告人朱某勇为泄私愤，秘密侵入他人的账户操纵他人股票的进出，短短十余日，已故意造成他人账户内的资金损失 19.7 万余元。这种行为，侵犯公民的私人财产所有权，扰乱社会经济秩序，社会危害性明显，已构成故意毁坏财物罪。试想，倘若朱某勇不是出于泄愤目的，而是具有使自己或第三人获利的目的，难道其行为就没有侵害被害人资金和股票的效用吗？可见，当行为人存在非法占有目的时，虽然我们习惯于用盗窃罪来评价，但这并不意味着故意毁坏财物罪的构成要件被排斥了。

---

〔1〕　按照这种理解，盗用行为即便不构成盗窃罪（关于盗用行为的详细分析，参见李强：《论使用盗窃与盗用》，载《国家检察官学院学报》2018 年第 2 期，第 48 页以下），也有可能按照故意毁坏财物罪处罚。

〔2〕　参见上海市静安区人民法院（2002）静刑初字第 146 号刑事判决书。

第三，一般认为，隐藏财物的行为也构成故意毁坏财物罪。〔1〕效用侵害说①与该结论一致，因为隐藏行为使被害人在一段时期内难以利用财物。但按照效用侵害说②，由于单纯的隐藏行为并没有使被害财物自身的效用丧失或减损，于是难以说明此时为何可以构成故意毁坏财物罪。

第四，按照效用侵害说①，盗窃罪与故意毁坏财物罪在后者的犯罪内可以实质重合，所以盗窃罪是重罪，故意毁坏财物罪是轻罪。这种轻重评价也符合现行《刑法》对两罪法定刑的设置，而按照效用侵害说②，则需要寻找其他理由来说明为什么盗窃罪的法定刑高于故意毁坏财物罪的法定刑。〔2〕

因此，站在效用侵害说①的立场，盗窃罪可以评价为故意毁坏财物罪。同理，可评价为盗窃罪的其他财产犯罪，如抢劫罪、抢夺罪、诈骗罪与敲诈勒索罪也都可以评价为故意毁坏财物罪。

顺带值得指出的是，侵占罪、挪用资金罪等非转移型财产犯虽然不能评价为盗窃罪，但从效用侵害说①的原理出发，似乎同样可以将这些犯罪评价为故意毁坏财物罪。可是，我国《刑法》中侵占罪的法定刑（基本犯最高判处2年有期徒刑，加重犯最高判处5年有期徒刑）比故意毁坏财物罪（基本犯最高判处3年有期徒刑，加重犯最高判处7年有期徒刑）更低，且前者属于亲告罪，后者乃非亲告罪。而且，侵占罪需要具有不法所有目的，故意毁坏财物罪则并不要求具备这一主观的超过要素。所以，从可谴责性的角度来看，侵占罪本应比故意毁坏财物罪的法定刑更重。如此一来，为了说明我国《刑法》中侵占罪的法定刑以及刑事程序的开启条件比故意毁坏财物罪的更低，只能从法益侵害性的角度寻找答案。即侵占罪并不侵害他人对财物的占有，只侵害他人对财物的所有，故构成处罚更重的故意毁坏财物罪时，应当要求行为人必须通过侵害他人对财物的占有进而减损财物的效用。换言之，故意毁坏财物罪必须和盗窃罪等转移占有型的财产犯罪一样，以他人占有的财物作为行为对象。〔3〕对

〔1〕 参见周光权：《刑法各论》，中国人民大学出版社2021年版，第167页；张明楷：《刑法学（下）》，法律出版社2021年版，第1343页。反对的观点参见林山田：《刑法各罪论（上册）》，北京大学出版社2012年版，第382页；王钢：《德国判例刑法（分则）》，北京大学出版社2016年版，第302页。

〔2〕 一种可能的理由是，盗窃罪的一般预防必要性高于故意毁坏财物罪。当然，站在效用侵害说①的立场亦可同时援引该理由。

〔3〕 故本文不赞同"行为人是否占有该财物，不影响本罪（指故意毁坏财物罪——笔者注）的成立"（张明楷：《刑法学（下）》，法律出版社2021年版，第1342页）这样的观点。

于行为时由行为人占有或者脱离他人占有的财物，不能成为故意毁坏财物罪的行为对象。侵占、挪用等非转移占有型的财产犯罪行为虽然也影响了财物对于所有权人的效用，但由于没有侵害“占有”这一法益，故不能评价为故意毁坏财物的行为。

从而，毁坏代为保管的他人财物或者遗忘物、埋藏物等脱离占有物的，既不构成侵占罪（因为没有利用意思），[1]也不构成故意毁坏财物罪（因为没有侵害他人占有）。否则与本着利用意思变卖代为保管的他人财物或者脱离占有物进而构成侵占罪的情形相比，会形成处罚上的不均衡。如果以正犯的方式单纯毁坏代为保管的他人财物或者遗忘物、埋藏物等脱离占有物的都不构成故意毁坏财物罪和侵占罪，那么以教唆、帮助的方式更不应当构成相应的犯罪。例如，H 教唆 I 毁坏代为保管的他人财物，I 却将该财物非法占为己有的，虽然 I 构成侵占罪的正犯，但 H 既不能构成故意毁坏财物罪的教唆犯（因为正犯 I 的行为对象不是他人占有的财物），也不能构成侵占罪的教唆犯（因为 H 没有利用意思）。反过来，H 教唆 I 把代为保管的他人财物非法占为己有，I 却直接毁坏该财物的，I 既不构成故意毁坏财物罪（因为欠缺他人占有的财物这一行为对象），也不构成侵占罪（因为没有利用意思）。当然，如果认为毁坏也是侵占的一种表现形式，且利用意思只是责任要素而非主观的违法要素，那么根据限制从属性说，H 有可能构成侵占罪的教唆犯。

与此相对，当行为人以毁坏的意思取得他人财物的占有后并不毁坏而是予以隐藏时，由于侵害了他人对财物的占有，可以构成故意毁坏财物罪。而在以毁坏的意思取得他人财物的占有后产生利用意思进而予以使用的场合，虽然对产生利用意思后的使用行为可以评价为脱离占有物侵占，[2]但不可忽视的是，整个犯罪行为仍然可以评价为通过侵害他人对财物的占有进而影响了财物的效用，构成故意毁坏财物罪。此时故意毁坏财物罪与侵占罪实际上形成了包括一罪，应当从一重罪以故意毁坏财物罪论处。否则，难以回答为什么仅仅隐藏的都构成处罚较重的故意毁坏财物罪，而积极使用的反而仅成立处罚较轻的侵占罪。

---

〔1〕 如果构成侵占罪时不要求主观上具有利用意思，那么此种情形可以认定为构成侵占罪。但没有利用意思的毁坏行为，能否评价为《刑法》第 270 条中的“非法占为己有”，还值得进一步考虑。

〔2〕 参见张明楷：《刑法学（下）》，法律出版社 2021 年版，第 1249 页。

综上所述，在我国的财产犯体系中，①转移型财产犯罪（包括夺取型与交付型）可以评价为（数额较大型）盗窃罪，而②盗窃罪（转移型财产犯罪）又可以评价为侵占罪（非转移型财产犯罪）和故意毁坏财物罪；另外，③非转移型财产犯罪中的侵占型财产犯罪（如职务侵占罪）可以评价为挪用型财产犯罪（如挪用资金罪），但④非转移型的财产犯罪均不可以评价为故意毁坏财物罪。在抽象的事实认识错误问题中，“采用构成要件符合说的许多见解提出了法益的同一性与行为样态的同一性这两个标准。但是，行为样态的同一性在什么范围内具有意义，仍然存在疑问”。〔1〕通过上述财产犯间重合评价的论证可以看出，即便侵害财产的样态、方式不同，甚至所欲保护的次要法益也不同，但只要其中一罪并不欠缺另一罪的要素，在保护财产这一主要法益上一致，即满足主要法益同一性（或包容性）的条件，就有可能广泛地认定两罪间的重合。换言之，主要法益的同一性（或包容性）是判断犯罪间重合的决定性标准。

第二节　重合评价的适用界限

虽然在刑法总论的领域中，为了妥善解决抽象的事实认识错误等问题，不得不广泛承认许多罪名之间存在“实质重合”，进而将重罪评价为轻罪，但在适用《刑法》分则具体条文，将重罪评价为轻罪，使得处罚从无变有或由轻变重时，并非都当然地具有合理性。所以必须讨论犯罪间重合评价在《刑法》分则具体条文中的适用界限。

一、涉及法律拟制时重合评价的适用界限

刑法分则条文大多通过“罪状+法定刑”的方式形成罪刑规定，但还存在不少指引性规定。这些指引性规定大体可以分为注意规定与法律拟制两类。“注意规定是在刑法已作基本规定的前提下，提示司法工作人员注意，以免司法工作人员忽略的规定”，而法律拟制“导致将原本不同的行为按照相同的行为处理（包括将原本不符合某种规定的行为也按照该规定处理）”。〔2〕涉及

〔1〕［日］佐伯仁志『刑法総論の考え方・楽しみ方』（有斐閣，2013 年）289 頁。

〔2〕张明楷：《刑法分则的解释原理（下册）》，高等教育出版社 2024 年版，第 668、676 页。

法律拟制时能否在可重合的范围内将重罪评价为轻罪，以下两个问题值得讨论：第一，当通过法律拟制将轻罪作为严重的犯罪来定罪处罚时，该法律拟制是否能够且必须适用于可实质评价为该轻罪的其他重罪；第二，当通过法律拟制将包含重罪在内的数罪作为一罪来处理（处罚轻）时，能否通过将该重罪评价为轻罪从而选择数罪并罚（处罚重）。

1. 将轻罪拟制为严重犯罪的情形

我国现行《刑法》第238条第2款规定，犯非法拘禁罪，使用暴力致人伤残、死亡的，依照《刑法》第234条、第232条的规定定罪处罚。这是非法拘禁罪中的法律拟制，即将非法拘禁行为与该行为之外使用暴力过失致人伤残、死亡的行为合起来拟制为故意伤害或故意杀人的行为。[1]同时，绑架罪与非法拘禁罪并非对立关系，[2]前者并不欠缺后者的要素，二者在人身自由与安全这一主要法益上一致，可以把前者评价为后者。那么，能否将“犯绑架罪，使用暴力致人死亡的”也拟制为故意杀人罪处理呢？笔者认为此时可以将重罪（绑架罪）评价为轻罪（非法拘禁罪），适用该法律拟制。否则，只能按照普通的绑架罪（法定最高刑为无期徒刑）与过失致人死亡罪（法定最高刑为7年有期徒刑）数罪并罚，无论如何也不可能判处死刑；而在非法拘禁的场合，却能够拟制为故意杀人罪，最高可判处死刑，于是出现了犯重罪时比犯轻罪时处罚更轻的不均衡局面。

另外，是否必须将“犯绑架罪，使用暴力致人伤残的”也拟制为故意伤害罪处理呢？考虑到故意伤害罪中出现普通重伤结果时法定刑最高为10年有期徒刑，不及普通的绑架罪与过失致人重伤罪（法定最高刑为3年有期徒刑）并罚重，所以此时不必拟制为故意伤害罪处理。按照法律拟制处理，反而会造成罪刑不均衡的局面。具体而言，此时适用拟制规定依照故意伤害罪处理，最高判处10年有期徒刑；而使用暴力过失致人轻伤甚至轻微伤的，按照我国现行《刑法》第239条第1款，却能判处10年以上有期徒刑或者无期徒刑。但是需注意，当具体案情可以评价为“以特别残忍手段致人重伤造成严重残疾”时，由于按照故意伤害罪处理最高可判处死刑，所以此时有必要将绑架

〔1〕 参见张明楷：《刑法分则的解释原理（下册）》，高等教育出版社2024年版，第689-690页。将其理解为注意规定的见解，参见曲新久主编：《刑法学》，中国政法大学出版社2016年版，第430页；郎胜主编：《中华人民共和国刑法释义》，法律出版社2015年版，第391页。

〔2〕 参见张明楷：《刑法学（下）》，法律出版社2021年版，第1163页。

罪评价为非法拘禁罪，进而通过拟制为故意伤害罪来实现罪刑均衡。当然，如果符合我国现行《刑法》第 239 条第 2 款规定的“犯前款罪……故意伤害被绑架人，致人重伤、死亡的”情形，则直接适用该款处理（处无期徒刑或者死刑，并处没收财产）即可做到罪刑均衡，也不需要再适用我国现行《刑法》第 238 条第 2 款的法律拟制规定。

换言之，在“犯绑架罪，使用暴力致人伤残、死亡的”情形中，可以将“绑架罪与过失致人死亡罪或过失致人重伤罪的并罚”与通过法律拟制得出的“故意杀人罪或故意伤害罪”视为想象竞合的关系，选择处罚较重的方式处理。因此，当通过法律拟制将轻罪（本例中为非法拘禁罪）作为严重的犯罪（本例中为故意杀人罪和故意杀人罪）来定罪处罚时，该法律拟制能够适用于可实质评价为该轻罪的其他重罪（本例中为绑架罪）。另外，虽然法律拟制是一种强制性的规定，必须将其对象犯罪（本例中为非法拘禁罪）拟制为特定的犯罪来处理，但在将重罪（本例中为绑架罪）评价为法律拟制的对象犯罪时，法律拟制并不具有强制性，关键在于通过考虑罪刑是否均衡来判断是否适用法律拟制。

此外，我国现行《刑法》第 269 条规定，“犯盗窃、诈骗、抢夺罪，为窝藏赃物、抗拒抓捕或者毁灭罪证而当场使用暴力或者以暴力相威胁的，依照本法第二百六十三条的规定定罪处罚”。虽然该条中没有将敲诈勒索罪规定为前提犯罪，但如前所述，由于敲诈勒索罪可以评价为盗窃罪，并不欠缺盗窃罪的成立条件，所以“犯敲诈勒索罪，为窝藏赃物、抗拒抓捕或者毁灭罪证而当场使用暴力或者以暴力相威胁的”，也可以拟制为抢劫罪来定罪处罚。〔1〕又如，我国现行《刑法》第 289 条规定，“聚众‘打砸抢’……毁坏或者抢走公私财物的，除判令退赔外，对首要分子，依照本法第二百六十三条的规定定罪处罚”。虽然该条中没有明文规定通过盗窃、抢夺、〔2〕诈骗、敲诈勒索、侵占等方式侵害公私财物的也要拟制为抢劫罪，但如前所述，由于这些领得型财产犯罪可以评价为故意毁坏财物罪，并不欠缺故意毁坏财物罪的成立条件，所以“聚众‘打砸抢’，通过盗窃、抢夺、诈骗、敲诈勒索、侵占等方式侵害公私财物的”，也可以对首要分子依照抢劫罪定罪处罚。

---

〔1〕 另外，将抢劫评价为该条中的“盗窃”的见解，参见张明楷：《事后抢劫罪的成立条件》，载《法学家》2013 年第 5 期，第 118-119 页；［日］山口厚『刑法各論』（有斐閣，第 2 版，2010 年）227 頁。

〔2〕 也可能将抢夺行为直接解释为包括在“抢走”一词的含义中。

2. 将数罪拟制为一罪的情形

根据我国现行《刑法》第 399 条第 4 款，司法工作人员收受贿赂，有徇私枉法行为等，同时又构成受贿罪的，依照处罚较重的规定定罪处罚。关于该款规定究竟是牵连犯还是法律拟制，理论上存在争议。[1]倘若认为该款是法律拟制，那么会主张，没有该款规定则本应将受贿罪与徇私枉法罪并罚，所以该款在性质上属于将数罪作为一罪来处理的法律拟制。[2]需要注意的是，牵连犯本身就是将评价上的数罪在科刑上按一罪处理的罪数形态，[3]在此意义上也可以说牵连犯的规定本来就是为了将数罪拟制为一罪处理。尤其在我国《刑法》总则没有规定牵连犯成立条件与处理原则的背景下，《刑法》分则条文中有关牵连犯的规定的确呈现较为特殊的拟制色彩。就《刑法》第 399 条第 4 款而言，将其定位为牵连犯还是法律拟制，差异主要体现在能否将该款所规定的仅以一罪论处的效果沿用至受贿罪与徇私枉法罪等《刑法》第 399 条规定的犯罪以外的其他犯罪的罪数处理之中，以及是否要对第 399 条第 4 款的适用条件作极其严格的限定以突显其例外性。例如，2016 年 4 月 18 日最高人民法院、最高人民检察院《关于办理贪污贿赂刑事案件适用法律若干问题的解释》第 17 条规定，“国家工作人员利用职务上的便利，收受他人财物，为他人谋取利益，同时构成受贿罪和刑法分则第三章第三节、第九章规定的渎职犯罪的，除刑法另有规定外，以受贿罪和渎职犯罪数罪并罚”。该解释中提出的数罪并罚处理方法，得到了理论界与实务界的广泛赞同，反衬出《刑法》第 399 条第 4 款的例外性与拟制色彩。又如，根据法律拟制说，会倾向于将该款仅适用于收受型受贿而不适用于索取型受贿，仅适用于先受贿后

---

[1] 倾向于认为这是牵连犯规定的，参见陈兴良主编：《刑法各论精释（下）》，人民法院出版社 2015 年版，第 1205 页；黎宏：《刑法学各论》法律出版社 2016 年版，第 566 页。另有主张这是想象竞合犯的观点，参见高铭暄、马克昌主编：《刑法学》，北京大学出版社 2022 年版，第 666 页。但是，收受贿赂和徇私枉法无论在自然意义上还是在社会评价上，都可以区分为两个不同的行为，故不应当将《刑法》第 399 条第 4 款理解为“一行为数罪”的情形从而作为想象竞合犯处理。

[2] 参见张明楷：《刑法学（下）》，法律出版社 2021 年版，第 1651 页；周光权：《刑法各论》，中国人民大学出版社 2021 年版，第 594 页。

[3] 我国传统刑法学理论认为，《刑法》分则中存在对牵连犯数罪并罚的规定（参见高铭暄、马克昌主编：《刑法学》，北京大学出版社 2022 年版，第 195 页），但把这些数罪并罚的规定自始排除牵连犯的范围，或许更加有利于实现牵连犯处理原则的纯化（从一重罪论处而非数罪并罚。至于是否要在重罪法定刑范围内再从重处断，可以再探讨，这不过是以一罪论处后量刑上的分歧而已）。

枉法而不适用于先枉法后受贿的情形；[1]而从牵连犯说出发，则既有可能同样采取严格适用该款乃至不允许将其援用至其他情形的立场，也有可能并不对该款的适用作出特别的限制性要求。笔者倾向于不把有关罪数处理的规定划入法律拟制的范围，否则像结合犯、想象竞合等并非“一行为一罪一罚，数行为数罪并罚”的罪数形态都有可能说成法律拟制。从而将法律拟制限定于有关犯罪成立条件从而涉及罪名选择的拟制上。但考虑到与上述司法解释的规定相协调，笔者虽然将《刑法》第 399 条第 4 款理解为牵连犯，但仍然赞同法律拟制说对该款适用方面提出的严格限制。

无论是从法律拟制的角度出发还是从牵连犯的角度出发，都会遇到的问题是，能否将徇私枉法行为评价为普通的滥用职权行为，从而回避《刑法》第 399 条第 4 款的适用，仍然按照数罪并罚处理呢。毋庸置疑，徇私枉法罪（基本法定刑最高为 5 年有期徒刑）与滥用职权罪（基本法定刑最高为 3 年有期徒刑）是法条竞合关系，[2]前者可以评价为后者。而且，按照滥用职权罪与受贿罪并罚，会比按照徇私枉法罪与受贿罪中较重的一罪来处罚显然更重。笔者认为，既然立法者针对特别法条规定了罪数处理上的优待（暂且不论该“优待”是否合理），那么将该当特别法条的重罪（本例中的徇私枉法罪）评价为该当一般法条的轻罪（本例中的滥用职权罪）从而回避该“优待”时，会使该“优待”毫无适用余地。换言之，如果允许将徇私枉法行为评价为滥用职权行为进而与受贿罪并罚，无异于完全架空了《刑法》第 399 条第 4 款。从法解释学的角度看，应当相信立法者不会设置毫无用处的条款。若某种解释得出某条款形同虚设的结论，则有必要重新检视该解释的前提（如本例中将作为重罪的徇私枉法罪评价为作为轻罪的滥用职权罪）。

因此，当通过法律拟制将包含重罪在内的数罪作为一罪来处理（处罚轻）时（或者说符合罪数上数行为一罪的处理条件时），不能通过将该重罪评价为轻罪从而选择数罪并罚（处罚重）。

二、涉及行为数时重合评价的适用界限

我国现行《刑法》第 240 条第 2 款规定，“拐卖妇女、儿童是指以出卖为

---

〔1〕 参见张明楷：《刑法学（下）》，法律出版社 2021 年版，第 1651 页。

〔2〕 参见阮齐林、耿佳宁：《中国刑法各论》，中国政法大学出版社 2023 年版，第 447 页。

目的，有拐骗、绑架、收买、贩卖、接送、中转妇女、儿童的行为之一的”。据此，以出卖为目的拐骗儿童的，成立拐卖儿童罪。换言之，拐骗儿童罪与拐卖儿童罪并非对立关系，后者只比前者多了“出卖目的”这个要素，二者所欲保护的主要法益一致，完全可以把拐卖儿童的行为评价为拐骗儿童的行为。例如，J以出卖为目的拐骗儿童甲后，因为一直没有找到买家，所以抚养了甲12个月后才将其卖出。应当以拐卖儿童罪追究J的刑事责任，对此没有争议。相比之下，可能存在争议的是，K以抚养为目的先拐骗儿童甲7个月后将其送回家中，一年后本着出卖目的又以实力掳掠并支配甲5个月后将其卖出，应当如何处理，是以拐骗儿童罪与拐卖儿童罪数罪并罚，还是仅以一个拐卖儿童罪论处？2010年3月15日最高人民法院、最高人民检察院、公安部、司法部《关于依法惩治拐卖妇女儿童犯罪的意见》第15条第2款中提出，“以抚养为目的偷盗婴幼儿或者拐骗儿童，之后予以出卖的，以拐卖儿童罪论处”。但该司法解释针对的主要是以抚养为目的拐骗儿童后，一直控制该儿童进而产生了出卖目的的情形（只有自然意义上的一个持续的行为），[1]与上述K的拐骗行为与拐卖行为之间存在一年时间间隔的情形（存在两个自然意义上的行为）并不相同。

如果单纯比较按拐卖儿童罪一罪论处和按拐骗儿童罪与拐卖儿童罪数罪并罚处理这两种处理方法，给人的印象是后者处罚的确比前者更重。于是可能有人会认为，由于J一直都有出卖目的，而K只是后5个月才具有出卖目的，所以对J应当处罚更重。即便考虑到在其他情节都相同的情况下K前后有两个行为，在行为数量上比J多，但其前后两个行为侵害的是同一法益主体即儿童甲的相同利益，所以对K的处罚至少不应当重于J。况且，以一个行为持续性地实力控制儿童，比起分开两个时段控制儿童，前者对儿童身心健康所造成的影响也未必轻于后者。可见，若对K数罪并罚的结果比只按照拐卖儿童罪一罪处理的J处罚更重，显然不合理。为了回避这种处罚上的不均

---

[1] 对于司法解释中提到的这种情形，张明楷：《刑法学（下）》，法律出版社2016年版，第896、915页曾主张，“拐骗儿童后产生出卖或勒赎目的，进而出卖儿童或者以暴力、胁迫等手段对儿童进行实力支配以勒索钱财的，应另认定为拐卖儿童罪或绑架罪，与拐骗儿童罪实行并罚”。但张明楷：《刑法学（下）》，法律出版社2021年版，在第1169、1192页的内容中改变了观点，主张“拐骗儿童后产生出卖或勒赎目的，进而出卖儿童或者以暴力、胁迫等手段对儿童进行实力支配以勒索钱财的，可以作为包括的一罪，按拐卖儿童罪或绑架罪定罪处罚。”

衡，有人或许会准用上述司法解释的观点或者以包括的一罪为由，认为对 K 也只能按照拐卖儿童罪一罪处理。

这种想法看上去似乎很合理，实则不然。拐卖儿童罪与拐骗儿童罪保护的都是儿童在本来生活状态下的人身自由与身体安全，所以在量刑时实力控制儿童使其脱离原生活状态的时间长短是必须考虑的因素。如果按照拐卖儿童罪一罪处理，那么可能存在两种意见：其一，对 K 按照拐卖儿童 12 个月处理；其二，对 K 按照拐卖儿童 5 个月处理。第一种处理方法无视 K 在前 7 个月并没有出卖目的这一事实，将前 7 个月也作为拐卖儿童的时间计算，有违量刑时“以事实为根据”的基本原则。第二种处理方法则忽视了 K 在前 7 个月拐骗儿童的事实，没有对案件作出完整评价，对 K 的处理与对单纯拐卖儿童 5 个月的行为人的处理一致，有违第 3 条前段“法律明文规定为犯罪行为的，依照法律定罪处刑”的要求。另外，对于 J 按照拐卖儿童 12 个月来量刑，对于 K 按照拐骗儿童 7 个月与拐卖儿童 5 个月数罪并罚，未必能说前者处罚必然轻于后者。

所以，对于 K 的前后两个行为，以拐骗儿童罪与拐卖儿童罪并罚是有一定道理的。但不可否认的是，根据具体案件中量刑的不同，按照拐骗儿童罪与拐卖儿童罪数罪并罚的确有可能比按照拐卖儿童罪一罪处理更重。假设对 J 以拐卖儿童 12 个月判处 9 年有期徒刑，对 K 以拐骗儿童 7 个月、拐卖儿童 5 个月分别判处 5 年、6 年有期徒刑，则对 K 数罪并罚最高可判处 11 年有期徒刑。可如上所述，对 J 的科刑不应当轻于 K。为了使得 J 与 K 处刑均衡，一种可能的解决方案是，将 J 拐卖儿童 12 个月的行为分解为拐骗儿童 7 个月与拐卖儿童 5 个月，从而使案情与 K 的案情趋于一致。在理论上，的确可以将拐卖儿童 7 个月评价为拐骗儿童 7 个月，但这种做法使原来一个行为变成了两个行为，改变了作为犯罪评价对象的行为数量，未必妥当。更重要的是，应以何种比例从拐卖儿童的 12 个月中分解出一部分作为拐骗儿童对待，标准并不明确，在实务中完全缺乏可行性。

本章所主张的解决方案是，在处理 K 的案件时应当考虑 J 的案件，即在根据《刑法》第 69 条数罪并罚的规定确定 K 的处断刑区间后，要将 K 案件中的总和刑期与 J 案件中的刑期进行比较，取其轻者作为 K 最终量刑区间的上限。以上述假设的量刑为例，将 K 的拐骗儿童罪与拐卖儿童罪数罪并罚后得出的处断刑区间是 6 年以上 11 年以下有期徒刑。此时需要将总和刑期 11 年与J案件中的刑期，即9年有期徒刑进行对比，取其轻者，即9年作为K最终量刑区间的上限，在6年以上9年以下的幅度内对K科处有期徒刑。这种解决方案既保证了案件中的行为数不因犯罪间的重合评价发生变化，也能保障轻罪不被重判，且在实务中具有可操作性。

总之，不能通过将重罪（如拐卖儿童罪）评价为轻罪（如拐骗儿童罪）使案件中的行为数发生变化，为满足罪刑均衡的要求，应当将重罪案件的量刑情况作为确定轻罪案件量刑区间上限的考虑因素。

三、涉及犯罪数额或数量时重合评价的适用界限

在财产犯罪与经济犯罪中，犯罪数额具有重要意义。〔1〕数额有时是成立犯罪的条件，用以区分犯罪与一般违法行为；有时是加重处罚情节，决定是否升格法定刑。〔2〕从与法益侵害的关系来看，数额有时直接体现了法益侵害的程度，如财产犯罪中；有时仅是一种征表法益侵害程度的替代性结果，如经济犯罪、职务犯罪中。但无论哪种情形中，犯罪数额都与法益侵害相联系，与行为样态并无太大关联。此外，涉及犯罪数额时，对于同种数罪，应采取累计数额计算的方式。如张明楷教授指出，“就数额犯或数量犯而言，刑法分则条文关于‘累计’的规定只是注意规定，所以，即使没有规定‘累计’时，也应当累计”。〔3〕例如，一次盗窃5千元，一次盗窃50万元时，并不会将两个盗窃罪数罪并罚，而是以一个累计数额为50.5万元的盗窃罪处理。

但是，关于累计计算的前提即“未经处理”的含义，在刑法中未必明确。笔者主张刑法中的“未经处理”仅指达到刑事追诉标准但未经过刑事处理的情形，从而单次行为本身未达到刑事追诉标准时，基于禁止间接处罚原则而非禁止重复处罚原则，无论是否经过行政处理，都不能认定为刑法上的“未经

〔1〕 为行文方便，本部分只以数额为例进行说明，相关结论同样适用于涉及犯罪数量的情形。

〔2〕 法定刑升格条件可分为加重的构成要件与量刑规则，主张作为加重处罚条件的数额属于量刑规则的见解。参见张明楷：《加重构成与量刑规则的区分》，载《清华法学》2011年第1期，第9页以下；认为应当区分累计数额和单次数额，前者属于单纯的量刑规则，后者则属于加重的构成要件的见解，参见柏浪涛：《加重构成与量刑规则的实质区分——兼与张明楷教授商榷》，载《法律科学（西北政法大学学报）》2016年第6期，第56页。

〔3〕 张明楷：《论同种数罪的并罚》，载《法学》2011年第1期，第133页注18。

处理”从而累计该次行为的涉案数额或数量追究刑事责任。[1]例如，L犯盗窃罪数额为500元，又犯诈骗罪数额为1500元时，根据追诉标准，[2]单独来看既不能追究盗窃500元的刑事责任，也不能追究诈骗1500元的刑事责任。可是，一方面，如本章第一节所论证的，诈骗罪与盗窃罪并非对立关系，虽然盗窃罪是夺取型财产犯，诈骗罪是交付型财产犯，行为方式不同，但在“违反被害人的意志转移占有，侵害被害人财产法益”这一点上是一致的，二者在盗窃罪的范围内存在实质重合。换言之，诈骗1500元的法益侵害并不低于盗窃1500元的法益侵害。另一方面，由于盗窃500元的行为本身就没有达到刑事追诉的标准，所以无论该行为是否受过治安管理处罚，都不能将这500元与诈骗的1500元累计到一起以犯罪数额2000元追究L盗窃罪的刑事责任。最终，只能以犯罪数额1500元追究L盗窃罪的刑事责任。

接下来的问题是，当所涉轻重罪名不同的多个行为至少都达到轻罪的追诉标准，而将重罪评价为轻罪后出现累计数额达到轻罪升格法定刑的数额标准时，可否按照轻罪升格的法定刑处罚。例如，M犯抢劫罪数额为2万元，又犯盗窃罪数额为29万元时，根据追诉标准，[3]既可以追究抢劫的刑事责任（法定刑为3年以上10年以下有期徒刑，并处罚金），又可以追究盗窃数额巨大的刑事责任（法定刑为3年以上10年以下有期徒刑，并处罚金）。以盗窃罪与抢劫罪数罪并罚最高只能判处20年有期徒刑，并处罚金。倘若M先盗窃2万元再盗窃29万元时，毫无争议地会以盗窃31万元追究其盗窃数额特别巨大的刑事责任，最高可判处无期徒刑，并处罚金或者没收财产，而不是对两个盗窃行为数罪并罚。当第一次行为是抢劫时，法益侵害更加严重，如果采用数罪并罚却可能比第一次行为是盗窃时处罚更轻，这种做法并不妥当。因此，应将抢劫2万元评价为盗窃2万元的行为，以累计数额31万元追究M盗

---

〔1〕 详细论证参见曾文科：《刑行衔接视野下“未经处理”的认定规则》，载《法学》2021年第5期，第164页以下。

〔2〕 根据2013年4月2日最高人民法院、最高人民检察院《关于办理盗窃刑事案件适用法律若干问题的解释》第1条，假定《刑法》第264条规定的“数额较大”“数额巨大”“数额特别巨大”分别为1000元以上、3万元以上、30万元以上。另根据2011年3月1日最高人民法院、最高人民检察院《关于办理诈骗刑事案件具体应用法律若干问题的解释》第1条，假定《刑法》第266条规定的“数额较大”“数额巨大”“数额特别巨大”分别为3000元以上、3万元以上、50万元以上。

〔3〕 根据2016年1月6日最高人民法院《关于审理抢劫刑事案件适用法律若干问题的指导意见》，假定“抢劫数额巨大”的标准为3万元以上。

窃数额特别巨大的刑事责任。

又如，N 犯盗窃罪数额为 29.9 万元，又犯敲诈勒索罪数额为 1000 元，单独来看前后两个行为，根据追诉标准[1]虽然不能追究敲诈勒索罪的刑事责任，但可以追究盗窃数额巨大的刑事责任（法定刑为 3 年以上 10 年以下有期徒刑，并处罚金）。可是如前所述，敲诈勒索罪与盗窃罪也不是对立关系，而是在后者的范围内实质重合。敲诈勒索 1000 元的法益侵害并不低于盗窃 1000 元的法益侵害。既然先盗窃 29.9 万元又盗窃 1000 元的情形中应当累计数额计算，认定为盗窃数额特别巨大，判处 10 年以上有期徒刑或者无期徒刑，并处罚金或者没收财产，那么 N 先盗窃 29.9 万元又敲诈勒索 1000 元时，处罚不应当轻于前一情形。所以，将敲诈勒索 1000 元评价为盗窃 1000 元后，此时也达到了盗窃罪的追诉标准，属于达到刑事追诉标准但未经过刑事处理的情形，应当认定为“未经处理”从而与盗窃 29.9 万元的行为累计数额计算，最终以犯罪数额 30 万元追究 N 盗窃数额特别巨大的刑事责任。

其实，某些真实案件中量刑均衡与否的“感觉”，都能通过上述思路予以理论化说明。例如，在侯某盗窃、诈骗案中，[2]事实①被告人侯某将四个装有轮毂的箱子（被盗的四个轮毂价值人民币 28 000 元）盗至自己租住的房间内；事实②被告人侯某谎称自己能够为徐某办理交警大队辅警的工作，并以给他人买烟、缴纳培训费、购买训练服、给他人人情费等为由，先后骗取徐某共计人民币 8560 元。案发后被盗轮毂被扣押并发还失主伞桂某，取得其谅解；在审理中退赔被害人徐某的全部损失，并取得谅解。一审认定被告人侯某犯盗窃罪，判处有期徒刑 1 年，并处罚金人民币 14000 千元；犯诈骗罪，判处拘役 4 个月，并处罚金人民币 4000 元，数罪并罚决定执行有期徒刑 1 年，缓刑 2 年，并处罚金人民币 18 000 千元。经检察院抗诉后，二审以盗窃罪与诈骗罪数罪并罚，决定执行有期徒刑 1 年（没有宣告缓刑），并处罚金人民币 18 000 千元。本案中，检察院认为量刑畸轻，适用缓刑不当的一个理由是，“被告人侯某的行为不属于犯罪情节较轻。被告人侯某的盗窃犯罪数额 28 000 元已达入罪标准 10 倍之多，犯罪情节严重；诈骗数额为 8560 元”。其实，本

---

〔1〕 根据 2013 年 4 月 23 日最高人民法院、最高人民检察院《关于办理敲诈勒索刑事案件适用法律若干问题的解释》第 1 条，假定《刑法》第 274 条规定的“数额较大”“数额巨大”“数额特别巨大”分别为 2000 元以上、3 万元以上、30 万元以上。

〔2〕 参见辽宁省盘锦市中级人民法院（2020）辽 11 刑终 53 号刑事判决书。

案的犯罪数额不仅笼统地反映出“不属于犯罪情节较轻”，而且在实质评价下，已经达到了“巨大”的程度。试想，倘若事实②变为盗窃了他人 8560 元财物，那么以盗窃罪一罪累计数额追究刑事责任时已经达到了“数额巨大”的标准（盗窃数额 3 万元以上），不仅不适合宣告缓刑，甚至应按照升格法定刑处理。既然诈骗罪可以评价为盗窃罪，相比之下，没有理由因事实②构成诈骗罪而让被告人受到更轻缓的评价与量刑上的优待。

同样的道理也适用于涉及数额的经济犯罪与职务犯罪。例如，O 先滥用职权造成经济损失 140 万元，又玩忽职守造成经济损失 130 万元。滥用职权和玩忽职守的行为均达到了追诉标准，〔1〕两罪分别最高可判处 3 年有期徒刑，数罪并罚后最高可判处 6 年有期徒刑。但是，如果认为滥用职权与玩忽职守只是责任要素不同，即前者是故意犯罪，后者是过失犯罪，〔2〕那么由于故意与过失是位阶关系，故可将滥用职权的行为评价为玩忽职守的行为。如此一来，对 O 可以按照造成经济损失 270 万元追究玩忽职守罪的刑事责任，而且达到了“情节特别严重”的标准，最高可判处 7 年有期徒刑。

再如，P 先销售伪劣产品 18 万元，又销售不符合卫生标准的化妆品 15 万元且造成严重后果。《刑法》第 149 条第 2 款规定，“生产、销售本节第一百四十一条至第一百四十八条所列产品，构成各该条规定的犯罪，同时又构成本节第一百四十条规定之罪的，依照处罚较重的规定定罪处罚”。如果单看 P 销售不符合卫生标准的化妆品的行为，按照《刑法》第 148 条最高可判处 3 年有期徒刑，按照《刑法》第 140 条则最高只能判处 2 年有期徒刑，的确按照前者定罪处罚会更重。可是，按照销售伪劣产品罪与销售不符合卫生标准的化妆品罪分别追究 P 两个行为的刑事责任时，数罪并罚后最高只能判处 5

〔1〕 根据 2012 年 12 月 7 日最高人民法院、最高人民检察院《关于办理渎职刑事案件适用法律若干问题的解释（一）》第 1 条，“造成经济损失 30 万元以上的”“造成经济损失 150 万元以上的”应当分别认定为《刑法》第 397 条规定的“致使公共财产、国家和人民利益遭受重大损失”和“情节特别严重”。

〔2〕 参见张明楷：《刑法学（下）》，法律出版社 2021 年版，第 1644 页；陈兴良：《规范刑法学（下册）》，中国人民大学出版社 2023 年版，第 713、717 页；黎宏：《刑法学各论》，法律出版社 2016 年版，第 551 页；周光权：《刑法各论》，中国人民大学出版社 2021 年版，第 576、585 页。认为两罪的主要区别在于渎职的客观行为方式不同的观点，参见阮齐林、耿佳宁：《中国刑法各论》，中国政法大学出版社 2023 年版，第 447 页；郎胜主编：《中华人民共和国刑法释义》，法律出版社 2015 年版，第 682 页。

年有期徒刑。而一旦将 P 销售不符合卫生标准的化妆品的行为与之前销售伪劣产品的行为联系在一起看，即将销售不符合卫生标准的化妆品的行为实质评价为销售伪劣产品的行为，那么可以销售伪劣产品 33 万元追究 P 的刑事责任，根据《刑法》第 140 条的升格法定刑，最高可判处 7 年有期徒刑。应当说，后一种做法才真正实现了“依照处罚较重的规定定罪处罚”。

总而言之，由于犯罪数额与法益侵害紧密相关，所以当所涉轻重罪名不同的多个行为至少都达到了轻罪的追诉标准时，可以将重罪的犯罪数额评价为轻罪的犯罪数额，从而累计数额以轻罪的升格法定刑处理，避免轻罪与重罪数罪并罚时反而处罚更轻的不均衡局面。

四、涉及预防必要性时重合评价的适用界限

如前所述，只要满足主要法益同一性（或包容性）的条件，就有可能广泛地认定犯罪间的重合。在财产犯罪中，财物的数额直接体现了侵害法益的程度，因此，当以数额决定是否成立犯罪、是否升格法定刑时，财产犯间可以通过“实质重合”将重罪评价为轻罪。

但也必须注意到，《刑法》分则中对财产犯的规制并非仅着眼于犯罪数额这一点。对于犯罪数额没有达到追诉标准的侵害财产行为，如果符合其他一些条件，仍然有可能成立相应的财产犯罪。例如，数额没有达到较大程度，但属于多次盗窃、入户盗窃、携带凶器盗窃或扒窃时，也成立盗窃罪；又如，数额没有达到较大程度，但属于多次抢夺或多次敲诈勒索时，也成立抢夺罪或敲诈勒索罪。于是，存在以下疑问：在通过满足这些特殊条件而非数额标准来成立相应的财产犯罪时，能否进行犯罪间的重合评价，将重罪评价为轻罪。

例如，Q 在一年内盗窃价值 200 元财物 1 次，抢夺价值 300 元财物 1 次，敲诈勒索价值 400 元财物 1 次。这三次行为的犯罪数额分别未能达到盗窃罪、抢夺罪、敲诈勒索罪的追诉标准。[1]一方面，即便认为单独来看本没有达到刑事追诉标准的数次违法行为的数额也可以累计计算（如前所述，笔者并不

〔1〕 根据 2013 年 11 月 11 日最高人民法院、最高人民检察院《关于办理抢夺刑事案件适用法律若干问题的解释》第 1 条，假定《刑法》第 267 条规定的“数额较大”“数额巨大”“数额特别巨大”分别为 1000 元以上、3 万元以上、20 万元以上。

赞同该观点)，那么将抢夺300元评价为盗窃300元，敲诈勒索400元评价为盗窃400元后，Q最终也只累计盗窃900元财物，仍然未能达到盗窃罪数额较大的追诉标准。另一方面，能否将Q一次盗窃、一次抢夺与一次敲诈勒索直接评价为三次盗窃，从而以“多次盗窃”[1]为由追究其盗窃罪的刑事责任呢？

笔者认为不能作如此评价。虽然多次盗窃时与盗窃数额较大一样，都成立盗窃罪，在“3年以下有期徒刑、拘役或者管制，并处或者单处罚金”的范围内科处刑罚，但这不是因为多次盗窃的法益侵害程度与盗窃数额较大的相同。多次的盗窃行为中，达到了“数额较大”程度的，直接就可以追究盗窃罪的刑事责任，不需再多此一举地认定为“多次盗窃”。多次盗窃这种类型的存在意义，在于处理没有达到盗窃数额较大程度的案件。换言之，倘若认为达到数额较大程度的法益侵害才能适用盗窃罪的基本法定刑，那么多次盗窃时并没有达到这种法益侵害程度。之所以对多次盗窃适用与盗窃数额较大时相同的法定刑，是因为只能求之于法益侵害之外的理由。立法者在设置法定刑时，除考虑有责的法益侵害程度（或者说与之相应的报应）外，还要考虑某种行为类型的预防必要性大小。虽然同为盗窃这一“类”行为，但在犯罪学上仍可分出多“种”行为方式。针对盗窃“类”行为，着眼于法益侵害程度，数额较大时，才可以动用刑罚来应对。针对盗窃“种”行为，虽然没有达到数额较大程度，但某些盗窃“种”行为的预防必要性较之其他的盗窃“种”行为更高时，立法者也可能将这些预防必要性大的“种”行为作为犯罪处理，配置与侵害法益达到值得动用刑罚处罚程度的行为相同的法定刑。

犯罪间重合评价的决定性标准在于主要法益的同一性（或包容性），当给“种”行为配置法定刑并非出于法益，而是出于预防的考虑时，不能将重罪评价为轻罪。因为，虽然重罪的保护法益包括轻罪保护法益的内容，但重罪的预防必要性未必包括轻罪的预防必要性，通过预防重罪行为未必起到预防轻罪的效果。涉及犯罪数额时，由于考虑的是法益侵害程度，所以两年内先后三次分别抢夺1000元、诈骗1200元、敲诈勒索1400元的，可以统一评价为盗窃了3600元。但涉及次数时，考虑的主要是特殊预防必要性，即通过在一

[1] 2013年4月2日最高人民法院、最高人民检察院《关于办理盗窃刑事案件适用法律若干问题的解释》第3条第1款规定，“二年内盗窃三次以上的，应当认定为‘多次盗窃’”。

段时期内反复实施盗窃行为反映出行为人犯盗窃罪的特殊预防必要性很高。而犯抢夺罪、敲诈勒索罪并不能同时反映出行为人犯盗窃罪的特殊预防必要性高，“被告人的再犯可能性是就具体犯罪而言，而不是就抽象犯罪而言”。[1]因此，不能将三次盗窃行为所反映的特殊预防必要性，等同于一次盗窃、一次抢夺与一次敲诈勒索所体现的特殊预防必要性，不能将后者评价为“多次盗窃”。换言之，处罚多次盗窃并不是因为表面上行为人实施了三次以上可评价为盗窃的行为，而是鉴于已经实施的三次以上的盗窃行为，旨在通过动用刑罚来预防行为人将来继续实施盗窃行为。

同样的道理也适用于入户盗窃、携带凶器盗窃与扒窃的情形。这些情形中成立盗窃罪也不要求达到数额较大的标准，考虑的不是作为财产犯的盗窃罪的主要法益（财产法益），而是考虑这些盗窃的“种”行为发生较多，一般预防必要性大（且可能侵害一些次要法益，如住宅安宁、人身安全等）。不能将以主要法益为标准确立的财产犯间的重合评价运用到这些情形中。例如，不能将入户抢夺200元的认定为入户盗窃，也不能将携带凶器敲诈勒索300元的评价为携带凶器盗窃，更不能将在公共场所骗取他人随身携带财物400元的解释为扒窃，不能将这些行为“实质评价”为盗窃行为来定罪处罚。因为，入户抢夺、携带凶器敲诈勒索以及在公共场所骗取他人随身携带财物的行为，其一般预防必要性未必达到入户盗窃、携带凶器盗窃以及扒窃的一般预防的程度。

总而言之，不能将以主要法益为标准确立的犯罪间重合评价适用于涉及预防必要性的情形中，即不能因为重罪的法益包含轻罪的法益而认为预防重罪可起到预防轻罪的效果。

结　语

综上所述，主要法益的同一性（或包容性）是判断犯罪间重合的决定性标准。即便侵害法益的样态、方式不同，甚至所保护的次要法益也不同，但只要其中一罪并不欠缺另一罪的要素，在主要法益上一致，即满足主要法益

---

〔1〕 张明楷：《数罪并罚的新问题——<刑法修正案（九）>第4条的适用》，载《法学评论》2016年第2期，第3页。

同一性（或包容性）的条件，就有可能广泛地认定犯罪间的重合。因此，转移型财产犯罪可以评价为（数额较大型）盗窃罪，且以盗窃罪为代表的转移型财产犯罪又可以评价为故意毁坏财物罪。在适用《刑法》分则具体条文的过程中，将重罪评价为轻罪后有时反而会出现对行为人不利的情形。这种局面的出现是否合理，一方面要区分针对轻罪的具体规定是出于保护法益还是预防必要性的考虑，另一方面要通过体系解释来确保罪刑均衡。所以，不得不承认犯罪间的重合评价的确存在适用上的界限，具体而言可确立如下基本规则：第一，当通过法律拟制将轻罪作为严重的犯罪来定罪处罚时，该法律拟制能够但不是必须适用于可实质评价为该轻罪的其他重罪，关键在于通过考虑罪刑均衡来判断是否适用法律拟制。第二，当通过法律拟制将包含重罪在内的数罪作为一罪来处理（处罚轻）时（或者说符合罪数上数行为一罪的处理条件时），不能通过将该重罪评价为轻罪从而选择数罪并罚（处罚重）。第三，不能通过将重罪评价为轻罪使得案件中的行为数发生变化，为满足罪刑均衡的要求，应当将重罪案件的量刑情况作为确定轻罪案件量刑区间上限的考虑因素。第四，涉及犯罪数额（数量）时，若所涉轻重罪名不同的多个行为至少都达到轻罪的追诉标准，则可以将重罪的犯罪数额评价为轻罪的犯罪数额，从而累计数额以轻罪的升格法定刑处理，避免轻罪与重罪数罪并罚时反而处罚更轻的不均衡局面。第五，不能将以主要法益为标准确立的犯罪间重合评价适用于涉及预防必要性的情形中，即不能因为重罪的法益包含轻罪的法益而认为预防重罪可起到预防轻罪的效果。

第三章

论复数防卫行为中的评价视角

近年来，日本刑事法学界围绕横跨实体法与程序法的“一连行为”问题展开了广泛且深入的讨论，[1]学界对这一问题的关心与争论来源于刑事判例的影响。如所周知，日本虽然不是判例法国家，但判例在日本司法中的地位不言而喻，[2]被誉为“活着的法律”。只要最高裁判所不变更判例，那么当下级裁判所不遵从最高裁判所的判例时，其作出的判决难逃被撤销的命运。因此说判例支配着日本的司法实务，甚至“超越实务界，支配着社会生活的方方面面”[3]是不为过的。与此同时，日本学界也早已从“判例批评”的时代过渡到“判例研究”的时代，[4]判例对学说的影响自不待言。[5]另外，日

---

〔1〕「特集　一連の行為をめぐる実体法と手続法の交錯」刑法雑誌 50 巻 1 号（2010 年）67-79 頁参照。

〔2〕关于判例概念本身，即便在当今日本仍然存在诸多争议。根据一般的定义，判例是指裁判所在各个裁判理由中所作出的法律判断。但如果特别着眼于判例作为“先例”对实务的支配力，将判例限定为最高裁判所作出的法律判断似乎更为妥当，[日] 中野次雄編『判例とその読み方』（有斐閣，第 3 訂版，2009 年）7 頁以下参照。因为判例是针对各个具体案例作出的法律判断，所以判例不同于判例法以及所谓的判例理论，其“射程”是有限的。从这一点上看，判例并不直接约束裁判官，而是以作为预测最高裁判所将作出何种判断的重要参考资料这种间接方式约束裁判官的判断，[日] 中野次雄編『判例とその読み方』（有斐閣，第 3 訂版，2009 年）22 頁参照。当然，关于“射程”如何判断，还涉及一个更为复杂的问题，即裁判理由中的哪些部分才是“判例”，对此也存在激烈争议，[日] 中野次雄編『判例とその読み方』（有斐閣，第 3 訂版，2009 年）29 頁以下参照。其主要的争议点在于，是否应当在结论命题之外，将与案件事实相关联的，作为推导出结论命题的理由而提出的一般法律命题也作为判例。

〔3〕[日] 中野次雄編『判例とその読み方』（有斐閣，第 3 訂版，2009 年）12 頁。

〔4〕[日] 中野次雄編『判例とその読み方』（有斐閣，第 3 訂版，2009 年）109 頁以下参照。

〔5〕例如，在刑事实体法领域，承认共谋共同正犯的共同意思主体说，区分违法性程度的可罚的违法性理论等，都是在判例的不断积累与推动下，以判例理论的形式所形成的学说。在刑事程序法领域，判例则不仅起到解释、适用法律的作用，甚至创设具体的程序规则。例如，《日本刑事诉讼法》

本刑法学界早已走出行为无价值论与结果无价值论在理论上对立争论的阶段，从体系性思考转向了问题性思考，并在引入裁判员审判制度后更加强调理论解释的平易化。〔1〕这种研究范式的转变，更加强调从判例中发现问题，并将学说运用到实际裁判中去，所以判例研究的地位也就越发重要。〔2〕

从刑事实体法部分来看，过去，关于一个行为还是数个行为的判断，往往只限于结合判例来讨论罪数处理问题。〔3〕但是，在犯罪构成要件判断的各个阶段，日本最高裁判所的判例及下级裁判所的裁判例中，也时常出现“一连行为”这样的提法，用以在构成要件阶段判断实行行为的存在时点以及是否存在因果关系，〔4〕在违法阻却阶段判断防卫过当成立与否，〔5〕而在责任阻却阶段判断原因自由行为的可罚性。〔6〕于是学者们逐渐意识到，关于一连行为的讨论不能仅局限于罪数问题，而应从行为论的再探讨开始，〔7〕扩及犯罪论的方方面面。从根本上看，这不仅关系到对从案件事实中提取的行为，应当进行分析性评价（对复数行为进行个别评价）还是全体性评价（将复数行为作为一个行为评价）的问题，而且关系到犯罪论中前一阶段进行的评价能

(接上页) 只明文规定了自白法则与传闻法则，而关于违法收集的证据物的证据能力，没有直接规定。解释论上，一般是基于《日本刑事诉讼法》第317条（“事实的认定，依照证据”）的笼统规定，采用合宪限定解释，认为该条中所说的证据是指经过合法适正程序获得的证据，所以违法收集的证据不符合该规定，应予排除，[日] 松本時夫ほか編『条解刑事訴訟法』(弘文堂，第4版，2009年) 809頁以下；[日] 田口守一『刑事訴訟法』(弘文堂，第6版，2012年) 373頁以下；[日] 池田修=前田雅英『刑事訴訟法講義』(東京大学出版会，第7版，2022年) 479頁以下等参照。违法收集证据排除规则是通过判例的不断积累来创设的，并在此基础上引发了激烈的学说争论，[日] 河上和雄ほか編『大コンメンタール刑事訴訟法（第7巻）』(青林書院，第2版，2012年) 491頁以下参照。

〔1〕 [日] 池田修=杉田宗久編『新実例刑法（総論）』(青林書院，2014年) 163頁参照。另外，为适应裁判员审判，早有学者主张，应针对具体案件的争议点，使正当防卫的判断对象简易化、明确化，[日] 前田雅英ほか編『条解刑法』(弘文堂，3版，2013年) 117頁参照。

〔2〕 当然，对于这种以实务需要为导向的刑法学研究趋势，也有表示担忧并视此为刑法学危机的见解，[日] 井田良「最近の刑法学の動向をめぐる一考察」法學研究84巻9号 (2011年) 224頁以下参照。

〔3〕 日本最大判昭和49年5月29日刑集28巻4号114頁等参照。

〔4〕 日本最决平成16年3月22日刑集58巻3号187頁，東京高判平成13年2月20日判時1756号162頁，最决平成16年10月19日刑集58巻7号645頁等参照。

〔5〕 参见本章第二节提及的各判例等。

〔6〕 日本大阪高判昭和56年9月30日高刑集34巻3号385頁，大阪地判昭和58年3月18日判時1086号158頁，長崎地判平成4年1月14日判時1415号142頁等参照。

〔7〕 [日] 仲道祐樹「『一連の行為』の行為論的基礎づけ」刑法雑誌53巻2号 (2014年) 197頁以下参照。

否约束后一阶段的问题，甚至涉及犯罪论整体的构成方法的问题。[1]

关于一连行为，我国刑法学界尚未展开系统化讨论。具体到是否成立防卫过当的问题上，如本章第二节所述，日本最高裁判所分别于平成 20 年（2008 年）与平成 21 年（2009 年）作出了乍看上去正好相反的两个决定（其中一则判例否定了一体化判断，另外一则判例又肯定了一体化评价）。本章拟以日本最高裁判所判例中就复数“防卫”行为[2]所作的判示出发（第一、二节），探讨案件中出现复数防卫行为时究竟应以何种视角进行处理（第三、四节），并以此为例展现日本判例是如何影响学说发展的。尽管本章主要是关于日本判例与刑法理论的检讨，但由于中日两国刑法规定正当防卫与防卫过当的基本原理是相通的，所以本章的讨论可为推进我国包括量的防卫过当在内有关复数防卫行为的相关研究提供丰富的检讨素材与方案参考，具有作为比较研究前期铺垫的重要价值。

第一节　复数防卫行为过当的类型与评价难题

《日本刑法》第 36 条第 1 款规定，“对于急迫不正的侵害，为了防卫自己或者他人的权利，不得已而做出的行为，不负刑事责任”；[3]同条第 2 款规定，“超过防卫程度的行为，依情节可减轻或者免除其刑罚”。该条第 1 款规定的是正当防卫，第 2 款规定的是防卫过当。

根据日本刑法学界的通说，防卫过当是指针对急迫不正的侵害所实施的防卫行为本身超过了“不得已而做出”这一程度，欠缺必要性（相对的必要

---

〔1〕［日］高橋則夫「犯罪論における分析的評価と全体的評価—複数行為における分断と統合の問題—」刑事法ジャーナル19 号（2009 年）39 頁以下；同『刑法総論』（成文堂，第 5 版，2022 年）75 頁以下参照。正是由于一连行为这个概念涉及犯罪论的方方面面，所以在不同场合，其意义与所要解决的问题并不一定相同。在判断是否构成一连行为时，需要以各个问题中的实质性考虑为指针，不能诉诸单纯的感觉判断。［日］島田聡一郎「実行行為という概念について」刑法雑誌 45 巻 2 号（2006 年）62 頁以下参照。

〔2〕本章用“复数防卫行为”一词指代在同一防卫机会或状况中做出的，有可能被评价为正当防卫或防卫过当的一连串复数行为。但并不意味着这些行为最终都能被评价为防卫行为，完全留有最终被评价为单纯犯罪行为的余地。

〔3〕“不负刑事责任”对应的日文原文为“罰しない”。在《日本刑法》的表述中，“罰しない”意味着犯罪不成立，而不是构成犯罪但免除处罚。

最小限度性）及相当性（缓和的均衡性）的情形。〔1〕所以，第一，如果行为不是针对急迫不正的侵害做出的，那么该行为不是防卫行为，既不可能成立正当防卫，也不可能成立防卫过当。第二，为认定防卫行为这一属性，是否需要行为人具备防卫意思以及防卫意思的具体内容如何，存在争议。〔2〕判例的观点是，防卫意思与攻击意思并存时仍能认定存在防卫意思。〔3〕第三，防卫行为本身需要满足适合性的要求，当防卫行为自身的性质不能达成防卫权利的目的时，即欠缺适合性要件，也不能成立正当防卫或防卫过当。第四，在判断防卫行为是否超出必要性与相当性程度时，比起必要性，判例的倾向是以相当性的存否为中心进行判断。〔4〕在相当性的判断基准与方法上，看重的是“作为防卫手段的相当性”（行为基准说、事前判断说），而非单纯看防卫结果的相当性（结果基准说、事后判断说）。即只要反击行为作为防卫自己或他人权利的手段，没有超过必要最小限度，具有作为防卫手段的相当性，那么即便该反击行为造成的结果偶然地比将要受到侵害的法益大，也不影响该反击行为成立正当防卫。〔5〕相应地，防卫过当则是指防卫行为欠缺“作为防卫手段”的必要性及相当性的情形。

日本刑法理论一般将防卫过当划分为质的过当（强度过当、内涵过当）与量的过当（时间过当、外延过当、事后的防卫过当）两种类型进行讨论。前者是指急迫不正的侵害仍在继续的过程中，防卫行为本身超过了必要且相当程度的情形。例如，【事例1】被告人明明可以一拳将被害人打倒，终止其侵害，却选择了一刀使其毙命的方式，这属于质的过当。这种情形是最典型的防卫过当，讨论防卫过当的成立条件等时，观念上一般也是以这种情形为对象的。与此相对，对于后者的定义则存在分歧。第一种见解认为，量的过当是指被告人在侵害的继续过程中实施反击行为，侵害终了后仍然继续实施

〔1〕［日］松原芳博『刑法総論』（日本評論社，第3版，2022年）189頁参照。

〔2〕基本上行为无价值论者采防卫意思必要说，结果无价值论者采防卫意思不要说，西田典之ほか編『注釈刑法（第1巻）』（有斐閣，2010年）445頁参照。

〔3〕日本最判昭和50年11年28日刑集29巻10号983頁参照。

〔4〕［日］前田雅英「正当防衛の類型性—判例における正当防衛の構造—」研修734号（2009年）13頁注1参照。

〔5〕日本最判昭和44年12月4日刑集23巻12号1573頁参照。

追击行为（情形 1）。[1]第二种见解则认为，量的过当是指当初的反击行为虽然是在相当性允许的范围内（满足正当防卫的要件），但由于继续实施同样的反击行为，反击行为最终在量上超出了“不得已”的范围。[2]根据第二种见解，除情形 1 外，被告人在对方继续实施侵害行为的过程中做出的多个反击行为叠加在一起，超过必要且相当的程度时（情形 2），也属于量的过当。而根据第一种见解，情形 2 中由于侵害尚未终了，故应属于质的过当。

将情形 2 归于哪种类型的过当不过是形式上的分类，为论述便利，笔者在此依据通说的分类，将该情形也作为质的过当，即采取第一种见解。在这里，真正值得讨论的是，对于行为人所实施的多个反击行为，应该如何评价。例如，【事例 2】X 针对 A 的攻击实施满足正当防卫条件的第 1 反击行为后，在 A 尚未被制服的情况下实施了第 2 反击行为，但第 2 反击行为超出了必要且相当的范围。此时，应对 X 的两个行为进行全体性评价，即①将 X 实施的两个反击行为认定为一个防卫过当行为；还是应对两个行为进行分析性评价，即②将第 1 反击行为认定为正当防卫，将第 2 反击行为认定为防卫过当呢？

复数防卫行为的评价问题在情形 1 中表现得更为复杂。例如，【事例 3】Y 针对 B 的攻击实施满足正当防卫条件的反击行为后，在 B 已失去攻击能力的情况下对其实施了追击行为。此时，应对 Y 的两个行为进行全体性评价，即①将 Y 实施的反击行为与追击行为认定为一个防卫过当行为；还是应对两个行为进行分析性评价，即②将反击行为认定为正当防卫，将追击行为认定为防卫过当，抑或③将反击行为认定为正当防卫，将追击行为认定为单纯的犯罪行为呢？

围绕上述问题，一直以来不乏学说上的争议，传统观点是从防卫过当减免处罚的根据出发，讨论量的过当时能否适用《日本刑法》第 36 条第 2 款。最高裁判所平成 20 年（2008 年）与平成 21 年（2009 年）的两个决定将这一讨论推向了新的高潮，即着眼于行为评价视角来考察复数防卫行为的定性问题。

---

〔1〕 为论述方便，以下笔者将被告人在侵害继续过程中实施的行为称为反击行为，侵害终了后继续实施的行为称为追击行为。

〔2〕［日］永井敏雄「量的過剰防衛」龍岡資晃編『现代裁判法大系（第 30 卷）』（新日本法規出版，1999 年）132 頁以下；［日］山口厚「判批」刑事法ジャーナル18 号（2009 年）80 頁注 9；［日］原口伸夫「量的過剰防衛について」立石六二古稀（成文堂，2010 年）272 頁等参照。

第二节 最高裁判例中关于复数防卫行为的判断

在复数防卫行为的评价视角问题上，除平成20年（2008年）与平成21年（2009年）决定外，最高裁判所分别于昭和34年（1959年）与平成9年（1997年）做出的两个判决也具有重要意义。下面，首先简要回顾这四个极为重要的判例，再从中归纳出最高裁判所的基本立场。〔1〕

一、判例梳理

1. 最高裁昭和34年2月5日判决

本判决〔2〕是最高裁判所关于量的过当的开端性判例（leading case），也是唯一一个最高裁判所正面承认量的过当的判例。〔3〕本案中，被害人手持修葺屋顶用的大剪刀朝被告人实施攻击，被告人为了保护自己，用劈刀朝被害人左侧头部砍了一刀（第1行为），然后又向摇摇晃晃将要倒地的被害人头部附近追击，朝着横倒在当场的被害人头部砍了三四刀（第2行为），造成被害人因脑损伤即刻死亡。

一审认为，被告人的第1行为构成正当防卫；第2行为时虽然是在急迫的危险已经不存在的情况下做出的，但对危险已经消失欠缺认识，所以是为实现防卫而在一瞬间内继续实施的追击行为，符合《日本盗犯等防止法》第1条第2款的规定；最终宣告被告人无罪。二审则认为，将同一机会中同一个人所实施的行为进行区分，分别适用宗旨并不相同的两个法律，是不符合立法目的的，应将被告人所实施的一连行为作为整体认定为防卫过当。

〔1〕 除本章涉及的四个最高裁判所判例外，还有其他一些最高裁判所及下级裁判所作出的相关重要判例或裁判例。关于这些判例及裁判例的梳理，［日］照沼亮介「過剰防衛と『行為の一体性』について」川端博ほか編『理論刑法学の探究⑦』（成文堂，2014年）48頁以下；［日］松尾昭一「防衛行為における量的過剰についての覚書」小林充・佐藤文哉古稀上巻（判例タイムズ社，2006年）129頁以下；［日］佐藤拓磨「量的過剰について」法学研究84巻9号（2011年）177頁以下；［日］吉川友規「『一連の行為』と過剰防衛」同志社法学66巻2号（2014年）226頁以下等参照。

〔2〕 日本最判昭和34年2月5日刑集13巻1号1頁。以下简称昭和34年判决。

〔3〕 也有学者认为本案并非以“侵害的终了”为前提，［日］佐藤拓磨「量的過剰について」法学研究84巻9号（2011年）180頁参照；甚至有学者认为，包括本案在内，承认一连行为成立防卫过当的最高裁判所判例全部都是关于质的过当的，实际上并不存在量的过当时成立防卫过当的最高裁判所判例，［日］山本輝之「量的過剰防衛についての覚書」研修761号（2011年）10頁以下参照。

最高裁判所支持了二审的观点，认为“本案中被告人的一连行为作为整体来看，根据其实施时的情况，不能说是刑法第36条第1款中所言的‘不得已而做出的行为’，但该当同条第2款中所言的‘超过防卫程度的行为’”。

2. 最高裁平成9年6月16日判决

本判决〔1〕中的案情大致如下：被告人在共用的厕所小便时，被害人突然从其背后用铁管殴打了被告人头部一次，被告人将铁管夺过来后用该铁管打了被害人头部一次（第1暴行），然后两人扭打在一起。由于被害人从被告人处将铁管抢回，在挥动铁管将要殴打被告人之际，被告人逃出厕所。此时，追击被告人的被害人控制不住势头，上半身前倾冲出二层建筑物栏杆的外侧，被告人提起被害人的一只脚使其跌落在约4米之下的水泥道路上（第2暴行），被害人受到需入院治疗约3个月程度的伤害。

一审认为，被告人实施第2暴行时，已经处于被害人停止攻击的状态，被告人此时也没有防卫的意思，成立伤害罪。二审则认为，虽然第1暴行成立防卫过当，但第2暴行时急迫不正的侵害已经终了，被告人也不具备防卫意思。此外，两个行为是在同一机会里实施的一连行为，而且第2暴行造成的伤害比第1暴行造成的伤害更加重大，是最终伤害结果的主要部分。所以，被告人实施的行为整体上成立一个伤害罪，没有承认防卫过当的余地。

对此，最高裁判所在判决中指出，由于①被害人对被告人进行的是执拗的攻击，②加害被告人的意欲旺盛且强固，此外，③尽管被害人使其上半身立即从栏杆外侧恢复体势到栏杆内侧有困难，但如果没有被告人的第2暴行，被害人很有可能不久就会恢复体势并追击被告人，再次展开攻击。考虑到这些，最高裁判所认为被告人在实施第2暴行时，被害人对被告人所实施的急迫不正侵害仍在继续。在此基础上，继而认为被告人仍然具备防卫意思。但是，同时认为被告人所实施的一连串暴行从整体上看超过了不得已而为之的程度，最终认定成立一个防卫过当。

3. 最高裁平成20年6月25日决定

本决定〔2〕中的事实概要如下：被告人X被与A、B一起的V叫住，之后便和V一起向案发现场走去；由于突然受到V的殴打，于是X应战。此时由

〔1〕 日本最判平成9年6月16日刑集51卷5号435頁。以下简称平成9年判决。

〔2〕 日本最判平成20年6月25日刑集62卷6号1859頁。以下简称平成20年决定。

于A和B也在靠近，X害怕一对三吃亏，一边对A等人说“我是混黑社会的”之类的话来威吓，另一边为了让把其控制住的V离开，朝着V的面部殴打了一下。随后V拿起一个铝制烟灰缸扔向X，X在躲避的同时，殴打了因投掷烟灰缸的反作用力而身形不稳的V的面部，导致V仰面摔倒，后脑勺撞到铺有瓷砖的地面上，之后失去意识一动不动（第1暴行）。X充分认识到了V仰面倒下后好像失去意识一样无法动弹，但愤慨之余说道“别小看我，你以为赢得过我吗”，并实施了用脚踢踩V的腹部甚至用膝盖撞击腹部等暴行（第2暴行）。之后，V虽然被搬送到去往医院的救护车上，但是由于第1暴行导致头部挫伤引起伴随头骨骨折的蛛网膜下出血，最终死亡。另外，第2暴行还造成了V肋骨骨折等伤害结果。

一审（静冈地裁沼津支判平成19年8月7日）认为，虽然第1暴行属于正当防卫，但是“在V摔倒以后，急迫不法的侵害就已经结束了，X也完全是出于加害意思实施踢踹等暴行”，所以不能认定第2暴行的防卫行为性；从而对两暴行进行全体性评价，将其作为一个防卫过当，认定成立伤害致死罪。二审（东京高判平成19年12月25日）也认为，第1暴行成立正当防卫，第2暴行则不具有防卫行为性；但从V侵害的的继续性和X的防卫意思来看，两个暴行“应当说性质上明显不同，二者之间是脱节的”；由于“欠缺将二者作为一体化的行为进行全体考察的基础”，因此分别评价各个暴行，认为X只在第2暴行造成的伤害限度内负刑事责任，只认定成立伤害罪。对此，辩护人在上告时主张，将第1暴行和第2暴行作一体化评价是自然的，既然认定第1暴行成立正当防卫，那么就应该整体都认定成立正当防卫。

最高裁认为辩护人的上告意见不符合《日本刑事诉讼法》第405条的上告理由，[1]驳回上告，并依职权作出如下判断：“因第1暴行而摔倒的V没有对X实施进一步侵害的可能性，X在认识到这一事实的基础上，完全出于攻击的意思实施了第2暴行，所以第2暴行明显不满足正当防卫的要件。而且，虽然两暴行在时间和场所上是连续的，但在V是否具有侵害的继续性和X有无防卫意思等方面，明显性质不同。鉴于X在发表上述言论后对处于不

〔1〕 根据该条，对于高等裁判所作出的一审或二审判决，可出于以下三种理由，即①违反宪法或者宪法解释错误；②作出了与最高裁判所的判例相反的判断；③不存在最高裁判所的判例时，作出了与大审院或作为上告裁判所的高等裁判所的判例相反的判断，又或者作出了与1948年《日本刑事诉讼法》施行后的作为控诉裁判所的高等裁判所的判例相反的判断，向最高裁判所提出上告申请。

能反抗状态下的 V 实施了样态相当激烈的第 2 暴行，应该说两暴行之间有脱节，不能将上述反击认定为对急迫不法侵害持续反击过程中的量的防卫过当。如此一来，整体性考察两个暴行从而认定成立一个防卫过当是不合适的。虽然对于构成正当防卫的第 1 暴行不能追究刑事责任，但第 2 暴行不仅不构成正当防卫，就连成立防卫过当的余地也没有；对于第 2 暴行给 V 带来的伤害，X 应当承担伤害罪的刑事责任。与以上内容具有相同旨趣的原审判断是正确的。”

从上述案件事实可以看出，在 X 实施完第 1 暴行导致 V 倒地后失去意识的时点，V 的不法侵害已经结束。换言之，X 的第 1 暴行属于不法侵害结束前的反击行为，第 2 暴行则是不法侵害结束后的追击行为。此外，V 的死亡结果是由第 1 暴行导致的，第 2 暴行只造成了伤害结果；单独来看第 1 暴行，完全符合正当防卫的条件，死亡结果能够被正当化，对此不存在争议。

但如表 3-1 所示，各级裁判所的论理及辩护人的上告意见的主要分歧在于：第一，X 的第 1 暴行与第 2 暴行能否一体化评价为一个防卫行为，反击行为与追击行为能够被一体化评价的标准是什么；第二，倘若能够一体化评价为一个防卫行为，那么 X 的这一个防卫行为是否属于（量的）防卫过当。换言之，单独来看能够被正当化的结果能否因一体化评价而被算作过当的结果。此外，对于本案完全可能存在以下处理的方案，即将 X 的两次暴行看作一个防卫行为、认定为一个（量的）防卫过当，但只追究 X 伤害罪的刑事责任。换言之，一方面让 X 不对单独来看本属于正当防卫的第 1 暴行所造成的死亡结果负责；另一方面在让 X 对第 2 暴行所造成的伤害结果负责的同时，认定其属于量的防卫过当，从而对 X 可以减免处罚。

表 3-1　日本最高裁平成 20 年决定所涉案件的争点及处理

	一审	二审	上告意见	最高裁	其他方案
争点①：两个暴行能否一体化评价	可以	不可以	可以	不可以	可以
争点②：一体化评价后如何处理	防卫过当	—	正当防卫	—	防卫过当
最终结论	伤害致死罪	第 1 暴行正当防卫 第 2 暴行伤害罪	无罪	第 1 暴行正当防卫 第 2 暴行伤害罪	伤害罪

4. 最高裁平成21年2月24日决定

本决定[1]中的基本案情如下：因违反《日本兴奋剂取缔法》被起诉且被羁押在拘置所内的被告人，在该拘置所的房间内与同处一室的被害人发生口角。被害人将折叠起来的榻榻米长桌朝向被告人推翻，撞上被告人左脚后，作为反击，被告人将该长桌推了回去，撞上被害人的左手（第1暴行），造成被害人左中指腱断裂及左中指挫伤（治疗该伤害需要约3周时间），然后又实施了用拳头数次殴打被害人面部等暴行（第2暴行）。

一审认为，被告人在实施第1暴行时，被害人的行为已经终了，难以认定对被告人的身体而言，还存在着急迫的侵害；此外，作为对被害人挑拨性言行的回应，被告人完全是出于攻击的意图实施其暴行的，因此，不存在防卫的意思；最终，无论针对哪个暴行行为，都应否定正当防卫的成立。与此相反，二审则认为，被告人在本案中所实施的各个暴行是在具有防卫意思的情况下做出的，第1暴行作为针对急迫不正侵害的防卫手段，具有相当性；第2暴行则超出了作为防卫手段的范围。在此基础上还认为，被告人的这些暴行是针对被害人实施的急迫不正侵害，是在时间上与场所上都接连在一起的一连一体行为，因此，是否构成正当防卫，是否构成防卫过当，都应就整体进行判断，而不应该将这些行为分段进行评价。从结论上看，本案中的各个暴行作为一个整体来看超过了为实现防卫而不得已为之的程度，所以应当将被告人实施的暴行评价为一个防卫过当行为。另外，考虑到单独评价与本案伤害结果具有直接因果关系的第1暴行，其具有作为防卫手段的相当性，所以应将其作为酌情考虑的情节。

对此，被告人及辩护人在上告意见中提出，被告人的第2暴行没有超过正当防卫的程度，作为防卫手段具有相当性。另外还提出，假使被告人的第2暴行作为防卫手段超过了相当性的程度，也不应当认定伤害罪成立。理由在于，被告人的第1暴行作为针对急迫不正侵害的防卫手段，具有相当性，因此第1暴行不是具有违法性的行为。而被害人的伤害是由被告人的第1暴行造成的，亦即由不具有违法性的行为造成的。因此，针对不具有违法性的行为所产生的结果，当然不能追究被告人刑事责任，不能将不具有违法性的第1暴行与之后的第2暴行一体化，使第1暴行的违法性复活。从而，即便假定

[1] 日本最判平成21年2月4日刑集63卷2号1頁。以下简称平成21年决定。

第2暴行是防卫过当行为，那么也没有成立伤害罪的余地，只不过成立暴行罪。

最高裁判所支持了二审的判断，认为被告人对被害人施加的暴行是基于同一个防卫意思，针对急迫不正侵害做出的一连一体的一个行为，对其进行全体性地考察，作为一个防卫过当行为成立伤害罪是合适的。上告意见中提出的观点，作为对被告人量刑时有利的情节来考虑足矣。

二、立场总结

从以上四个判例可以看出，最高裁判所基本上是采用（至少不排斥采用）全体性评价（或者说一体化评价）的方法来处理防卫过当的问题。所以不仅是在复数反击行为的场合认定可成立一个质的过当（如平成9年判决、平成21年决定），在反击行为与追击行为并存时也认定可成立一个量的过当（如昭和34年判决）。即便从结论上看，平成20年决定最终是将反击行为与追击行为单独定性，但从决定理由中可以看到，最高裁判所并没有否定"量的过当属于防卫过当的一种"这一命题，只不过该案的案件事实没有满足可全体性评价为防卫过当的条件而已。无论是质的过当，还是量的过当，在复数行为的场合，根据判例的立场，只要满足相应条件，都能通过全体性评价认定复数行为成立一个防卫过当。[1]

那么能够进行全体性评价的"相应条件"是什么呢？昭和34年判决本身没有给出明确标准，但由于该判决支持二审意见，所以二审裁判所提出的"同一机会中同一个人所实施"这一标准可视为被最高裁判所采纳。平成9年判决则推翻一审与二审的认定，在承认急迫不正的侵害继续存在，被告人具有防卫意思的基础上，认定成立一个防卫过当。平成20年决定则明确指出，"尽管两个暴行在时间、场所上是连续"，但由于被害人的侵害不再继续，被告人完全是出于攻击的意思，即在欠缺防卫意思的情形下实施追击行为，所以断绝了两个行为，否定了进行全体评价的可能性。平成21年决定及其所支持的二审判决则基于被告人的一连串反击行为都是针对急迫不正的侵害做出

〔1〕 从整体数量上来看，判例中占压倒性的多数是关于质的防卫过当问题的，作为量的防卫过当问题来处理的案例较少，［日］松尾昭一「防衛行為における量的過剰についての覚書」小林充・佐藤文哉古稀上巻（判例タイムズ社，2006年）134頁；［日］佐藤拓磨「量的過剰について」法学研究84巻9号（2011年）175頁参照。

的，这些行为在时间、场所上具有连续性，被告人具有防卫意思等理由，认定两个暴行是一连一体的一个防卫过当行为。

由此可见，为进行全体性评价，最高裁判所提出的因素大体而言有三个，即①客观上急迫不正的侵害继续存在，②被告人的复数行为具有时间、场所上的连续性，③被告人主观上具有连续的防卫意思。但是，因素①有违最高裁判所承认量的过当属于防卫过当这一基本立场。该标准只不过意味着，当客观上急迫不正侵害继续存在时，复数的反击行为容易被认定为针对一个继续的急迫不正侵害，在连续的防卫意思下构成的质的过当；而客观上急迫不正的侵害已经终了时，则需要对评价视角进行积极的选择，如不满足全体性评价的条件，需对追击行为进行分析性评价，将其认定为单纯的犯罪行为。简言之，因素①不过意味着比起量的过当，质的过当更容易被全体性评价为一个防卫过当，但并不意味着该标准是判断防卫过当（尤其是量的过当）时能否进行全体性评价的决定性条件。再看因素②，如平成20年决定所示，当不满足因素①③时，因素②本身也不能成为决定全体性评价的关键。因素②不过是用以担保出于连续防卫意思的行为自身具有防卫的性格，且被告人被动摇的精神状态仍在继续而已，该标准本身并不具有重大的独立意义。〔1〕

所以，因素①②可以看作用以（更加容易）判断因素③是否存在的辅助性资料，因素③才是与各判例中全体性评价与否休戚相关、区分分析性评价与全体性评价的关键所在。〔2〕因此，最高裁判所的立场可以归结为：当被告人针对急迫不正的侵害开始实施符合正当防卫条件的反击行为后，即便继续实施的反击行为（质的过当的场合）或追击行为（量的过当的场合）在强度上或时间上超过了必要且相当的程度，只要被告人是基于连续的防卫意思实施的，那么仍然能够对其所实施的复数防卫行为进行全体性评价，认定为一个防卫过当行为。

另外，从以上判决还可以看到，最高裁判所认为，一旦满足进行全体性

---

〔1〕［日］安田拓人「事後的過剰防衛について」立石六二古稀（成文堂，2010年）257頁参照。

〔2〕［日］小野晃正「防衛行為の個数について—『正当防衛に引き続いた過剰防衛行為』をめぐる考察—」阪大法学60巻6号（2011年）101頁；［日］深町晋也「判批」ジュリスト1398号（2010年）178頁；［日］佐藤拓磨「量的過剰について」法学研究84巻9号（2011年）194頁；［日］安田拓人「事後的過剰防衛について」立石六二古稀（成文堂，2010年）296頁以下；［日］吉川友規「『一連の行為』と過剰防衛」同志社法学66巻2号（2014年）240-241頁等参照。

评价的条件，无论是质的过当还是量的过当，被评价为防卫过当行为的不仅包括“过当”部分，还包括单独来看本身满足正当防卫条件的防卫行为部分(如平成21年决定)。相反，如果不满足相应条件而不得不作分析性评价时，那么在量的过当的场合，对于不符合正当防卫条件的那部分行为，也没有成立防卫过当的余地，只能认定为单纯的犯罪行为（如平成20年决定)。而在质的过当的场合，由于急迫不正的侵害正在继续，复数行为容易被认定为是在连续的防卫意思之下作出的，所以从判例的立场出发，很难留有分析性评价的余地。

可以说，最高裁判所平成20年与平成21年的两个决定，一方面在某种程度上抑制了一直以来判例中惯用的全体性考察（如平成20年决定中提出的全体性评价标准)，另一方面又进一步推进了全体性考察（如平成21年决定将正当防卫行为也纳入全体性评价中认定为违法行为)。〔1〕按照最高裁判所的立场，在【事例2】中，对于X应认定为一个防卫过当；在【事例3】中，对于Y，如果其在实施追击行为时具有与反击行为时连续的防卫意思，则应认定为一个防卫过当，否则反击行为成立正当防卫，而追击行为成立单纯的犯罪。总之，站在判例的立场上，要么评价对象自始就是一个整体的防卫行为，要么自始就应当把多个防卫行为分开评价，对“被告人实施的复数防卫行为中，部分行为成立正当防卫，部分行为成立防卫过当”这样的结论，似乎不可想象。

第三节　复数防卫行为的全体性评价与分析性评价

上述最高裁判所的立场无疑是明确的，在实务中依此办案并不存在困难。可是，上述立场是否正确，成为日本刑法学界广泛讨论的问题。如松原芳博教授所言，“一方面，自始至终只是‘说明’判例的学说，既不能提供批判判例、促进判例变更的论据，也不能提供使该判例正当化、主张应予维持该判例的论据。另一方面，无视判例现状的学说对于法律适用而言也起不到任何作用。无论哪种做法都不能满足对法解释学的期待”。〔2〕所以，仅“说明”

〔1〕［日］林幹人『判例刑法』（東京大学出版会，2011年）67頁参照。

〔2〕［日］松原芳博『刑法総論』（日本評論社，第3版，2022年）415頁。

最高裁判所的立场，并用以“预测”将来裁判的结果，对于完成法解释学的任务而言远远不够。学说的任务在于“研究”判例，为判例的正当化或判例的批评、变更提供论据。下面，结合日本刑法学界围绕上述最高裁判所的基本立场所展开的赞否两方面观点，讨论对复数防卫行为究竟应当采用怎样的评价视角。

一、争论的起源

关于防卫过当中全体性评价与分析性评价的争论，最早起源于量的过当是否属于防卫过当，能否适用《日本刑法》第36条第2款减免处罚这一问题。《日本旧刑法》第316条前段与后段分别明文规定了相当于质的过当的情形与相当于量的过当的情形，对于这两种情形，都可依情节比照本刑减轻二等或三等。[1]现行《日本刑法》虽然没有明确区分这两种情形，但从该法典的编纂过程来看，一般认为是将质的过当与量的过当统一规定在“超过防卫程度的行为”这一用语中。至少在起草防卫过当规定的阶段，没有出现要将量的过当排除出防卫过当的意见，因此“将现行刑法的防卫过当规定解释为包含量的过当，并不违反立法者的意思”。[2]另外，在大审院时代，已经存在从责任减少的视角来单独评价不法侵害终了后的继续反击行为，并积极承认量的过当时也可适用《日本刑法》第36条第2款的判例。[3]

反对量的过当的观点则认为，量的过当不满足防卫过当减免处罚的根据。关于防卫过当可以减免处罚的根据，大体存在四种见解：①责任减少说认为，防卫人在实施防卫行为时，由于遭受了急迫的不法侵害，所以容易产生精神上的动摇，期待可能性减少，从而难免做出过当行为。[4]②违法减少说则认为，防卫过当与正当防卫一样，也是针对急迫不正的侵害，通过防卫行为保护了正当的利益，所以与通常的犯罪行为相比，违法性有所减少。[5]③违法且责任减少说（重叠并用说、多数说）认为，作为刑罚减免的必要前提，要

---

〔1〕《日本旧刑法》中关于正当防卫及防卫过当的规定不是设置在总则而是设置在第三编（对身体财产的重罪轻罪）第一章（对身体的犯罪）第三节（关于杀伤的宽恕及不论罪）中。换言之并非针对所有的不法侵害都可以成立正当防卫。

〔2〕［日］成瀬幸典「量的過剰に関する一考察（一）」法学74卷1号（2010年）15頁。

〔3〕［日］大判大正14年12月15日新聞2524号5頁等参照。

〔4〕［日］西田典之（橋爪隆補訂）『刑法総論』（弘文堂，第3版，2019年）189頁参照。

〔5〕［日］町野朔『刑法総論』（信山社，2020年）284頁参照。

求行为的违法性减少；此外，在实际判断是否要减免，尤其是能否免除刑罚时，必须依据情节，综合考虑违法减少与责任减少两个方面。〔1〕④违法或责任减少说（择一并用说）则认为，无论是违法减少还是责任减少，只要其减少的程度能够达到减免刑罚的程度即可。〔2〕

站在①说和④说的立场，无疑可以容易认定量的过当中也具有减免处罚的根据。而采用②说和③说则需要说明，侵害已经终了后的追击行为在什么意义上可以说违法减少了。否定量的过当的学者认为，追击行为自身并不能说明违法减少的理由，比起防卫过当，量的过当更接近假想防卫，所以《日本刑法》第 36 条第 2 款的适用范围本应限定于质的过当。〔3〕而肯定量的过当的见解，就不得不像判例那样，将追击行为与反击行为进行全体性评价，从而凸显量的过当部分在性质上与单纯犯罪行为的不同，并通过全体性的评价来一体化地说明被告人行为中的违法减少。

可见，全体性评价最初是为了说明量的过当中作为减免处罚根据的违法减少而出现的。反过来，单独从减免处罚根据出发并不足以说明量的过当是否应予承认。在探讨减免处罚根据之前，首先需要确定探讨的对象，即是全体性评价视角下的一连（防卫）行为，还是分析性评价下的各个（防卫）行为。〔4〕

二、全体性评价的问题

全体性评价通过扩大防卫过当减免处罚的适用范围，乍看上去对被告人而言是有利的。所以即便量的过当中本身欠缺减免处罚的根据，但在与质的过当具有类似性的场合，扩张甚至类推适用《日本刑法》36 条第 2 款的规定也不违反罪刑法定原则的要求。但问题在于，如判例那样进行全体性评价，真的对被告人有利吗？以往全体性评价之所以没引起学界关注，是因为案件中的重大结果大多是由过当的第 2 行为造成的。但当重大结果由构成正当防

〔1〕［日］高橋則夫『刑法総論』（成文堂，第 5 版，2022 年）317 頁；［日］山口厚『刑法総論』（有斐閣，第 3 版，2016 年）142 頁等参照。

〔2〕［日］松原芳博『刑法総論』（日本評論社，第 3 版，2022 年）190 頁；［日］井田良『講義刑法学・総論』（有斐閣，第 2 版，2018 年）319 頁等参照。

〔3〕［日］橋田久「外延的過剰防衛」産大法学 32 巻 2・3 号（1998 年）229-230 頁；［日］松宮孝明『刑法総論講義』（成文堂，第 5 版，2018 年）147 頁参照。

〔4〕［日］吉川友規「『一連の行為』と過剰防衛」同志社法学 66 巻 2 号（2014 年）223 頁参照。

卫的第1行为造成时，就会引发重大问题。如平成21年案件中的上告意见所指出的，不加限定地将全体性评价贯彻到底，会出现“违法性复活”的问题。即单独来看本来可以被正当化的结果，却因一体化评价转而变成了“违法”的过当结果，换言之，通过全体性评价使被告人需对本来构成正当防卫从而被排除违法性的第1暴行所产生的伤害结果承担刑事责任，这反而置防卫人于不利地位。又如，在平成20年的案件中，一审对X的前后两个暴行做一体化评价后，虽然认定了防卫过当，但最终追究的是X伤害致死罪的刑事责任，这无疑令X对单独来看符合正当防卫条件的第1暴行所造成的死亡结果承担了刑事责任。或许正是由于对“违法性复活”问题的担忧，在二审与最高裁判所的决定中，通过否定防卫意思的连续性最终认定X前后两个暴行不符合一体化评价的标准，从而使得X无须对第1暴行导致的死亡结果负责。〔1〕

在平成21年的案件中，最高裁判所认为第1暴行具有作为防卫手段的相当性这一点，在量刑阶段作为应予酌情考虑的情节处理即可。但是，这样的处理不当地忽视了罪名所具有的评价性意义。〔2〕即全体性评价时被告人所犯的是伤害罪，分析性评价时被告人所犯的只是暴行罪。反对观点指出，对行为评价以及对被告人最终非难的轻重，并非完全来自罪名，而应当同时考虑“防卫过当”本身所具有的减轻非难评价的意义，〔3〕甚至应该根据加重减轻刑罚后的量刑来作出评价。〔4〕可是，在量刑阶段有时难以合理地“酌情考虑”，以至于所谓防卫过当中的减轻评价也难以落到实处。

例如，【事例4】假设平成20年的案件中被告人具有连续的防卫意思，满足全体性评价的条件，那么对被告人的两个暴行全体性评价为一个防卫过当后，被告人需对正当防卫造成的死亡结果承担责任，成立一个伤害致死罪的防卫过当。而在分析性评价的视角下，被告人只需对第2暴行造成的伤害结果承担责任，成立伤害罪。根据《日本刑法》第204条、第205条的规定，构成伤害罪时应判处15年以下拘禁刑或50万日元以下罚金；构成伤害致死

〔1〕 同时，由于否定了前后两行为之间一体化评价的可能，所以X丧失了就第2暴行所构成的伤害罪依据防卫过当的规定减免处罚的机会。

〔2〕［日］山口厚「判批」刑事法ジャーナル18号（2009年）81頁参照。

〔3〕［日］原口伸夫「量的過剰防衛について」立石六二古稀（成文堂，2010年）296頁参照。

〔4〕［日］小野晃正「防衛行為の個数について—『正当防衛に引き続いた過剰防衛行為』をめぐる考察—」阪大法学60巻6号（2011年）114頁参照。

罪时则应处以3年以上有期拘禁刑。另外，根据《日本刑法》第68条的规定，对伤害致死罪减轻处罚时，最低也要判处1年6个月拘禁刑。那么，在全体性评价之下，如果被告人自身不符合判处缓刑的条件，而又只有判处罚金刑才与本案中被告人所犯罪行相适应时，要么只能根据防卫过当的规定免除处罚，要么只能求之于起诉犹豫等程序上的分流处理。〔1〕无论如何，这些处理虽然可以救济被告人，但不能改变本应判处罚金刑的被告人不能得到量刑上合理处理这一由全体性评价带来的不当现实。

对此，最高裁判所的调查官在解说中提到，平成21年决定"展示的不是关于刑法第36条第2款的法理（解释），而是采用了事例判断的形式"，"是关于第1暴行造成伤害，第2暴行中施加了（不伴随伤害的）暴行这样的案件作出的事例判断"，本决定并未触及上述【事例4】是否应该成立伤害致死罪的问题。〔2〕换言之，承认在诸如伤害致死这样，可能会造成量刑不合理的案件中，保留排除适用全体性评价的余地。但是，在这里依罪名不同而区别处理的实质理由并不明确。

另外，在共同反击的场合，〔3〕如【事例5】对于丙的不法侵害，甲与乙共同实施了符合正当防卫的第1反击行为，在乙离去的情况下，甲又对丙继续实施了第2反击行为乃至追击行为。如果甲的复数行为满足条件可以整体评价为一个具有违法性的防卫过当，将会使乙需要对被复活违法性的第1反击行为承担刑事责任。对甲的处理暂且不论，对乙如此处理无论如何是令人难以接受的。有观点认为，对甲进行的全体性判断是事后判断，并不影响站在行为时将甲、乙共同实施的第1行为评价为正当防卫。〔4〕可是，同一个案件中对违法性的判断时点采用两套标准并不合适，毋宁说这是结论先行的做法。另外，即便可以通过一贯性地主张违法性应立足行为的时点进行判断，从而否定乙行为时的罪责；但全体性评价的机能正在于将一个行为的范围扩大，同时也将这"一个行为"发生的时点延长。如此一来，只要认为甲实施

---

〔1〕［日］松田俊哉「判批」法曹時報62巻11号（2010年）266頁参照。

〔2〕［日］松田俊哉「判批」法曹時報62巻11号（2010年）265頁。

〔3〕［日］橋田久「量的過剰防衛—最高裁平成20年6月25日第一小法廷決定を素材として—」刑事法ジャーナル16号（2009年）26頁参照。

〔4〕［日］小野晃正「防衛行為の個数について—『正当防衛に引き続いた過剰防衛行為』をめぐる考察—」阪大法学60巻6号（2011年）104頁参照。

的是一个行为，那么在同一个案件中判断乙的违法性时，甲实行行为终了时点之前，都属于“行为的时点”。相反，如果强调对乙行为的时点与甲行为的时点应作不同判断，那么无异于说甲的第1行为时点与甲的第2行为时点是不同的。既然如此，那么甲的两个行为也不能评价为一个行为，这又违反了对甲进行全体性评价这一前提假设。所以，通过站在行为时来判断违法性的办法，并不能解决诸如【事例5】这样，在违法性阶段采取全体性评价视角时的共犯问题。

通过扩大防卫过当行为的范围，使被告人更多地享受减免处罚的量刑优惠，这本身对被告人是有利的。否定防卫过当的结果本应是被告人的罪责变重，但按照判例的见解，出现了在罪名乃至量刑上反而变轻的奇妙现象。〔1〕从根源上看，这是因为判例将没有违法性的行为（第1暴行）与具有违法性的行为（第2暴行）在“违法性层面”进行了全体性评价。

三、全体性评价的理由

既然存在上述问题，为什么判例及支持判例的学者仍然坚持采用全体性评价来处理复数防卫行为呢？其理由大体而言有五点。

第一，在确定刑罚权的存否及其范围时，其判断对象首先是该当构成要件的“实行行为”，甚至是先于构成要件该当性判断的“行为”本身。一旦在行为阶段或构成要件该当性判断阶段被全体性地评价为一个行为，那么评价的对象就得以固定，即便到了违法性评价阶段，也必须就这“一个行为”进行判断，这样才具有逻辑上的一贯性，否则就是“背理”的。〔2〕换言之，在犯罪论体系上，前一阶段对作为判断对象的行为作出的评价对后一阶段具有拘束力。

第二，如果不进行全体性评价，那么对于不能查明超过防卫程度的结果是由哪个行为造成时，就不能追究刑事责任。而在防卫过当的案件中，不能取得确切的证据从而特定某个防卫行为与过当结果之间因果关系的情形，并不

---

〔1〕［日］山口厚「正当防衛と過剰防衛」刑事法ジャーナル15号（2009年）57頁参照。

〔2〕［日］松田俊哉「判批」ジュリスト『最高裁　時の判例Ⅶ』（有斐閣，2014年）271頁；［日］永井敏雄「量的過剰防衛」龍岡資晃編『現代裁判法大系（第30巻）』（新日本法規出版，1999年）146頁参照。

少见，这是一个证据运用上的结构性问题。[1]换言之，使用“一连行为”这样的概念进行全体性评价，有利于描述作为造成过当结果原因的行为。[2]此外，在通过证据能够显示每个防卫行为都单独具有相当性，但合在一起能被评价为超过防卫程度的场合，若不进行全体性评价，则对所有行为都要认定为正当防卫，这并不合理。

第三，《日本刑法》第36条第2款使用的表述是“超过防卫程度的行为”，而非“超过防卫程度部分的行为”，[3]所以不应将正当防卫部分与超过防卫程度的部分割裂开来，而应当通过全体性评价彰显防卫过当与单纯犯罪行为的不同。

第四，在如【事例1】那样由单纯的一个行为构成质的过当的场合，从观念上看，在导致结果发生的过程中，该行为也是由符合正当防卫的部分与超过防卫程度的部分构成的。但实际上根本不能将这个单纯的行为再进行分割，也没有学者会主张此时仍需作分析性评价。此时对于理论上符合正当防卫的部分，已经在防卫过当减免处罚的量刑优惠中得到了考虑。这种思考方法同样应适用于复数行为构成防卫过当的情形中。

第五，在第1反击行为本身就是防卫过当的场合，即便之后继续实施了多个反击或追击行为，最终仍应全体性评价为单纯一罪或者包括一罪。

尽管存在上述这些理由，但这些理由未必都能成立。

首先，根据通说的见解，违法性评价的对象的确是该当构成要件的事实，但与此同时通说也承认，“作为违法性判断对象的事实”与“影响违法性有无及强弱的事实”是有区别的。[4]防卫行为符合正当防卫的条件这一事实，是影响违法性有无及强弱的事实，对于这一事实的评价并不必然受针对该当构成要件的事实所做评价的拘束。换言之，犯罪评价各阶段作为判断前提的要

---

〔1〕［日］永井敏雄「量的過剰防衛」龍岡資晃編『現代裁判法大系（第30巻）』（新日本法規出版，1999年）134頁参照。

〔2〕［日］深町晋也「『一連の行為』論について—全体的考察の意義と限界—」立教法務研究3号（2010年）118頁参照。

〔3〕［日］長井圓「過剰防衛の一体的評価と分断的評価」立石二六古稀（成文堂，2010年）232-233頁参照。

〔4〕［日］団藤重光『刑法綱要総論』（創文社，第3版，1990年）197頁；［日］大塚仁『刑法概説（総論）』（有斐閣，第4版，2008年）375-376頁等参照。

素并不相同，因此也不可能使各阶段的行为“个数”保持一致。〔1〕所以，（前）构成要件阶段的事实虽然是一连一体的行为，但不直接拘束之后违法性阻却事由的判断；在构成要件阶段进行全体性评价，在违法性阶段进行分析性评价，这在现有的犯罪论框架中是被允许的。〔2〕

其次，承认采用一连行为理论进行全体性评价的意义在于扩大结果归责对象的行为范围，〔3〕这一点没有问题。但是，在证据不足的情况下为便于描述导致较重结果发生的行为而采用全体性评价来追究被告人的刑事责任，无疑违反了存疑有利于被告人的基本原则，甚至会助长检察官怠于乃至阻碍收集相关证据以证明被告人的部分行为符合正当防卫这一不良倾向。所以，在平成21年的案件中，即使最终不能断定被害人的伤害结果是由成立正当防卫的第1暴行造成的，还是由超过防卫程度的第2暴行造成的，也不应采用全体性评价认定为一个伤害罪的防卫过当，而应当作出有利于被告人的认定，即仍将该伤害结果归属于构成正当防卫的第1暴行，〔4〕不追究被告人伤害罪的刑事责任。当然，如果能证明较重结果是由某个过当的防卫行为造成的，即便不能确定具体是由哪个过当行为造成的，仍能依据择一认定的原理认定成立防卫过当。〔5〕

再次，从《日本刑法》第36条第2款的表述上看，判断是否防卫过当时，的确不能仅着眼于超过防卫程度的部分。但是，从该表述上看，也不能断言防卫过当的判断对象必须包含构成正当防卫的部分。该条款不过是将防卫过当的判断前提限定为得以实施防卫行为的状况或机会之下。〔6〕换言之，

---

〔1〕［日］吉川友規「『一連の行為』と過剰防衛」同志社法学66卷2号（2014年）246頁参照。

〔2〕［日］仲道祐樹『行為概念の再定位—犯罪論における行為特定の理論—』（成文堂，2013年）228頁；［日］高橋則夫「犯罪論における分析的評価と全体的評価—複数行為における分断と統合の問題—」刑事法ジャーナル19号（2009年）43頁参照。

〔3〕［日］深町晋也「『一連の行為』論について—全体的考察の意義と限界—」立教法務研究3号（2010年）131頁参照。

〔4〕［日］林幹人「量的過剰について」判時2038号（2009年）18頁参照。而从全体性评价的视角来看，平成21年案件中的第1暴行不是正当防卫行为，只不过是“具有正当防卫性的行为”，［日］松田俊哉「判批」法曹時報62卷11号（2010年）262頁参照。

〔5〕［日］長井圓「過剰防衛の一体的評価と分断的評価」立石二六古稀（成文堂，2010年）240頁参照。

〔6〕［日］原口伸夫「量的過剰防衛について」立石六二古稀（成文堂，2010年）285頁；［日］安田拓人「事後的過剰防衛について」立石六二古稀（成文堂，2010年）247頁等参照。

防卫行为之所以能够被评价为防卫过当，而不是单纯的犯罪行为，正是由于该行为是在可以实施正当防卫的客观条件下，出于强度上或时间上的连续性而做出的。

此外，在单纯一个质的过当行为的场合，之所以不进行分析性评价，一方面，由于该行为事实上的特性决定了不可能进行分析性评价，同时，在这种场合本来也谈不上进行全体性评价。另一方面，在这种场合，被告人需要承担刑事责任的结果也正是“防卫过当”造成的，不存在追究“正当防卫”刑事责任的问题。而在复数防卫行为的场合，将正当防卫与防卫过当进行全体性评价后，会出现追究正当防卫刑事责任的问题。所以，对于单纯一个质的过当行为的场合与复数过当行为的场合，进行不同的考察是有意义的。

最后，罪数判断应该是在对各行为进行评价之后，在确定有罪的前提下进行的。“说到底，罪数是指犯罪的个数，当然要以作为犯罪实质的违法作为其前提。”〔1〕因此，以罪数评价上的一罪为由反推被评价为单纯一罪或包括一罪的各行为是一个行为，无异于本末倒置。就算是在单纯一罪的场合，也并不意味着各个事实上的行为动作丧失了单独评价的余地。〔2〕例如，对同一个被害人连续击打 10 次，在日本一般被认为构成一个单纯的暴行罪。但是，如果前 5 次是在被害人有承诺，而后 5 次是在被害人明确拒绝的情况下做出的，无疑应当重视被害人承诺有无的前后变化，将前 5 次排除最终构成一个暴行罪的评价对象之外。况且，正当防卫行为本来就不是犯罪行为，自始欠缺纳入罪数考虑的前提，通过全体性评价将其认定为一罪的一部分并不合理。

综上所述，真正能够肯定全体性评价的有力理由，只有以下两点：第一，在（前）构成要件阶段通过将正当防卫与防卫过当行为进行全体性评价，说明反击或追击行为得以评价为防卫过当的前提条件，即这些行为是在得以做出正当防卫的机会或状况下做出的。第二，在每个防卫行为都单独具有相当性，但合在一起能被评价为超过防卫程度的场合，唯有通过全体性评价，才能累积考察从哪个行为时点开始，被告人行为的危险性已经超过了防卫程度，可以开始评价为防卫过当。

但是，这两点理由并不足以支持被告人需对正当防卫行为造成的结果承

---

〔1〕［日］林幹人『判例刑法』（東京大学出版会，2011 年）76 頁。

〔2〕［日］山口厚「判批」刑事法ジャーナル18 号（2009 年）82–83 頁参照。

担（包括罪名评价上的）刑事责任这一结论。换言之，这两点理由不过是说明了，当存在复数防卫行为且满足防卫意思具有连续性等条件时，在（前）构成要件阶段可以对这些行为进行全体性评价，为其中的部分行为提供评价为防卫过当的前提，并确定评价为防卫过当的起点。但由此并不必然推导出各行为是“正当防卫”还是“防卫过当”这一违法性判断。

四、分析性评价的观点与问题

与判例的见解不同，从分析性评价的观点出发，关于复数防卫行为主张应针对各个行为分别考察是否满足成立犯罪的条件，是否具备减少或者排除犯罪性的事由。持这种观点的学者认为，“既然行为的一体性、连续性是与犯罪成立与否直接相连的，那么就不能在与违法、责任不相关的情况下进行评价”。[1]

从防卫过当的减免处罚根据来看，在量的过当的场合，单独看过当的追击行为部分并不能说明违法性的减少，但仍存有责任降低的余地。所以，如果按照分析性评价的观点来处理量的过当问题，则因对防卫过当减免处罚根据的理解不同，会得出是否成立防卫过当的不同结论。而在质的过当的场合，即便存在复数反击行为，由于这些行为都是在不正侵害继续的过程中做出的，所以仍能比较容易地认定为成立防卫过当。最为重要的是，通过分析性评价的视角，可以将复数防卫行为中符合正当防卫条件的部分排除出犯罪评价的对象，回避了全体性评价中使违法性复活的问题。但是，分析性评价也存在以下难以克服的问题。

第一，如前所述，在通过证据能够证实每个防卫行为都单独具有相当性，但合在一起能被评价为超过防卫程度的场合，如果对每个防卫行为分别进行评价，则难以追究被告人防卫过当的责任。

第二，在分析性评价的视角下，量的过当时的确可以通过诉诸行为人心理的动摇来说明对行为人减免处罚的理由。[2]但是，期待可能性的降低或丧失只能够成为《日本刑法》第66条酌情予以减轻处罚的情节或者超法规的责任减少或阻却事由。况且仅从责任减少这一理由出发，事前防卫也应作为防

〔1〕［日］林幹人「量的過剰について」判例時報2038号（2009年）18頁。
〔2〕［日］松原芳博『刑法総論』（日本評論社，第3版，2022年）195頁参照。

卫过当的一种，但几乎没有学者对此表示赞成。因此，责任减少说只不过是在“没有责任减少就不能承认刑法第36条第2款的适用”〔1〕这一消极意义上起作用。而之所以要对防卫过当“特别加以规定”减免处罚这样的量刑优待，首先在于防卫过当行为本身具有作为“防卫行为”的性质。〔2〕

所以，在这里有必要区分两个不同的问题，即①规定防卫过当的《日本刑法》第36条第2款能否适用的问题（防卫过当的成立根据问题）与②具体案件中是否应该减免刑罚的问题（防卫过当的减免处罚根据问题）。〔3〕在不同视角下，被告人的复数行为是否具有“防卫行为”的性质，是与①相关的问题；而一直以来有关减免处罚根据的讨论则与②相关，甚至是混淆了问题①与②。简言之，减免处罚的根据并不足以充足防卫过当成立的根据或要件；反之，成立防卫过当，也并不必然带来减免处罚的效果。〔4〕

因此，将过当的部分行为与符合正当防卫条件的部分行为割裂开来，对于过当部分即便能在问题②的层面说明其减免处罚的理由，但仍难以说明防卫过当，尤其是量的过当中追击行为作为“防卫行为”的属性。〔5〕换言之，在分析性评价之下，并不能妥当说明为什么量的过当值得作为防卫过当的一种，从而依照《日本刑法》第36条第2款这一特定条款来减免刑罚，因此不得不否定量的过当这种防卫过当类型。可是，在某些场合，量的过当时造成的侵害反而比同等情况下质的过当造成的侵害更小，〔6〕不承认量的过当这种类型并不合适。

第三，如果贯彻分析性评价的方法，不仅使量的过当这种类型难以成立，

---

〔1〕［日］佐伯仁志『刑法総論の考え方・楽しみ方』（有斐閣，2013年）165頁。

〔2〕［日］安田拓人「事後的過剰防衛について」立石六二古稀（成文堂，2010年）255頁；［日］橋爪隆「防衛行為の一体性について」三井誠古稀（有斐閣，2012年）98頁参照。

〔3〕［日］橋爪隆『刑法総論の悩みどころ』（有斐閣，2020年）114頁参照。

〔4〕［日］林美月子「複数行為と過剰防衛」町野朔古稀（信山社，2014年）123頁；［日］成瀬幸典「量的過剰に関する一考察（二・完）」法学75巻6号（2011年）55頁；［日］深町晋也「『一連の行為』論について—全体的考察の意義と限界—」立教法務研究3号（2010年）128-129頁；［日］安田拓人「事後的過剰防衛について」立石六二古稀（成文堂，2010年）255頁等参照。

〔5〕［日］安田拓人「事後的過剰防衛について」立石六二古稀（成文堂，2010年）264頁参照。

〔6〕例如，假设强度为50的一次暴行在防卫行为相当性范围内，如果行为人在侵害终了前后各施加了强度为50的暴行一次，这属于一个量的过当；倘若行为人施加了强度为100的暴行一次，这属于一个质的过当。但后者比前者给被害人（不法侵害人）带来的伤害恐怕更大，［日］安田拓人「過剰防衛の判断と侵害終了後の事情」刑法雑誌50巻2号（2011年）292頁参照。

而且在质的过当的场合也会限缩防卫过当的适用。如平成21年的案件中，一方面考虑到伤害结果是由符合正当防卫要件的第1暴行造成的，所以将第1暴行包含在内，对被告人成立一个伤害罪的防卫过当并不合适。另一方面，如果完全采用分析性评价的方法，那么在对第1暴行成立正当防卫的同时，对第2暴行会认定为单纯的暴行罪，不适用防卫过当减免处罚的规定。在属于量的防卫过当的【事例4】中也是如此。对于第1暴行造成的伤害结果无疑应当作为正当防卫的结果不追究刑事责任；而对于第2暴行，按照分析性评价的观点则要追究完全的伤害罪的刑事责任。〔1〕如此一来，前述“被告人实施的复数防卫行为中，部分行为成立正当防卫，部分行为成立防卫过当”的结论，站在贯彻分析性评价的立场上似乎也是不可想象的。

但是，无论是平成21年的案件还是【事例4】中，被告人的第2暴行与单纯的犯罪行为有着截然不同的一面，即通过（前）构成要件阶段的全体性评价，具有作为“防卫行为”的性质。对于具有如此性质的行为完全排除《日本刑法》第36条第2款的适用，难免有违设立防卫过当规定的宗旨。

综上可知，分析性评价有助于在违法性评价阶段将符合正当防卫条件的行为排除在犯罪评价之外，但同时又忽视了防卫过当行为与正当防卫行为之间的连续性，没有顾及防卫过当行为之所以可以减免处罚的前提——具有防卫行为的性质。分析性评价一方面将本应认定为防卫过当的行为认定为正当防卫（如“第一”所示），另一方面又将本可以认定为防卫过当的行为认定为了单纯的犯罪（如“第二”“第三”所示），从而不当限制了防卫过当的成立范围。

第四节　复数防卫行为不同阶段的评价视角转换

可见，无论采用判例所展示的全体性评价的观点，还是采用彻底的分析性评价的观点，都不能很好地应对涉及复数防卫行为的案件。问题的症结在于，这两种观点都没有区分犯罪评价的阶段，在犯罪评价体系中自始至终地

〔1〕［日］橋爪隆「防衛行為の一体性について」三井誠古稀（有斐閣，2012年）104頁参照。需注意的是，桥爪隆教授自身并不是分析性评价的支持者，而是认可在限定条件下进行全体性评价。其认为，在违法性阶段不能进行全体性评价时，对于被分开评价的后行为不再适用防卫过当的规定。

贯彻了单一评价视角。但值得反思的是，强行将单一评价视角贯穿具体案件分析的始终，有何实质根据？为什么不能在犯罪评价的不同阶段选择合目的的不同评价视角呢？笔者认为，各个犯罪评价阶段有着各自需要解决的问题，前一犯罪评价阶段得出的结论不过是后一犯罪评价阶段的素材或前提而已，前者对后者并没有绝对的约束力。否则，所有的犯罪评价阶段都可以合成一个阶段，甚至出现通过罪数处理来反推作为犯罪评价对象的行为个数这种本末倒置的做法。

“防卫过当当然必须以正当防卫为前提进行思考，但在体系的逻辑上，将两者分离是十分有可能的。”〔1〕具体到复数行为的防卫过当问题中，〔2〕在（前）犯罪构成要件阶段宜采用全体性评价的视角，通过将过当的反击或追击行为与成立正当防卫的反击行为相连，描述出前者之所以能特别地依据防卫过当的规定减免处罚的前提要件即防卫行为性。而这种防卫行为性主要是通过连续的“防卫意思”来支撑。〔3〕与此相对，在违法性（乃至责任）评价阶段，则宜针对正当防卫与防卫过当进行单独评价，分别确定其违法性（乃至责任）的有无及大小。〔4〕当复数行为中的部分行为成立正当防卫时，就不能将其与违法行为合在一起评价为一个违法的防卫过当行为。

所以在涉及共同犯罪的案件，如【事例5】中，符合正当防卫条件的第1反击行为不会经由与过当的第2反击或追击行为相连的方式复活违法性，甲与乙都不需要对第1反击行为造成的结果承担刑事责任。在与防卫过当相关的共同犯罪问题上，最高裁判所自身也没有贯彻全体性的评价，而是对只参

---

〔1〕［日］内田文昭『刑法概要（中巻）』（青林書院，1999年）114-115頁。

〔2〕也有学者认为质的过当与量的过当中，判断可否进行一体性评价的视角并不相同，并在否认量的过当的同时，承认质的过当时应该进行全体性观察，佐藤拓磨「量的過剰について」法学研究84巻9号（2011年）174頁，200頁以下参照。

〔3〕［日］吉川友規「『一連の行為』と過剰防衛」同志社法学66巻2号（2014年）268-269頁参照。但是如后所述，这里所说的“防卫意思”的意义，未必与作为正当防卫主观要件的“防卫意思”的意义相同。

〔4〕有学者从“社会观念上密接的事实关联性”与“和某个刑法问题相关的法律实体”两个评价阶段出发，认为即便前一阶段是全体性评价，但在后一阶段被分断评价时，则需回到前一阶段重新进行分析性评价，以保证各阶段评价视角的一致性，［日］成瀬幸典「量的過剰に関する一考察（二·完）」法学75巻6号（2011年）66頁以下参照。但笔者认为这种“一致性”的保持并无必要。毋宁说这种“返回去重新评价”的做法，实质上是将违法、责任阶段的评价提前纳入行为、构成要件评价的阶段，混淆了各犯罪评价阶段，并不妥当。承认各犯罪评价阶段有各自独立的功能，从而采用不同评价视角的方法，更为明快可行。

与正当防卫部分的行为人采用分析性评价。最高裁判所指出，“对于对方的侵害，多数人共同实施作为防卫行为的暴行，来自对方的侵害已经终了后，仍然有一部分人继续实施暴行。在这种场合，对于没有施加后续暴行的人，在讨论是否成立正当防卫时，区分侵害存在的时点与侵害终了后进行考察是适当的。在侵害存在的时点所实施的暴行能够被认定为正当防卫的场合，对于侵害终了后的暴行，不应该讨论是否已经从在侵害存在的时点作为防卫行为的暴行的共同意思中脱离出来了，而是应该讨论是否成立了新的共谋。只有当能肯定共谋成立时，才应该将侵害存在的时点及侵害终了后的一连行为作为整体来考察，讨论是否具有防卫行为的相当性”。[1]可见，在没有成立新的共谋时，只参与了正当防卫行为部分的行为人，不会因为其他行为人的行为被全体性地评价为违法的防卫过当，从而就其参与的正当防卫部分承担刑事责任。

其实，即便从前述最高裁判所的判例来看，在案件的审理过程中也运用了分析性评价的方法将构成正当防卫的行为甄别出来。例如，在平成 20 年与平成 21 年的案件中，二审与最高裁判所都认定被告人的第 1 暴行构成正当防卫，平成 21 年决定中更是将此作为量刑时酌情予以考虑的情节。可见，在具体案件中为了做到罪刑相适应，一般会将构成正当防卫的部分行为在裁判过程中分离出来定性。这些判例的问题在于，将分离出来的正当防卫部分定性后，没有使其在在违法性评价阶段发挥阻断全体性评价的作用，而是将（前）构成要件阶段的全体性评价视角继续引入违法性评价阶段。[2]

另外，在能够证明最初的反击行为已经过当的场合，无论是①采用全体性评价认定为一个违法行为，进而认定为单纯一罪；抑或是②采用分析性评价认定为多个违法行为，再在罪数阶段以包括一罪的方式来处理，从最终处理结果上看，差异并不大。存在争议的是涉及共同犯罪的案件。如【事例 5】中，假设甲与乙共同实施的第 1 反击本身就超过了防卫程度，那么采用①全体性评价的视角则有可能使乙对自己没有参与的、单独由甲实施且超过防卫

〔1〕 日本最判平成 6 年 12 月 6 日刑集 48 卷 8 号 509 頁。

〔2〕 虽然平成 20 年决定最终是将两个暴行分别处理，但在分别处理的原因中，并没有明确表明第 1 暴行自身构成正当防卫这一重要因素。另外，在下级裁判所中，存在将构成正当防卫的第 1 行为与单独构成防卫过当的第 2 行为分开评价的裁判例，日本東京地判平成 24 年 6 月 18 日（LEX/DB 25482304）等参照。

程度的第2反击或追击行为造成的结果承担刑事责任。考虑到这一点，在该场合仍然是采用②分析性评价的视角更为妥当。

综上所述，当存在复数防卫行为时，在（前）构成要件阶段应当采取全体性评价的视角，在违法性（乃至责任）阶段则应当采取分析性评价的视角。如此一来，站在判例（彻底的全体性评价）的立场与站在彻底的分析性评价的立场都不可想象的，“被告人实施的复数防卫行为中，部分行为成立正当防卫，部分行为成立防卫过当”这一结论是可以甚至是应当成立的。亦即在【事例2】与【事例3】中，当X与Y的复数行为在（前）构成要件阶段能被评价为一连一体的一个行为，即X与Y的第2行为是在与第1行为具有连续性的防卫意思下做出时，在违法性评价的阶段应当将各自的第1行为认定为正当防卫，将第2行为认定为防卫过当，仅就第2行为造成的结果追究刑事责任，并可以减免处罚。再如，在平成21年的案件中，一方面，应该认定第1暴行成立正当防卫，被告人无须对该暴行造成的伤害结果承担责任；另一方面，第2暴行成立暴行罪，且是满足防卫过当要件的暴行罪，可以减免处罚。[1]

顺便提及的是，在（前）构成要件阶段，即便采用全体性评价的视角，也有可能因不满足评价标准而否定复数行为之间的连续性（如平成20年决定所示）。此时，从（前）构成要件阶段开始，就应进行分析性评价，其结果主要是①“正当防卫行为+单纯犯罪行为”，②“防卫过当行为+单纯犯罪行为”这两种情形。[2]对于情形①，直接追究后行的单纯犯罪行为的刑事责任即可。而在情形②中，前后数个行为虽然都是犯罪行为，但由于是针对同一被害人的同一法益所实施的数个行为，可作为包括一罪来处理。此时，如果较重结果是由防卫过当行为造成的或者不能查明是由哪个行为造成的，那么对于整个包括一罪仍有适用防卫过当减免处罚规定的余地；如果能够查明较重结果是由后行的单纯犯罪行为造成的，那么应排除《日本刑法》第36条第2款的适用。[3]

---

〔1〕［日］山口厚「正当防衛と過剰防衛」刑事法ジャーナル15号（2009年）57頁参照。

〔2〕观念上，还存在“正当防卫+防卫过当”“防卫过当+防卫过当”“正当防卫+正当防卫”这三种情形。但实践中，这三种情形要么能够在（前）构成要件阶段被全体性评价为一个防卫行为，要么应当作为两个独立的案件来处理，很难想象在同一防卫机会或状况中会被分别评价为数个行为。

〔3〕［日］松尾昭一「防衛行為における量的過剰についての覚書」小林充・佐藤文哉古稀上巻（判例タイムズ社，2006年）145-146頁参照。

结 语

本章所讨论的复数防卫行为的评价视角问题，肇始于日本判例中对量的过当的承认。继而判例将全体性评价的视角推及质的过当，并蕴藏了“违法性复活”的问题。对此，学说上展开了研究与争论。可见，判例为学说探讨提供了契机，而学说为案件处理提供了更为妥当的方案。所以，判例研究对于发展学说及推动实务的作用绝不可低估。本章仅是从评价视角这一方面对复数防卫行为进行的初步研究。[1]关于复数防卫行为的处理，还有很多值得探讨之处。

例如，判例中作为全体性评价标准的是“防卫意思的连续性”，对此既有支持的观点，也有观点主张还需加入客观标准或从其他角度、参考其他要素进行判断。[2]另外，“防卫意思”的意义本身也值得深入探讨。尤其是站在结果无价值论的立场，倘若认为成立正当防卫不需要防卫意思，那么成立防卫过当时是否需要承认这一要件呢？在偶然防卫的场合，是否有通过全体性评价认定为防卫过当的余地呢？再者，如果认为“防卫意思”在量的过当中意味着行为人误以为不法侵害仍在继续，那么量的过当不是可以转化为假想防卫或假想防卫过当问题来处理吗？[3]如此一来，就没有承认量的过当的必

---

〔1〕 从规范论的立场出发，关于复数防卫行为中全体性评价的界限及标准的研究，［日］照沼亮介「過剰防衛と『行為の一体性』について」川端博ほか編『理論刑法学の探究⑦』（成文堂，2014年）56頁以下；［日］荒木泰貴「『一連の行為』に関する一考察—早すぎた構成要件の実現と量的過剰防衛を素材として—」慶應法学23号（2012年）359頁以下等参照。

〔2〕 例如，有学者提出，应当从多个行为间的客观关联性及主观关联性两个方面来考察。在客观关联性方面，需要考虑法益的同一性、时间场所上的接近性、行为样态的同一性等；而在主观关联性方面，则主要考察意思的连续性，［日］大塚裕史『応用刑法Ⅰ——総論』（日本評論社，2023年）207頁；［日］曽根威彦『刑事違法論の展開』（成文堂，2013年）209-210頁等参照。也有学者从“自然的一体性”与“法的评价”两个标准出发，从与罪数相关的角度推导一体性评价的基准，［日］長井圓「過剰防衛の一体的評価と分断的評価」立石二六古稀（成文堂，2010年）234頁以下参照。还有学者在违法性评价的阶段，从防卫状况是否发生变化的基准出发，认为防卫人或侵害人一方的事态发生重大变化时，要进行分析性评价；而防卫行为的状况没有发生变化，第2行为可以评价为第1行为的延伸时，则将全体评价为一个防卫行为，［日］吉川友規「『一連の行為』と過剰防衛」同志社法学66巻2号（2014年）261頁参照。

〔3〕 ［日］佐藤拓磨「量的過剰について」法学研究84巻9号（2011年）176，202頁参照。另外，日本判例中也承认假想防卫过当可以适用《日本刑法》第36条第2款的规定（最决昭和41年7月7日刑集20巻6号554頁等参照）。

要了。可是在很多情况下，行为人是在认识到侵害行为已经结束的短时间内，出于担心对方再度攻击等情绪上的不安或激动而实施量的过当行为。在这种场合，行为人的过当行为不符合假想防卫或假想防卫过当的构造，而承认量的过当的意义，正在于将有利于被告人的减免处罚扩展到这种场合，不至于将追击行为认定为单纯的犯罪行为，导致对行为人而言过于严酷的结论。[1]毋宁说唯有行为人充分认识到侵害已终了，专门出于攻击的意思进行追击（报复行为）时，才应否认量的过当的成立[2]。此外，作为全体性评价标准的“防卫意思”是用于在（前）构成要件阶段对行为的个数或者说行为的连续性作出判断，而作为正当防卫主观要件的防卫意思所起的作用是在违法性阶段排除行为人主观的违法性，二者的作用明显不同。因此，两种语境下的“防卫意思”，其意义恐怕并不相同。[3]前者可能只是一种行为的意思决定或动机，[4]并不涉及对具体事实的认识与容认。

此外，尽管日本既承认复数防卫行为构成的质的过当，也承认量的过当，但不可否认的是，在不法侵害仍在继续的过程中，更加容易将相关行为认定为“防卫行为”。换言之，质的过当比起量的过当更加容易被认定为防卫过当。所以，不法侵害行为是否仍在继续、是否已经终了的判断，对复数防卫行为的处理而言影响重大。另外，虽然《德国刑法》对成立防卫过当的限制条件更多，[5]判例也不承认量的过当，但判例通过对“现在性”基准进行扩张解释，实际上是将相当于日本刑法中量的过当（extensiver Notwehrexzess）

---

〔1〕［日］橋爪隆「過剰防衛の成否について」法学教室 406 号（2014 年）113 頁参照。即便主张被告人误认为侵害终了时按假想防卫处理，没有误认时按量的过当处理，但现实案件中是否发生误认往往界限微妙，难以判断，［日］松尾昭一「防衛行為における量的過剰についての覚書」小林充・佐藤文哉古稀上巻（判例タイムズ社，2006 年）127 頁注 2 参照。

〔2〕［日］安田拓人「過剰防衛の判断と侵害終了後の事情」刑法雑誌 50 巻 2 号（2011 年）298 頁；［日］吉川友規「『一連の行為』と過剰防衛」同志社法学 66 巻 2 号（2014 年）225 頁。

〔3〕关于防卫意思的定义及内容的讨论，［日］橋爪隆「防衛行為の一体性について」三井誠古稀（有斐閣，2012 年）100 頁以下；［日］照沼亮介「過剰防衛と『行為の一体性』について」川端博ほか編『理論刑法学の探究⑦』（成文堂，2014 年）60 頁以下等参照。

〔4〕［日］山口厚『刑法総論』（有斐閣，3 版，2016 年）144 頁；安田拓人「事後的過剰防衛について」立石六二古稀（成文堂，2010 年）258 頁等参照。

〔5〕《德国刑法》第 33 条规定：“行为人出于慌乱、恐惧或惊吓而超过正当防卫限度的，不负刑事责任（nicht bestraft）。”

的大多数案件转化为质的过当（intensive Notwehrexzess）来处理，[1]可谓异曲同工。在日本的判例中，对于不正侵害的始期，即狭义的急迫性所采用的标准是"法益侵害存在于当下或者正在迫近"；[2]与此相对，在不正侵害的终期，即侵害继续性的判断上，如平成9年判决中所示，判例采用的标准是对方是否存在再度攻击的可能性。可见，站在判例的立场，侵害继续性的判断中不需要时间上严格的迫切性这一要件，所以侵害继续性的判断比急迫性的判断更加缓和。因此，平成9年判决为扩大质的过当的认定范围开辟了道路。但是，急迫性与侵害继续性是否应当有两套标准；若要统一标准，那么应当缓和急迫性的要件还是紧缩侵害继续性的要件？对此还存在争议。[3]

最后，在做比较法研究时还必须注意到，我国《刑法》第20条与《日本刑法》第36条在表述上存在诸多不同，这些不同可能会导致解释论上的差异。例如，我国《刑法》第20条第2款对防卫过当的处理是"应当"而不是"可以"减免处罚。如此一来，在我国是否有必要且有可能像日本学者那样，将防卫过当的成立根据与减免处罚根据完全分开来讨论呢？又如，在我国特别强调正当防卫的时间条件这一背景下，量的过当是否有可能且有必要作为防卫过当的一种类型加以承认，也值得深入论证。倘若在我国承认量的过当，虽然追击行为在时间上可以解释为"明显超过必要限度"，但该追击行为没有"造成重大损害"时，应当认定为单独的防卫过当，还是单纯的犯罪，抑或是与先行的正当防卫（或质的防卫过当）行为进行整体评价为一个正当防卫（或防卫过当）？倘若在我国不承认量的过当，那么可否像日本、德国那样，通过缓和防卫的时间性要件，将相当于量的防卫过当转化为质的防卫过当来处理？

限于本章的主题与篇幅，无法对以上问题展开全盘讨论，其中部分问题将

〔1〕［日］小野晃正「防衛行為の個数について—『正当防衛に引き続いた過剰防衛行為』をめぐる考察—」阪大法学60卷6号（2011年）89頁参照。另外，虽然德国刑法学说中否定量的过当的见解仍占支配地位，但肯定的见解也十分有力（Vgl. Claus Roxin, Strafrecht Allgemeiner Teil, Band I, 4. Aufl., 2006, S. 998ff）。

〔2〕日本最判昭和46年11月16日刑集25卷8号996頁参照。

〔3〕［日］曾根威彦『刑事違法論の展開』（成文堂，2013年）205頁以下；［日］山口厚「正当防衛と過剰防衛」刑事法ジャーナル15号（2009年）54-55頁；［日］井上宜裕「判批判」法学セミナー『速報判例解説 Vol. 5』（日本評論社，2009年）173頁等参照。

于下一章中作详细说明。[1]但在解决这些问题之前，无论如何都有必要首先将复数防卫行为这种防卫样态纳入视野，而不得不说，这正是目前我国在讨论正当防卫与防卫过当问题时尤为欠缺的。本章通过讨论复数防卫行为的评价视角问题，发现日本判例采取以连续的防卫意思为标准全体性评价视角，但蕴藏了“违法性复活”这一致命问题；而彻底的分析性评价又忽视了防卫过当行为与正当防卫行为之间的连续性，没有顾及防卫过当行为自身作为防卫行为的性质，不当限制了防卫过当的成立范围。从而主张，第一，在（前）犯罪构成要件阶段宜采用全体性评价的视角，通过将过当的反击或追击行为与成立正当防卫的反击行为相连，描述出前者之所以能特别地依据防卫过当的规定减免处罚的前提要件，即防卫行为性或防卫现象性。第二，在违法性（乃至责任）评价阶段，则宜针对正当防卫与防卫过当进行单独评价，分别确定其违法性（乃至责任）的有无及大小。第三，复数防卫行为的评价视角在不同的犯罪评价阶段进行转换是合理的，“被告人实施的复数防卫行为中，部分行为成立正当防卫，部分行为成立防卫过当”这一结论也是可以甚至是应当成立的。

---

〔1〕关于复数防卫行为在程序法上的争议问题，［日］大久保隆志「『一連の行為と訴訟的評価』」刑法雑誌 50 巻 1 号（2010 年）101 頁以下等参照。

第四章

论量的防卫过当的本土化运用

近年来，正当防卫相关热点案件的出现，引发了学界与实务界对正当防卫制度的再思考，并取得了丰硕成果。[1]总体上看，学界主要批判实务中认定正当防卫时的“唯结果论”倾向，[2]试图扩大正当防卫的适用，从而将研究重心置于正当防卫的正当化根据与防卫限度这两个方面。的确，通过合理界定正当防卫，排除行为的违法性进而否定犯罪的成立，无疑能够扭转实务中正当防卫认定过严的局面，保障国民的正当防卫权。但同时需注意到，在我国不仅存在正当防卫认定过严的问题，而且存在防卫过当认定过少的问题。正如姜涛教授所指出的，司法实践中“扩大防卫过当或故意犯罪的存在范围，不当压缩正当防卫或防卫过当的成立范围，产生了把正当防卫认定为防卫过当和否定防卫过当直接认定故意犯罪的双重偏误”。[3]例如，在“于欢故意伤害案”中，二审判决认定防卫过当，但在一审判决中，不仅没有认定正当

[1] 如 2018 年 12 月 18 日最高人民检察院第 12 批指导性案例（检例第 45-48 号），均为正当防卫相关案例；2020 年 8 月 28 日最高人民法院、最高人民检察院、公安部印发《关于依法适用正当防卫制度的指导意见》（以下简称《正当防卫意见》），旨在“依法准确适用正当防卫制度，维护公民的正当防卫权利，鼓励见义勇为，弘扬社会正气，把社会主义核心价值观融入刑事司法工作”。另外，张艺谋执导的 2024 年春节档电影《第二十条》再次引发了全社会对正当防卫制度的热切关注。

[2] 参见劳东燕：《防卫过当的认定与结果无价值论的不足》，载《中外法学》2015 年第 5 期；陈璇：《正当防卫、维稳优先与结果导向——以“于欢故意伤害案”为契机展开的法理思考》，载《法律科学（西北政法大学学报）》2018 年第 3 期等。在此背景下，也有学者提出在纠偏的过程中要谨防矫枉过正，避免混同正当防卫与事后防卫、防卫过当从而导致正当防卫权的滥用（参见王志祥：《论正当防卫制度司法适用的纠偏》，载《法学论坛》2019 年第 6 期，第 130 页）。

[3] 姜涛：《正当防卫限度判断的适用难题与改进方案》，载《中国法学》2019 年第 2 期，第 32 页。

防卫，也没有认定防卫过当。[1]

虽然防卫过当时仍有成立犯罪的余地，但根据《刑法》第 20 条第 2 款，“应当减轻或者免除处罚”，行为人在量刑上会得到优待。尤其是免除处罚时，根据《刑事诉讼法》第 177 条第 2 款，“对于犯罪情节轻微，依照刑法规定不需要判处刑罚或者免除刑罚的，人民检察院可以作出不起诉决定”。行为人受到不起诉决定后，根据《刑事诉讼法》第 12 条，在法律上的后果是，“未经人民法院依法判决，对任何人都不得确定有罪”，即法律上的无罪。可见，在当前的司法状况下，对于保障防卫人的权利而言，除了扩大正当防卫的适用，扩大防卫过当的适用同样也是重要的途径。当然，这里所说的扩大防卫过当的适用显然不是以不当缩小正当防卫的范围为代价，而是相较于既不是正当防卫也不是防卫过当的单纯犯罪而言，探讨扩大防卫过当的适用。

目前，扩大防卫过当的适用可以考虑两条路径：其一，在防卫状况或防卫前提上下功夫，广泛地认定涉案行为具备防卫的性质；[2]其二，扩大防卫过当的类型。可以说，第一条路径不仅对扩大防卫过当的适用起作用，对扩大正当防卫的适用也有影响，目前大量有关正当防卫的研究也的确正沿着这条路径前行，并得到了实务认可。例如，在“于海明正当防卫案”中，[3]检察院最终认定了正当防卫。但需注意到，本案中被害人刘某的死亡结果是其与于海明争夺砍刀时造成的，此时可以说“于海明抢到砍刀后，刘某立刻上前争夺，侵害行为没有停止”，不法侵害仍然在继续，即通过上述第一条路径即可解决问题。可是，本案中还存在着“刘某受伤后跑向轿车，于海明继续追砍 2 刀均未砍中，其中 1 刀砍中轿车”这一情节。倘若刘某在与于海明争夺砍刀时未受伤，而是径自跑向轿车，于海明继续追砍的两刀造成死亡结果时，于海明还能认定为正当防卫或者防卫过当吗？可见，无论多么缓和地认定作为防卫前提的“不法侵害正在进行”这一要件，都不可能也不应当使该要件形同虚设。在社会生活中固然存在着一连串的多个防卫行为横跨不法侵

---

[1] 参见山东省高级人民法院（2017）鲁刑终 151 号刑事附带民事判决书，2018 年 6 月 20 日最高人民法院第 18 批指导性案例第 93 号。

[2] 参见陈璇：《正当防卫、维稳优先与结果导向——以“于欢故意伤害案”为契机展开的法理思考》，载《法律科学（西北政法大学学报）》2018 年第 3 期，第 76 页。该文试图废除正当防卫中的紧迫性要件，扩大反击行为防卫属性的认定。

[3] 参见 2018 年 12 月 18 日最高人民检察院第 12 批指导性案例（检例第 47 号）。

害结束时点前后，由不法侵害结束时点之后的行为造成侵害结果的现象，此时还有无认定防卫过当的余地呢？对此，目前理论上见解莫衷一是，也超出了目前实务中正当防卫相关指导性案例的射程。

虽然理论上对正当防卫制度进行了较为深入系统的反思，司法实务也松动了正当防卫的认定标准，但第一条路径自有其“缓和”的边界，触及边界时只能得出不成立正当防卫的结论。可是，不成立正当防卫并不意味着必然按照单纯犯罪处理。应否以及能否在不法侵害结束后造成侵害时仍留有防卫过当的余地，这是第一条路径解决不了的问题，必须将视线转到第二条路径上来。本章试图通过考察、借鉴日本刑法理论中提出的“量的防卫过当”以扩充防卫过当的类型（第一节），在详细分析量的防卫过当应有的理论构造后（第二节），一方面通过与假想防卫（过当）的对比说明我国承认量的防卫过当的必要性（第三节），另一方面通过与正当防卫的区分适用阐释我国承认量的防卫过当的可能性（第四节）。

第一节　量的防卫过当与质的防卫过当

关于量的防卫过当，早年曾在类似的“具有正当防卫前提的故意的事后防卫”“因对事实认识错误而导致的事后防卫”等问题中展开过一定讨论，[1]但总体而言，我国目前研究尚处于摸索阶段。[2]但在日本，量的防卫过当与质的防卫过当已经成为多数学者与实务界普遍认同的两类防卫过当。《日本刑法》第36条第1款规定正当防卫，“对于急迫不正的侵害，为了防卫自己或者他人的权利，不得已而做出的行为，不负刑事责任”；同条第2款规定防卫过当，“超过防卫程度的行为，依情节可减轻或者免除其刑罚”。比起我国和

〔1〕参见陈兴良：《正当防卫论》，中国人民大学出版社2017年版，第160页。

〔2〕关于该问题的专门性探讨，参见本书第三章，以及孙国祥：《防卫行为的整体性判断与时间过当概念之倡导》，载《清华法学》2021年第1期；尹子文：《论量的防卫过当与〈刑法〉第20条第2款的扩展适用》，载陈兴良主编：《刑事法评论（第40卷）》，北京大学出版社2017年版，第495-513页等。部分涉及该问题的讨论，参见张明楷：《防卫过当：判断标准与过当类型》，载《法学》2019年第1期；黎宏：《事后防卫处理的日中比较——从“涞源反杀案”切入》，载《法学评论》2019年第4期；冯军：《防卫过当：性质、成立要件与考察方法》，载《法学》2019年第1期；李世阳：《刑法中行为论的新展开》，载《中国法学》2018年第2期；赵金伟：《防卫过当减免处罚根据及适用研究》，载《青海社会科学》2017年第3期等。

日本，虽然德国刑法上成立防卫过当的限制条件更多，[1]学说中否定量的防卫过当的见解仍占支配地位，判例中也不承认量的防卫过当，但学说中的肯定见解却十分有力，[2]判例则通过对不法侵害“现在性”基准进行扩张解释，实际上是将许多相当于日本刑法中量的过当（extensiver Notwehrexzess）的案件转化为了质的过当（intensive Notwehrexzess）来处理。[3]

质的防卫过当是指急迫不正的侵害仍在继续的过程中，防卫行为本身超过了必要且相当程度的情形。例如，被告人明明可以一拳将被害人打倒，终止其侵害，却选择了一刀使其毙命的方式，这属于质的防卫过当。与此相对，对于何谓量的防卫过当则存在分歧。第一种见解认为，量的防卫过当是指防卫人在侵害的继续过程中实施反击行为，侵害终了后仍然继续实施追击行为，反击行为与追击行为能够被一体化评价为一个防卫行为（情形 1）。[4]第二种见解则认为，量的防卫过当是指当初的反击行为虽然是在相当性允许的范围（正当防卫的限度）内，但由于继续实施同样的反击行为，反击行为最终在量上超出了“不得已”范围的情形。[5]根据第二种见解，除上述情形 1 外，被告人在对方继续实施侵害行为的过程中做出的多个反击行为叠加在一起，超过必要且相当的程度时（情形 2），也属于量的防卫过当。而根据第一种见解，情形 2 中由于侵害尚未终了，应属于质的防卫过当。[6]

---

〔1〕《德国刑法》第 33 条规定，“行为人出于慌乱、恐惧或惊吓而超过正当防卫限度的，不负刑事责任（nicht bestraft）”。需注意的是，虽然德国对于防卫过当的限制条件比我国与日本多，但对行为人的处理结果也更好，即不是可以（日本）或者应当（我国）减轻或者免除处罚，而是直接不构成犯罪。

〔2〕肯定量的防卫过当的见解，Vgl. Claus Roxin/Luís Greco, Strafrecht Allgemeiner Teil, Band I, 5. Aufl., 2020, § 22 Rn. 89。另参见［德］乌尔斯·金德霍伊泽尔：《刑法总论教科书（第 6 版）》，蔡桂生译，北京大学出版社 2015 年版，第 238 页。

〔3〕［日］小野晃正「防衛行為の個数について—『正当防衛に引き続いた過剰防衛行為』をめぐる考察—」阪大法学 60 巻 6 号（2011 年）89 頁参照。

〔4〕［日］曽根威彦『刑法原論』（成文堂，2016 年）209 頁；高橋則夫『刑法総論』（成文堂，第 5 版，2022 年）317 頁；［日］井田良『講義刑法学・総論』（有斐閣，第 2 版，2018 年）等参照。

〔5〕［日］永井敏雄「量的過剰防衛」龍岡資晃編『现代裁判法大系（第 30 巻）』（新日本法規出版，1999 年）132 頁；［日］山口厚「判批」刑事法ジャーナル18 号（2009 年）80 頁注 9；［日］原口伸夫「量的過剰防衛について」立石六二古稀（成文堂，2010 年）272 頁等参照。

〔6〕理论上可能还存在类似于事前防卫的所谓过早的“量的防卫过当”的情形（参见［德］乌尔斯·金德霍伊泽尔：《刑法总论教科书》，蔡桂生译，北京大学出版社 2015 年版，第 238 页），但几乎没有学者最终将此认定为防卫过当，故本章对这种情形不做讨论。

例如，【案例1】在严某甲故意伤害案中，[1]被告人严某甲之妹严某乙与被害人马某某离婚后搬至被告人严某甲家中居住。严某乙和被害人马某某因看望孩子之事在电话中发生争吵，之后，被害人马某某携带砍刀前往被告人严某乙家找严某乙时被严某甲拦住，双方发生争执和厮打，厮打中被害人马某某持砍刀将被告人严某甲头部砍伤，被告人严某甲反抗中一拳将被害人马某某打倒后致其从楼梯上滚下，严某甲立即返回房间拿出菜刀将跌落至楼梯下的被害人马某某砍伤。法院认为，被告人严某甲在受到被害人正在进行的不法侵害时，将被害人打倒滚下楼梯后，又从房内拿菜刀追至楼梯下致被害人轻伤，其行为明显超过必要限度，属于防卫过当，但依法应当减轻或者免除处罚。最终认定被告人严某甲犯故意伤害罪，但免予刑事处罚。

本案最终认定为防卫过当，但属于哪种类型的防卫过当，则根据上述两种见解会得出不同结论。根据第二种见解，本案中存在“将被害人打倒滚下楼梯”与“拿菜刀追至楼梯下致被害人轻伤”等多个防卫行为，所以属于质的防卫过当。而根据第一种见解，则需要具体判断，当被害人马某某滚下楼梯后客观上是否还有继续侵害的可能，如有，则不法侵害尚未结束，本案应属于质的防卫过当；若无，则后续拿菜刀追砍的行为属于不法侵害结束后的追击行为，本案应定性为量的防卫过当。

可见，第一种见解关注的是防卫行为是否发生在不法侵害结束之后，以此区分两类防卫过当；而第二种见解看重的是自然意义上防卫行为的数量。第一种见解关心的是，把单独看来属于正当防卫从而合法的反击行为纳入防卫过当这一违法行为中是否妥当；与此相对，第二种见解则着眼于，把不法侵害结束后的追击行为这一单独看来属于纯粹犯罪的行为纳入减免刑罚的防卫过当的对象之中是否妥当。[2]本章讨论量的防卫过当的目的在于，突破一直以来作为正当防卫成立要件之一的防卫时间的限制，肯定防卫过当的成立。根据以往的观点，防卫过当只是不满足正当防卫的限度条件，倘若不满足正当防卫的其他条件，则既不成立正当防卫，也不成立防卫过当。[3]例如，不满足防卫时间条件的，称为防卫不适时，包括事前防卫与事后防卫，均不

---

〔1〕 参见青海省西宁市城东区人民法院（2015）东刑初字第123号刑事判决书。

〔2〕 [日] 松原芳博『行為主義と刑法理論』（成文堂，2020年）147頁参照。

〔3〕 参见高铭暄、马克昌主编：《刑法学》，北京大学出版社2022年版，第134页。

能依据《刑法》第 20 条第 2 款减免处罚。因此，笔者采用上述第一种见解，将上述情形 2 归入质的防卫过当。本章所讨论的量的防卫过当专指上述情形 1。[1]

第二节 量的防卫过当中的一体化评价

量的防卫过当中包含着不法侵害正在进行时的反击行为与不法侵害结束后的追击行为两部分。当这两部分行为能够一体化评价为一个防卫过当行为时，才属于量的防卫过当。问题是，为什么必须把这两部分一体化评价为一个防卫行为（一体化评价的必要性问题）？在什么条件下这两部分可以被一体化评价（一体化评价的标准问题）？为了回答这两个关键问题，必须深入讨论量的防卫过当的构造。

一、一体化评价的必要性

“人的行为不仅在空间上而且在时间上的一定环境、脉络中获得其社会意义或法律意义，这种法律上的评价能够依赖于先于该评价的行为或状况。”[2]肯定量的防卫过当，正是为了将防卫人在不法侵害结束后实施了追击行为的情形也纳入防卫过当的范围中，使防卫人享受量刑时减免处罚的优待，[3]“缓解了防卫时间认定上的精确性与防卫人现实中难于把握的紧张关系”。[4]因此，量的防卫过当必须具备依《刑法》第 20 条第 2 款减免处罚的实质根据。

---

〔1〕 当然，具体案件中如果反击行为本身已经明显超过必要限度造成重大损害，那么完全有可能出现质的防卫过当与量的防卫过当并存的局面。

〔2〕 [日] 松原芳博『行為主義と刑法理論』(成文堂，2020 年) 144 頁。

〔3〕 当然，如质的防卫过当时有可能因主观上不具有期待可能性而不构成犯罪一样，量的防卫过当时也完全有可能因欠缺责任要件而不构成犯罪。但是，并非所有防卫过当都必然欠缺责任要件，所以扩充防卫过当的类型以增加减免刑罚的适用仍然具有现实意义，甚至可以说认定防卫过当从而减免处罚的价值正体现在尚不能通过欠缺期待可能性而否定行为构成犯罪的场合。因此，关于通过一体化评价承认量的防卫过当的做法，笔者不赞成以责任阶段可以排除犯罪为由否定或低估其价值的观点（参见黎宏：《事后防卫处理的日中比较——从“涞源反杀案”切入》，载《法学评论》2019 年第 4 期，第 18-19 页和第 23-24 页）。

〔4〕 孙国祥：《防卫行为的整体性判断与时间过当概念之倡导》，载《清华法学》2021 年第 1 期，第 103 页。

关于防卫过当减免处罚的根据，大体存在以下四种见解。①责任减少说认为，防卫人在实施防卫行为时，由于遭受了正在进行的不法侵害，所以容易产生精神上的动摇，期待可能性减少，从而难免做出过当行为。[1]②违法减少说则认为，防卫过当与正当防卫一样也是面对正在进行的不法侵害，通过防卫行为保护了正当的利益，所以与通常的犯罪行为相比，违法性减少了。[2]③违法且责任减少说（重叠并用说）认为，作为刑罚减免的必要前提，要求行为的违法性减少；此外，在实际判断应否减免，尤其是能否免除刑罚时，必须依据情节，综合考虑违法减少与责任减少两个方面。[3]④违法或责任减少说（择一并用说）则认为，无论是违法减少还是责任减少，只要其减少的程度能够达到减免刑罚的程度即可。[4]其中，③违法且责任减少说是我国大多数学者采用的观点，[5]笔者对此表示赞同。这主要是考虑到，与日本防卫过当的效果是依据情节“可以”减免刑罚不同，我国防卫过当的效果是“必须”类型化地减免处罚。所以，即便上述①②④说能够为“可以减免”提供根据，但仅从违法减少或责任减少的角度尚难以为“必须减免”奠定充分基础，不得不同时考虑违法减少与责任减少。

站在①说或④说的立场，可以通过诉诸行为人心理的动摇来说明量的防卫过当时减免处罚的理由，甚至不要求不法侵害结束前存在反击行为，对不法侵害结束后才实施追击行为的，也存在成立量的防卫过当的余地。[6]而采用②说或③说则需要说明，侵害已经终了后的追击行为在什么意义上可以说违法减少了。否定量的防卫过当的学者认为，追击行为自身并不能说明违法

---

〔1〕 参见黎宏：《刑法学总论》，法律出版社 2016 年版，第 142 页；[日] 西田典之（橋爪隆補訂）『刑法総論』（弘文堂，第 3 版，2019 年）189 頁等。

〔2〕 参见王政勋：《正当行为论》，法律出版社 2000 年版，第 196-197 页；町野朔『刑法総論』（信山社，2019 年）284 頁等。

〔3〕 [日] 高橋則夫『刑法総論』（成文堂，第 5 版，2022 年）317 頁；[日] 山口厚『刑法総論』（有斐閣，第 3 版，2016 年）142 頁等参照。

〔4〕 [日] 松原芳博『刑法総論』（日本評論社，第 3 版，2022 年）190 頁；[日] 井田良『講義刑法学・総論』（有斐閣，第 2 版，2018 年）319 頁等参照。

〔5〕 参见陈兴良：《正当防卫论》，中国人民大学 2017 年版，第 118-119 页；曲新久主编：《刑法学》，中国政法大学出版社 2016 年版，第 133 页；付立庆：《刑法总论》，法律出版社 2020 年版，第 172 页等。在违法性与有责性减少之外，同时进行刑事政策考虑的观点，参见张明楷：《刑法学（上）》，法律出版社 2021 年版，第 282 页。

〔6〕 [日] 松原芳博『行為主義と刑法理論』（成文堂，2020 年）162 頁参照。

减少的理由，比起防卫过当，量的防卫过当更接近假想防卫，所以防卫过当条款的适用范围本应限定于质的防卫过当。[1]而肯定量的防卫过当的见解，就不得不对追击行为与反击行为进行一体化评价，凸显追击行为在性质上与单纯犯罪行为的不同，说明量的防卫过当中违法减少的性质。详言之，由于反击行为与追击行为被一体化评价为一个防卫行为，就这一个行为而言，尽管存在超过限度的问题，但其在不法侵害正在发生的过程中也的确保护了正当利益，具备防卫行为的性质。如此一来，不存在不法侵害结束前的反击行为，仅存在不法侵害结束后的追击行为时，即便认为追击行为时责任减少，也因为欠缺违法减少而不应构成量的防卫过当。[2]此时仅能将曾面对不法侵害而产生的心理动摇作为酌情从宽处理的量刑情节予以考虑。

综上可知，一体化评价主要是为了说明量的防卫过当中作为减免处罚根据的违法减少而出现的。[3]

二、一体化评价的标准

1. 观点评析

如何判断反击行为与追击行为能否一体化评价为一个防卫过当行为呢？孙国祥教授认为应当同时考虑主客观两个方面，“客观上，防卫人对不法侵害者实施了数个反击行为，数个反击行为具有连续性”“主观上，防卫人的数个行为具有防卫意思的连续性”。[4]李世阳副教授也指出，“是否能够将前后两个防卫行为视为一体的防卫行为，取决于以下两个要素：（1）前后两个行为的

---

〔1〕［日］橋田久「外延的過剰防衛」産大法学32巻2-3号（1998年）229-230頁；［日］松宮孝明『刑法総論講義』（成文堂，5版，2017年）147頁等参照。Vgl. Hans-Heinrich Jescheck/Thomas Weigend, Lehrbuch des Strafrechts (Allgemeiner Teil), 5. Aufl., 1996, S. 493.

〔2〕我国有学者一方面采取违法且责任减少说，另一方面也主张“在不法侵害进行时未能及时实施防卫，不法侵害结束后随即反击的，即使只有一个单数行为，也不排除作时间过当认定”（孙国祥：《防卫行为的整体性判断与时间过当概念之倡导》，载《清华法学》2021年第1期，第104、107页）。但这样的观点存在前后矛盾之嫌。

〔3〕这种一体化的评价与我国判断正当防卫时的整体判断方法不同，前者是在满足一定条件时把不法侵害结束时点后造成的侵害结果认定为防卫过当的结果，而后者则把过当与不过当的部分合在一起评价得出正当防卫（参见冯军：《防卫过当：性质、成立要件与考察方法》，载《法学》2019年第1期，第36页）。表面上看，后者的处理似乎对防卫人更有利，但问题是把不法侵害结束时点后过当部分的违法性直接抹消，未必具有合理的实质根据。

〔4〕孙国祥：《防卫行为的整体性判断与时间过当概念之倡导》，载《清华法学》2021年第1期，第103-104页。

事实是否均处于同一事态所形成的急迫状态，两个行为之间是否有时间与空间上的紧密关联性。(2) 前后两个行为是否在同一防卫意识支配下实施”。[1]日本学者也有相似观点，认为应当从多个行为间的客观关联性及主观关联性两个方面来考察。在客观关联性方面，需要考虑法益的同一性、时间场所上的接近性、行为样态的同一性等；而在主观关联性方面，则主要考察意思的连续性。[2]

这种同时考虑主客观方面的因素从而进行一体化评价的判断方法，乍看上去与日本最高裁判所的观点相契合。日本最高裁判所提出的一体化评价的考量因素可提炼为以下三点：①客观上急迫不法侵害继续存在，②被告人的多个行为具有时间、场所上的连续性，以及③主观上被告人具有连续的防卫意思。[3]其中①与②是客观方面的考量因素，③则是主观方面的考量因素。但是，因素①有违日本最高裁判所承认量的防卫过当属于防卫过当这一基本立场。该因素只不过意味着比起量的防卫过当，多个反击行为构成的质的防卫过当更容易被一体化评价为一个防卫过当而已，并不是评价行为一体化时的决定性因素。此外，因素②也不能成为一体化评价的关键，该因素不过是用于担保出于连续防卫意思的行为自身具有防卫的性质，且被告人动摇的精神状态仍在继续而已，该标准本身并不具有重大的独立意义。[4]可以说，因素①与因素②都可以看作用于（更加容易）判断因素③是否存在的辅助性资料，因素③才是决定能否进行一体化评价的关键。[5]因此，日本最高裁判所判例的立场可以归结为：当被告人针对急迫不正的侵害开始实施符合正当防卫条件的反击行为后，即便继续实施的反击行为（质的防卫过当）或追击行为（量的防卫过当）在强度上或时间上超过了必要且相当的程度，只要被告人是基于连续的防卫意思实施的，那么仍然能够将其实施的多个防卫行为一

---

〔1〕 李世阳：《刑法中行为论的新展开》，载《中国法学》2018年第2期，第160页。

〔2〕［日］大塚裕史『応用刑法I——総論』（日本評論社，2023年）207頁；［日］曽根威彦『刑事違法論の展開』（成文堂，2013年）209-210頁等参照。

〔3〕 关于日本最高裁判所判例的详细分析，参见本书第三章第二节。

〔4〕［日］安田拓人「事後的過剰防衛について」立石六二古稀（成文堂，2010年）257頁参照。

〔5〕［日］安田拓人「事後的過剰防衛について」立石六二古稀（成文堂，2010年）296頁；［日］小野晃正「防衛行為の個数について—『正当防衛に引き続いた過剰防衛行為』をめぐる考察—」阪大法学60巻6号（2011年）101頁；［日］深町晋也「判批」ジュリスト1398号（2010年）178頁；［日］佐藤拓磨「量的過剰について」法学研究84巻9号（2011年）194頁；［日］吉川友規「『一連の行為』と過剰防衛」同志社法学66巻2号（2014年）240-241頁等参照。

体化评价为一个防卫过当行为。

我国也有学者将量的防卫过当中的行为整体性评价置于责任阶层，指出“并不是说防卫行为与追击行为之间紧密的时空关联就不需要考虑……只不过，时空上的紧密关联对于责任层面行为整体性的认定来说，仅具有辅助意义”，从而认为“如果在防卫行为与追击行为中保持着防卫意思或影响期待可能性的紧张状态的持续，则可以将其一体性评价，整体适用《刑法》第20条第2款的规定”。[1]对于论者指出的，防卫行为与追击行为的时空关联性对于一体化评价仅具有辅助意义这一点，笔者表示赞同。但论者将一体化评价置于责任阶层，并将“防卫意思的连续性”与“影响期待可能性的紧张状态的持续”（或者说“动摇的精神状态的持续”）作为一体化评价时的选择性要素，对此不无疑问。

2. 本章观点

第一，一体化评价首先应在行为论阶段进行。如前所述，量的防卫过当中一体化评价的目的在于说明违法性减少，倘若将防卫意思理解为有关行为非难可能性的要素，则难以达成该目的。上述论者指出，“如果在不法侵害结束后，行为人没有意识到不法侵害已经结束，而是认为不法侵害仍在持续，遂出于防卫的意思继续实施追击行为，那么此时可以肯定行为人在实施防卫行为和追击行为的过程中保持着防卫意思的连续性”。[2]可见，论者将防卫意思理解为防卫意识（认识），是在否定犯罪故意的意义上理解防卫意思的，所以将其定位为有关行为非难可能性的要素。同样地，还有学者明确指出，在判断防卫行为一体化时防卫意思“与故意一样，由认识要素与意志要素组成，认识要素指的是对于正当防卫前提条件的基础事实即‘正在进行的不法侵害’的认识，意志要素是指通过防卫行为的实施所欲实现的目标，即防卫目的”。[3]但笔者认为，判断是否存在一体化的防卫行为时，连续的防卫意思不是对防卫行为与结果的持续性认识乃至意图，而是一种行为的意思决定或动机，[4]

[1] 尹子文：《论量的防卫过当与〈刑法〉第20条第2款的扩展适用》，载陈兴良主编：《刑事法评论（第40卷）》，北京大学出版社2017年版，第507-508页。

[2] 尹子文：《论量的防卫过当与〈刑法〉第20条第2款的扩展适用》，载陈兴良主编：《刑事法评论（第40卷）》，北京大学出版社2017年版，507页。

[3] 李世阳：《刑法中行为论的新展开》，载《中国法学》2018年第2期，第160页。

[4] ［日］山口厚『刑法総論』（有斐閣，第3版，2016年）144頁；［日］安田拓人「事後的過剰防衛について」立石六二古稀（成文堂，2010年）258頁等参照。

并不涉及对具体事实的认识与容认。[1]连续的防卫意思作为一体化评价标准的意义在于在行为论阶段，即将反击行为与追击行为合在一起评价为具有防卫性质的一个行为。在此意义上理解防卫意思，则完全可能在追击行为时因陷入紧张状态而欠缺防卫认识的场合，仍然认定防卫意思的连续性。

第二，“防卫意思的连续性”与“动摇的精神状态的持续”是评价防卫行为一体化时必须同时具备的要素。存在连续的防卫意思不过说明了反击行为与追击行为合在一起来看降低了违法性，具有防卫行为的属性，却并没有说明责任减少的根据。在这个意义上可以说，①能否适用规定防卫过当的《刑法》第20条第2款（防卫过当的成立根据）与②具体案件中是否应该减免处罚（防卫过当的减免处罚根据），是两个不同的问题。[2]在量的防卫过当中，“防卫意思的连续性”是与①相关的问题，而在实际判断②时，需要考虑行为人在追击行为时动摇的精神状态是否仍然持续，是否存在责任减少。虽然具有防卫意思的连续性，但动摇的精神状态不再持续时，难以认定包括追击行为在内后的责任减少，不应当让行为人享受防卫过当减免处罚的优待。此时，后续的追击行为不能与先前的反击行为一体化评价为一个防卫行为，而应认定为典型的事后加害行为。另外，鉴于我国《刑法》第20条第2款并没有像《德国刑法》第33条那样限定防卫过当的动机，所以动摇的精神状态不仅包括“惊恐、害怕及慌乱等虚弱的动机，还包括愤怒等强烈的情绪冲动”。[3]

第三，一旦具备了“防卫意思的连续性”（与违法减少相关）与“动摇的精神状态的持续”（与责任减少相关）这两个要素，那么反击行为与追击行为即可一体化评价为一个量的防卫过当行为。反击行为与追击行为的样态或方式的同一性、侵害攻击人法益的同一性、时间场所上的接近性等，不过是客观上判断上述两个决定性要素是否存在的辅助资料而已。[4]例如，当反击

---

〔1〕 如此理解防卫意思，也能与结果无价值论中不承认防卫认识、防卫意图是主观正当化要素的观点并行不悖。

〔2〕［日］橋爪隆『刑法総論の悩みどころ』（有斐閣，2020年）114頁参照。

〔3〕 尹子文：《论量的防卫过当与〈刑法〉第20条第2款的扩展适用》，载陈兴良主编：《刑事法评论（第40卷）》，北京大学出版社2017年版，第511页。

〔4〕［日］松原芳博『行為主義と刑法理論』（成文堂，2020年）161頁，该页内容立足责任减少说，一方面要求追击行为与不法侵害在时间地点上的接进性（现场性），另一方面则认为追击行为的样态只是用于评价防御意思的重要间接事实。

行为与追击行为样态一致时，容易认定为是在同一个连续的防卫意思之下做出的；当前后行为时间上间隔短暂时，容易认定行为人的动摇的精神状态尚在持续仍未消除。但是并不能反过来说，反击行为与追击行为样态不一致，或者前后行为时间超过某个固定值时，就一定不是一体化的量的防卫过当。类似地，还有学者从防卫状况是否发生变化的基准出发，认为防卫人或侵害人一方的事态发生重大变化时，否定一体化评价；而防卫行为的状况没有发生变化，第 2 行为可被评价为第 1 行为的延伸时，则全体评价为一个防卫行为。[1]这种防卫状况的变化，也不过是判断动摇的精神状态是否持续的素材罢了。

根据上述标准，【案例 2】在“汤某连故意杀人案”中，[2]应当有认定为量的防卫过当的余地。被告人汤某连与被害人杨某合系夫妻。杨某合经常酗酒且酒后无故打骂汤某连。杨某合醉酒后吵骂着进家，把几块木板放到同院居住的杨某洪、杨某春父子家的墙角处。为此，杨某春和杨某合发生争执、拉扯。汤某连见状上前劝阻，杨某合即用手中的木棍追打汤某连。汤某连随手从柴堆上拿起一块柴，击打杨某合头部左侧，致杨某合倒地。杨某洪劝阻汤某连不要再打杨某合。汤某连因惧怕杨某合站起来后殴打自己，仍继续用柴块击打杨某合头部数下，致杨某合因钝器打击头部颅脑损伤死亡。云南省施甸县人民法院没有将本案认定为防卫过当，未根据《刑法》第 20 条第 2 款减免处罚；而是认为汤某连持柴块将杨某合打倒在地后，不顾邻居劝阻，继续击打杨某合头部致其死亡，后果严重，应依法惩处；最终以故意杀人罪判处汤某连有期徒刑 10 年。

本案中，面对被害人杨某合的追打，被告人汤某连拿柴块击打其头部左侧的行为属于正当的反击行为；在被害人杨某合倒地后，继续用柴块击打杨某合头部的行为，属于不法侵害结束后的追击行为。前后两个行为的行为样态一致，间隔时间短，应评价为具有连续的防卫意思。且法院也认定汤某连是“因惧怕杨某合站起来后殴打自己”而采取继续实施追击行为。该事实一方面能够佐证汤某连具有连续的防卫意思，另一方面则证明其动摇的精神状态仍在持续。所以，笔者认为本案认定为量的防卫过当更为合适。

---

〔1〕［日］吉川友規「『一連の行為』と過剰防衛」同志社法学 66 巻 2 号（2014 年）261 頁参照。

〔2〕参见 2014 年 2 月 28 日《最高人民法院公布十起涉家庭暴力典型案例》之八，载《最高人民法院公报》2015 年第 2 期。

综上所述，量的防卫过当中为了说明过当的防卫行为具有违法性减少的属性，必须将反击行为与追击行为一体化评价。这种一体化评价的标准在于同时满足“防卫意思的连续性”与“动摇的精神状态的持续”这两个条件。其他客观状况可作为判断这两个条件是否满足的辅助资料。

第三节 量的防卫过当与假想防卫（过当）

一、不成立假想防卫（过当）但成立量的防卫过当的情形

有学者质疑称，量的防卫过当可以转化为假想防卫（过当）来处理，〔1〕没有必要承认量的防卫过当。这种质疑的出发点是将量的防卫过当中的“防卫意思”理解为防卫认识，即行为人误以为不法侵害仍在继续。但如前所述，笔者认为量的防卫过当中的“防卫意思”应在行为论层面理解为行为的意思决定或动机，不涉及对具体事实的认识与容认，无论行为人是否具有防卫认识，都有可能认定防卫意思的连续性。例如，行为人实施反击行为后，因担心对方再度攻击等情绪上的不安或激动，在完全没有对防卫状况产生认识的情况下，甚至在认识到侵害行为已经结束的情况下，短时间内实施了追击行为的，不符合假想防卫（过当）的构造，但有成立量的防卫过当的余地。〔2〕承认量的防卫过当的意义，正在于将有利于被告人的减免处罚扩展到这种场合，不至于将追击行为认定为单纯的犯罪行为，导致对行为人而言过于严厉的结论。〔3〕毋宁说唯有行为人充分认识到侵害已终了，专门出于攻击的意思进行追击（报复行为）时，才应否认量的防卫过当的成立。〔4〕而认定“专门

〔1〕［日］佐藤拓磨「量的過剰について」法学研究84巻9号（2011年），176、202頁参照。另外，日本判例也承认假想防卫过当可以适用《日本刑法》第36条第2款的规定，参见最高裁判所昭和41年7月7日决定（刑集20巻6号554頁）等。我国也有学者在承认量的防卫过当的同时，主张“将假想防卫过当类推适用我国刑法第20条第2款规定予以处罚，具有实质的合理性，也有利于实现刑法的公平正义”（赵金伟：《防卫过当减免处罚根据及适用研究》，载《青海社会科学》2017年第3期，第140页）。

〔2〕认为具有正当防卫前提的故意的事后防卫不成立防卫过当的观点，参见陈兴良：《正当防卫论》，中国人民大学2017年版，第160-161页。

〔3〕［日］橋爪隆「過剰防衛の成否について」法学教室406号（2014年）113頁参照。

〔4〕［日］吉川友規「『一連の行為』と過剰防衛」同志社法学66巻2号（2014年）225頁；［日］安田拓人「過剰防衛の判断と侵害終了後の事情」刑法雑誌50巻2号（2011年）298頁参照。

出于攻击意思”的标准，正在于防卫意思缺乏连续性或动摇的精神状态不再持续。

例如，【案例3】在“李某明故意伤害案”中，[1]2007年9月10日，被害人李某金与李某炎、李某养找到正在捞沙的“柳州捞沙288号”捞沙船的船主，以捞沙会造成其村沿江土地塌方要求赔偿损失为由索要钱财，被拒绝后，当场扬言第二天再来。9月11日中午12时许，李某金纠集李某进、李某水、李文某、李某见、李某健、李某炎、邓某河共8人，再次坐船到“柳州捞沙288号”捞沙船，被告人李某明与庞某进、庞某志持械反抗，李某金一方当即从装沙船上捡起木棍、竹棍等器械，双方发生冲突。在冲突过程中，李某明将李某金推落入捞沙船中间的水槽里，李某金落水后游向捞沙船船尾的捞沙链斗，李某明手持一条50厘米长的四方形实心铁棍在甲板上追打李某金，当李某金游到距离捞沙链斗约1.5米处时，李某明持铁棍打中李某金的头部，致李某金颅脑损伤后溺水窒息死亡。

一审法院认为，本案是被害人李某金纠集他人到“柳州捞沙288号”捞沙船进行敲诈勒索他人钱财不成后，继而双方发生冲突并对打起来。在打斗过程中，被告人李某明将李某金推落捞沙船中间的水槽后，在甲板上持铁棍追打水中的李某金，后打中李某金的头顶部致李某金溺水死亡，双方均有伤害对方的故意，李某明的行为不符合正当防卫的构成要件。认定被告人李某明犯故意伤害罪，判处有期徒刑10年，剥夺政治权利1年。与此相对，二审法院则认为，被害人李某金以他人捞沙会造成其村沿江土地崩塌为理由，纠集多人到他人捞沙船索要钱财，否则不准许他人捞沙，其行为属敲诈勒索。上诉人李某明面对李某金等人的不法侵害实施反抗，其行为属防卫行为。但李某明在防卫过程中，持械击打已落入水中的被害人李某金的头部，造成被害人颅脑损伤溺水死亡的严重后果，超过了必要的限度，属防卫过当。最终认定上诉人李某明犯故意伤害罪，判处有期徒刑7年。

本案中，被告人李某明将被害人李某金推落入捞沙船中间的水槽里时，可以说李某金的不法侵害已经结束。一审法院不承认量的防卫过当，所以按照单纯的犯罪来追究李某明故意伤害致死的刑事责任，判处了对被告人而言

---

〔1〕参见广西壮族自治区南宁市中级人民法院（2008）南市刑一初字第21号刑事判决书，广西壮族自治区高级人民法院（2008）桂刑二终字第36号刑事判决书。

过于严厉的刑罚。二审法院最终通过认定李某明属于防卫过当减轻了李某明的刑罚，实际上是在本案中承认了量的防卫过当。如法院认定的罪名所示，李某明持铁棍追打李某金的行为被评价为故意伤害行为，说明实施该追击行为时并非对防卫状况发生了误解，即不是假想防卫，否则应认定为过失致人死亡罪。所以，本案属于在未对防卫状况产生认识的情况下短时间内实施追击行为，虽不成立假想防卫，当仍成立量的防卫过当的情形。

二、既成立假想防卫（过当）又成立量的防卫过当的情形

即便在实施追击行为时，行为人的确误认为不法侵害仍在继续，符合假想防卫（过当）的构造，也并不能完全排除成立量的防卫过当的可能。[1]假想防卫（过当）解决的是犯罪的主观心态或者说责任形式问题，而量的防卫过当是为了解决应否减免处罚的问题，两者的关注点不一样。同一案件完全可能既有假想防卫（过当）的一面，又有量的防卫过当的一面，二者未必矛盾。认定假想防卫（过当）时，只着眼于追击行为本身，没有将其与之前的反击行为进行一体化评价。一旦追击行为能够与之前的反击行为一体化评价为一个防卫行为时，那么由于实施该行为的始点存在急迫不法侵害，所以不能说该一体化的行为是“假想”的防卫行为。换言之，当追击行为与反击行为能被一体化评价时，对于该一体化的行为应作为量的防卫过当减免处罚，但在确定过当行为的主观心态时，应考虑实施追击行为是否属于“假想”；而当追击行为与反击行为不能被一体化评价时，即不能认定为量的防卫过当时，才应只考虑追击行为是否属于假想防卫（过当）的问题。

例如，【案例4】在“陈某朋等故意伤害案”中，[2]金某仓看到金某某正在临时搭建的棚架下与被害人周某某等人打牌，金某仓持砍刀冲上前朝金某某后颈部砍了一刀，金某某被砍后立即起身逃跑。金某仓和陈某朋各持一把砍刀在后追砍，金某某躲到周某某身后并操起旁边一长板凳挥舞抵挡。周某某在劝拦过程中被砍中腰背部受伤。在此过程中，陈某千进棚，在现场操起一长板凳冲进来伺机帮助金某仓。金某某持长板凳冲顶金某仓，双方倒在圆

〔1〕 与此相对，有观点认为因对事实认识错误而导致的事后防卫（类似于本章讨论的量的防卫过当之一种）既不是假想防卫，也不是防卫过当（参见陈兴良：《正当防卫论》，中国人民大学出版社2017年版，第162-163页）。

〔2〕 参见浙江省温州市中级人民法院（2015）浙温刑终字第1881号刑事判决书。

桌下的地面上互相扭打。陈某朋在旁持砍刀砍向金某某。与此同时，当晚守夜的周某甲、程某、钱某甲先后过来各拿起一长板凳上前拦阻陈某朋和金某仓。金某某起身后手持长凳砸打金某仓，金某仓随后起身持刀退向雨棚外。金某某等人则持长板凳追出。金某仓退至距雨棚出口十余米的道路西北侧绿化人行道时，因体力不支被砸打后受伤倒地。金某某随即持长板凳继续砸金某仓头面部数下。事后，金某仓经抢救无效死亡。经法医鉴定，金某仓系头面部遭受钝器作用致严重颅脑损伤而死亡。

关于金某某是否成立正当防卫，法院认为，金某仓、陈某朋等人持砍刀冲入雨棚内对正在守丧的金某某颈部等要害部位进行砍击，且在追砍过程中砍伤周某某腹部致轻伤，为行凶人员。金某某拿起现场的板凳还击，属防卫无疑。同时，金某某被金某仓持刀砍伤后，双方持械对峙，缠打，退出雨棚后金某某对金某仓进行砸打，前后持续时间仅数分钟，期间金某仓一直持刀。金某某作为无故受砍杀一方且已经严重负伤，此时判断金某仓具备继续实施不法侵害的可能性并进行防卫，具有主观上的紧迫性和客观上的必要性。然而，现场监控以及证人陈某丁、钱某某等多名证人的证言均反映经过对峙、缠打，金某仓退出雨棚时已力竭，而此时金某某身旁已有他人相助，陈某朋等共同行凶人员又已被当晚守丧的钱某甲等人击退，无论从人员数量方面还是个人身体状况来看，金某仓的暴力侵害已遭压制，不足以再严重危及金某某人身安全。金某某在金某仓受伤倒地后连续砸打其头面部致其死亡，超过了必要的限度。因此，金某某的防卫超过必要限度造成重大损害，属防卫过当。最终认定金某某犯故意伤害罪，判处有期徒刑 2 年 10 个月。

从以上事实认定及法院意见中可以看出，一方面，本案中被害人金某仓退出雨棚时，客观上已经丧失了继续攻击的能力，暴力侵害已遭压制，但从被告人金某某的主观上看，的确存在误认为金某仓将继续实施不法侵害的合理性。所以，在金某仓倒退出雨棚并因体力不支被砸打受伤倒地后，金某某持长板凳继续砸金某仓头面部数下的行为属于假想防卫。另一方面，正如法院最终所认定的，金某某的该追击行为与之前反击金某仓的行为满足一体化评价的标准，可以成立一个量的防卫过当。可见，假想防卫与量的防卫过当可以并存。由于假想防卫时犯罪故意被阻却，所以本案中金某某虽然成立量的防卫过当应追究刑事责任，但最终认定为过失致人死亡罪更为合适。

综上所述，量的防卫过当不同于假想防卫（过当），但完全可能共存于同一案件之中。

第四节　量的防卫过当与正当防卫

一、量的防卫过当的文理解释依据

虽然在理论上构造出量的防卫过当是可行的，但具体到我国，还需要考察量的防卫过当是否符合刑法对防卫过当的定义。根据我国《刑法》第 20 条第 2 款，防卫过当是指“正当防卫明显超过必要限度造成重大损害”的情形。

关于何谓“明显超过必要限度”，以往的观点大多是从防卫行为的强度或者说必要性的角度出发进行界定。〔1〕但是，“‘必要限度’并没有局限于防卫强度与防卫结果的限度条件，完全可以包括时间限度条件，这在文理解释上没有障碍”。〔2〕具体而言，“明显超过必要限度”只是意味着超出了正当防卫的要件，不仅包括明显超过防卫强度上的必要限度（超出了强度要件），而且包括明显超过防卫时间上的必要限度（超出了时间要件）的情形。前者属于质的防卫过当，后者属于量的防卫过当。当防卫行为时间上超过必要限度时，对于超出的追击行为部分，当然也可以说其不具备作为防卫手段的必要性。

另外，通过比较法的考察也能佐证，将“明显超过必要限度”解释为包括明显超过防卫时间上的必要限度的情形，并没有超出我国《刑法》第 20 条第 2 款的文义范围。例如，在普遍承认量的防卫过当的日本，现行《日本刑法》中也没有明确规定质的防卫过当与量的防卫过当这两种类型，反倒是《日本旧刑法》第 316 条前段与后段分别明文规定了相当于质的防卫过当与量的防卫过当的情形，对于这两种情形，都可依情节比照本刑减轻二等或三等。〔3〕但是，从现行《日本刑法》的编纂过程来看，一般认为是将质的防卫

---

〔1〕关于我国防卫限度学说的较新梳理与分析，参见周详：《防卫必要限度：学说之争与逻辑辨正》，载《中外法学》2018 年第 6 期。另外，试图统一刑法与民法中防卫限度判断标准的观点，参见于改之：《刑民法域协调视野下防卫限度之确定》，载《东方法学》2020 年第 2 期。

〔2〕张明楷：《防卫过当：判断标准与过当类型》，载《法学》2019 年第 1 期，第 20 页。另参见孙国祥：《防卫行为的整体性判断与时间过当概念之倡导》，载《清华法学》2021 年第 1 期，第 106 页。

〔3〕《日本旧刑法》中关于正当防卫及防卫过当的规定不是设置在刑法典总则，而是设置在第三编（对身体财产的重罪轻罪）第一章（对身体的犯罪）第三节（关于杀伤的宽恕及不论罪）中。换言之，并非针对所有的不法侵害都可以成立正当防卫与防卫过当。

过当与量的防卫过当统一规定在“超过防卫程度的行为”这一用语中。[1]如此一来，我国《刑法》第20条第3款规定的就不是完全的“无过当防卫”或“无限防卫”，只是不存在质的防卫过当的“特殊防卫”。在严重危及人身安全的暴力性犯罪结束后继续实施一体化的追击行为的，仍有可能成立量的防卫过当。[2]

将量的防卫过当理解为时间上明显超过必要限度，在文理解释上是可能的。但对此可能存在以下质疑。

第一，如果不要求量的防卫过当满足防卫的时间条件，那么不法侵害开始之前的事前防卫，以及不法侵害结束之后单纯加害攻击人的事后防卫，是否都可以成立量的防卫过当？答案显然是否定的。成立量的防卫过当除需要满足时间上明显超过必要限度这一我国《刑法》第20条第2款明确规定的形式条件外，还需要满足减免处罚的实质根据，即违法与责任的减少。典型的事前加害与事后加害均不满足该实质根据，所以不能认定为量的防卫过当。

第二，如果将不法侵害结束后的追击行为理解为“明显超过必要限度”，但最终该追击行为与之前的反击行为被一体化评价为一个防卫行为却没有被认定为“造成重大损害”时，该如何处理？一直以来，只将“明显超过必要限度”理解为防卫强度超过限度，“明显超过必要限度”与“造成重大损害”究竟是判断防卫过当时的两个要件还是一个要件，对此存在争议。[3]但无论

---

〔1〕［日］成瀬幸典「量的過剰に関する一考察（一）」法学74卷1号（2010年）15頁参照。

〔2〕参见孙国祥：《防卫行为的整体性判断与时间过当概念之倡导》，载《清华法学》2021年第1期，第115页；张明楷：《刑法学（上）》，法律出版社2021年版，第284页。

〔3〕采一要件说的观点，参见张明楷：《刑法学（上）》，法律出版社2021年版，第275页；黎宏：《刑法学总论》，法律出版社2016年版，第141页等。采两要件说的观点，参见高铭暄、马克昌主编：《刑法学》，北京大学出版社2022年版，第132–133页；陈兴良：《规范刑法学（上册）》，中国人民大学出版社2017年版，第149页；周光权：《刑法总论》，中国人民大学出版社2021年版，第214页；付立庆：《刑法总论》，法律出版社2020年版，第170页等。另外，立足于对司法判决的实证分析，在主张防卫行为与结果的一体性基础上，提出“重大损害→明显超过必要限度→过当行为与重大损害之因果关系”这一判断步骤的观点，参见江溯：《防卫限度判断规则的体系化展开》，载《法律科学（西北政法大学学报）》2022年第1期，第150页。目前实务中倾向于采两要件说，如最高人民检察院第45号指导性案例“陈某正当防卫案”中指出，“在被人殴打、人身权利受到不法侵害的情况下，防卫行为虽然造成了重大损害的客观后果，但是防卫措施并未明显超过必要限度的，不属于防卫过当，依法不负刑事责任”；《正当防卫意见》中更明确提出，“认定防卫过当应当同时具备‘明显超过必要限度’和‘造成重大损害’两个条件，缺一不可”“防卫行为虽然明显超过必要限度但没有造成重大损害的，不应认定为防卫过当”。

如何，若将“明显超过必要限度”理解为防卫时间超过限度，那么并不会因时间过限就当然地认为结果上造成了“重大”损害。[1]因此，在涉及量的防卫过当的案件中的确存在上述疑问。一方面，既然我国《刑法》第20条第2款明确要求“造成重大损害”才成立防卫过当，那么没有造成重大损害的，不应当成立防卫过当。另一方面，既然造成重大损害时都构成防卫过当并应当减免处罚，那么更不能将没有造成重大损害的量的防卫过当作为单纯的犯罪处理。同时，由于此种情形不符合防卫的时间条件，故不能直接认定为正当防卫。所以，笔者认为，此种情形下只能类推适用或准用正当防卫的规定，不作为犯罪处理。

二、造成重大损害时一体化防卫行为的处理

更加值得讨论的问题是，如果一体化评价后的一个防卫行为最终对不法侵害人造成了重大损害，是否因为追击行为在时间上明显超过必要限度，必然成立防卫过当？[2]笔者认为，未必如此。由于量的防卫过当中包括反击行为与追击行为两部分，所以首先需要判断造成重大损害的原因是哪个行为。[3]

第一，如果造成重大损害的是追击行为，或者由于反击行为与追击行为的效果叠加，在实施追击行为后造成重大损害的，那么由于追击行为在时间上明显超过必要限度，应当成立量的防卫过当。

例如，【案例5】在“吴某安故意杀人案”中，[4]被告人吴某安系被害人杨某的姐夫，杨某平时喝酒后常到其兄姐家闹事。2007年11月18日晚11时许，杨某酒后到吴某安家，借口手机遗失在吴某安家而与吴某安发生争执，被其姐劝拉回家后，又持刀返回吴某安家院门外，趁吴某安不备在其左脸砍了一刀。吴某安夺下刀后，在杨某已趴倒于地的情况下，在杨某头颈后部砍击数刀，致杨某当场死亡。经法医学鉴定，杨某因开放性颅脑损伤而死亡；

〔1〕 根据《正当防卫意见》，“造成重大损害”是指造成不法侵害人重伤、死亡。造成轻伤及以下损害的，不属于重大损害。

〔2〕 这一部分的讨论以反击行为与追击行为满足一体化评价标准能够评价为一个防卫行为为前提。如果前后行为本来就不能评价为一个防卫行为，那么只需要判断反击行为是正当防卫还是防卫过当，追击行为作为单纯的犯罪行为处理即可。

〔3〕 如果能够查明重大损害是反击行为或追击行为中的某一个造成的（而不是叠加造成的），但查不明具体是由哪个行为造成时，根据存疑有利于被告的原则，应认定为反击行为造成的。

〔4〕 参见西安市灞桥区人民法院（2008）灞刑初字第114号刑事判决书。

吴某安脸部刀伤构成重伤。法院认为，被告人吴某安在被害人杨某酒后先持刀伤人的情况下，有进行正当防卫的权利，但其在将刀夺下及杨某摔倒于地的情况下，在杨某头部、颈部连砍多刀，致杨某当场死亡，造成了重大损害，已明显超过了必要限度，属于防卫过当。最终认定被告人吴某安犯故意杀人罪，判处有期徒刑 4 年。本案中，被害人杨某的致命伤是在其摔倒后由被告人吴某安的追砍行为造成的，属于追击行为单独造成重大损害的情形，应认定为量的防卫过当。

又如，在【案例 6】“谭某某故意伤害（致人死亡）案”中，[1]被害人陆某龙与被告人谭某某的姐姐谭某群（身怀有孕，已临产）系夫妻关系。2013 年 1 月 29 日 21 时许，谭某群、陆某龙夫妻二人在谭某昌（另案处理）家因琐事发生争执。此时，被告人谭某某听到争吵赶来后看到被害人陆某龙手中拿着一根四角木板凳正在打击谭某群，谭某群躺倒在地头部出血。见状后，被告人谭某某立即呼喊其父亲即同案人谭某昌。其间，被害人陆某龙用木板凳将被告人谭某某头部砸伤。同案人谭某昌听到呼救声后立即赶到事发地，看到被害人陆某龙正持木板凳对谭某群头部实施打击，便将被害人陆某龙推倒，随手拿起另一根木板凳朝被害人陆某龙的腰部、头部进行打击。被害人陆某龙倒地后，被告人谭某某及同案人谭某昌又分别用木板凳对被害人头部实施打击，被害人陆某龙被打击后起身自行离开。经法医学尸体检验鉴定，被害人陆某龙系被钝器打击头部致颅脑损伤死亡。法院认为，被告人谭某某在本人及其姐姐被被害人陆某龙实施不法侵害时，义愤之下对被害人实施打击，系防卫行为，但在同案人谭某昌将被害人陆某龙推倒在地后，被害人已停止了对谭某群及自己的不法侵害的行为，但被告人谭某某仍与同案人谭某昌持木板凳对被害人实施打击，导致被害人死亡的结果。被告人谭某某的防卫行为明显已超过必要限度，系防卫过当。最终认定被告人谭某某犯故意伤害（致人死亡）罪，但免予刑事处罚。

本案中，被告人谭某某在被害人陆某龙倒地前后均实施了用木板凳击打被害人头部的行为，对于形成致命伤均起到了作用。倒地前的击打行为属于不法侵害尚在继续过程中的反击行为，倒地后的击打行为则属于不法侵害停止后的追击行为。一方面，从所使用的击打工具、击打方式、反击行为与追

〔1〕 参见贵州省平塘县人民法院（2014）平刑初字第 13 号刑事附带民事判决书。

击行为的时间间隔等来看，谭某某具有连续的防卫意思；另一方面，从陆某龙先前的攻击行为，谭某某与试图保护的谭某群的关系等来看，陆某龙倒地后谭某某动摇的精神状态并不能立即结束，仍在持续中。所以，本案属于反击行为与追击行为的效果叠加，在实施追击行为后造成重大损害的情形。由于陆某龙倒地后的击打行为在时间上明确超过了必要限度，所以认定为量的防卫过当是有道理的。

第二，如果造成重大损害的是反击行为，或者反击行为与追击行为均独立造成了重大损害，则需进一步考虑反击行为本身是否明显超过必要限度。具体可分为以下三种情形讨论。

①反击行为造成重大损害，追击行为没有造成重大损害，但反击行为本身没有明显超过必要限度时。此时反击行为本身属于正当防卫，不能将该正当防卫行为所造成的重大损害认定为一体化评价后的防卫行为所造成的过当结果。换言之，涉及多个防卫行为时，根据评价阶段的不同，评价视角会发生从全体性评价到分析性评价的转变，〔1〕不能通过一体化评价使本来被正当化的结果复活违法性。〔2〕正如孙国祥教授所指出的，“整体性评价仅限于前后行为防卫性质的判断，将不法侵害结束之后的行为在一定条件下肯定其防卫性质，至于防卫行为造成‘重大损害’结果的归属，只要前后行为是可分的，就应该将前后行为加以分开，就行为与结果之间的因果关系采取分别评价的立场”。〔3〕申言之，在这种情形下，虽然在行为论中将反击行为与追击行为一体化评价为一个行为，但在确定量的防卫过当的过当结果时，应当将反击行为所造成的正当化结果排除出去。此时应认定为属于上述时间上明显超过必要限度，但没有造成重大损害的情形，类推适用或准用正当防卫的规定。

②反击行为造成重大损害，追击行为也造成重大损害，但反击行为本身没有明显超过必要限度时。此时反击行为本身属于虽然造成重大损害但没有明显超过必要限度，对于该行为造成的结果也应当认定为正当防卫的结果。按照①中的理由，该结果不能认定为一体化评价后防卫过当的结果。此时因

〔1〕［日］仲道祐樹『行為概念の再定位—犯罪論における行為特定の理論—』（成文堂，2013年）234頁参照。

〔2〕关于一体化评价中违法性复活现象的详细分析，参见本书第三章第三节。

〔3〕孙国祥：《防卫行为的整体性判断与时间过当概念之倡导》，载《清华法学》2021年第1期，第112页。

追击行为在时间上明显超过必要限度造成重大损害，才认定为一个量的防卫过当，行为人只需对追击行为造成的结果负刑事责任，且应根据我国《刑法》第 20 条第 2 款减免处罚。

③反击行为明显超过必要限度造成重大损害时，由于反击行为本身构成防卫过当，所以无论追击行为是否造成重大损害，当反击行为与追击行为一体化评价为一个防卫行为时，既有强度上的过当，也有时间上的过当，当然应一体化评价为一个防卫过当，对反击行为与追击行为造成的损害均需负刑事责任。

例如，【案例 7】在罗某甲、罗某乙故意伤害案中，[1]被告人罗某甲系被告人罗某乙与周某甲之子，被害人尹某系罗某甲姐姐罗甲的前夫。尹某与罗甲离婚后仍保持同居关系，2015 年 10 月 3 日罗甲表示要与尹某解除同居关系。次日晚 10 时许，尹某酒后与罗甲、罗某甲在电话中发生口角，尹某扬言要到罗某甲家中行凶，罗某甲随即电话报警称：尹某要来砍自己。约十分钟后，尹某持砍刀乘出租车来到罗某甲家后，先与周某甲发生口角，随后尹某持砍刀将周某甲面部砍伤。罗某乙见状上前阻止，尹某将罗某乙手指砍伤。罗某甲便持尖刀上前砍尹某头部，尹某与罗某甲持刀互砍对方。此间，罗某乙见罗某甲摔倒便用镐把将尹某打倒，罗某甲便起身，其发现尹某欲起身后又用刀砍尹某头部几下，待尹某坐在地上不再有行动之后停止击打。尹某被诊断为多发创伤，头皮裂伤；经法医鉴定，尹某之伤情构成重伤二级。法院认为，尹某在案发前已向罗某甲扬言要到罗家行凶，罗某甲亦在案发前向公安机关报警，证明罗某甲主观上没有与尹某斗殴的故意。尹某持砍刀进入罗某甲家中，并砍伤周某甲，证明不法侵害在先，且不法侵害正在进行。罗某甲、罗某乙为保护自己及家人的人身权利免受正在进行的不法侵害，而进行反抗的行为，具有防卫的正当性。但鉴于尹某被罗某乙打倒制服而丧失侵害能力后，罗某甲又砍尹某，二人的防卫行为超过必要限度，构成防卫过当。最终认定两名被告人犯故意伤害罪，但均免除刑事处罚。

本案中的伤害结果为“多发创伤，头皮裂伤”，该结果包括被害人尹某倒地之前与之后被告人罗某甲持尖刀砍击尹某头部所造成的两部分伤害。即反击行为与追击行为均造成了重大损害。但如法院所指出的，反击行为具有防

---

〔1〕 参见辽宁省彰武县人民法院（2016）辽 0922 刑初 27 号刑事判决书。

卫的正当性。尹某倒地前罗某甲持尖刀砍击尹某头部的行为没有明显超过必要限度，因此这一部分的伤害结果应被正当化。只应追究尹某倒地后的砍击行为防卫过当的刑事责任。所以，本案属于上述情形②，行为人只需对追击行为造成的结果负防卫过当的刑事责任。

综上所述，在我国《刑法》第 20 条第 2 款的规定下，应当将量的防卫过当理解为明显超过时间上的必要限度造成重大损害的情形。时间上超过限度但没有造成重大损害的，应当类推适用或准用正当防卫的规定，否定犯罪的成立。时间上超过限度且造成重大损害的，应当具体考虑造成重大损害的原因是反击行为还是追击行为。单独来看成立正当防卫的反击行为所造成的损害结果，不能作为一体化评价后的防卫过当结果来对待。

结 语

在我国承认量的防卫过当不但具有必要性而且具有可能性，使得诸多按照通说观点仅因不满足防卫时间条件而作为单纯犯罪处理的案件中可以适用《刑法》第 20 条第 2 款，不至于对满足了一体化评价标准（同时满足“防卫意思的连续性”与“动摇的精神状态的持续”这两个条件）的行为人科处过于严厉的刑罚。但也必须清楚地意识到，防卫过当时毕竟有成立犯罪的余地，所以比起正当防卫，对行为人而言仍然是一种不利的处理。所以，合理划定防卫限度以正确区分正当防卫与防卫过当仍然是重要课题。尤其是决不能通过运用量的防卫过当，使得行为人对本来被正当化了的结果负责。此外，即便承认量的防卫过当，也不可否认，在不法侵害仍在继续的过程中实施的反击行为更加容易被认定为“防卫行为”。换言之，质的防卫过当比起量的防卫过当更加容易被认定为防卫过当。所以，合理确定不法侵害是否仍在继续、是否已经终了的判断标准也仍然是今后值得进一步探索的重要课题。

第五章

论犯罪故意概念中的危害社会

众所周知，我国已进入法定犯立法活性化时代。近年来，刑法修正过程中增设、修改的大部分条文与法定犯有关。在评价法定犯的主观方面时，一直以来最困扰学界与司法工作人员的，当属故意与违法性认识（可能性）的关系问题。[1]解决该问题的前提是，准确把握我国《刑法》中犯罪故意这一概念本身。关于犯罪故意的理解，刑法理论上呈现纷繁复杂的学说争议。评判学说优劣时，除考虑观点本身的逻辑性与解决问题的合理性外，还必须考虑其与本国刑法规定的契合度。[2]根据罪刑法定原则，刑法解释只能在刑事立法的框架内展开。我国现行《刑法》第 14 条第 1 款规定："明知自己的行为会发生危害社会的结果，并且希望或者放任这种结果发生，因而构成犯罪的，是故意犯罪。"该款是关于故意犯罪的总则性规定，也可以说通过立法方式定义了故意概念。

从横向对比来看。《日本刑法》第 38 条第 1 款只笼统地规定："无犯罪意思的行为，不处罚。但是，法律有特别规定时，不在此限"，并没有明确规定故意的内容。《德国刑法》虽然也没有明确规定故意的内容，但其第 16 条第 1 款规定："行为时未认识该当构成要件之事实者，无故意。该行为是否以过失论，不

〔1〕 也有学者反思，比起违法性认识（可能性）的体系性位置，更重要的是为司法实践提出切实可行的、调和刑事政策和责任主义冲突的技术机制（参见劳东燕：《责任主义与违法性认识问题》，载《中国法学》2008 年第 3 期，第 166 页；车浩：《法定犯时代的违法性认识错误》，载《清华法学》2015 年第 4 期，第 27-28 页）。

〔2〕 在解决故意相关问题时，以"不采所谓'结果无价值'论的德国刑法乃系大陆法系之鼻祖，其在欧亚大陆法律传统中有着不可忽略的深远影响"（蔡桂生：《违法性认识不宜作为故意的要素——兼对"故意是责任要素说"的反思》，载《政治与法律》2020 年第 6 期，第 111 页）为由，当然地采取德国主流学说的立场，这种做法并不妥当。

受影响。”第17条第1句则规定：“行为时欠缺不法意识且无法避免者，无罪责。”综合这两条规定可知，《德国刑法》区分构成要件错误（Irrtum über Tatumstände）与禁止错误（Verbotsirrtum），构成要件事实是故意的认识内容，不法意识则不是。此外，我国台湾地区“刑法”明确界定了故意的内容，其第13条规定：“（第1款）行为人对于构成犯罪之事实，明知并有意使其发生者，为故意。（第2款）行为人对于构成犯罪之事实，预见其发生而其发生并不违背其本意者，以故意论。”所以，在我国台湾地区“刑法”看来，故意的认识内容仅限于构成犯罪的事实，而不包括对该事实的评价。与日本、德国以及我国台湾地区的规定相比可以看出，我国《刑法》中故意概念的特色在于，并非单纯要求行为人明知自己的行为会发生作为事实的结果，而是要求行为人明知自己的行为会发生具有某种属性的结果，即“危害社会”的结果。

从纵向比较来看，自清末沈家本修法起，我国刑法开始了近代化进程。在此过程中，刑法典几易其稿，有关犯罪故意的规定也呈现不同样貌。最初，在1905年《刑律草案（稿本）》中采用的是上述日本刑法模式，即单纯规定故意是成立犯罪的条件之一，没有明确其内容。这种状况一直持续到1918年。当年《刑法第二次修正案》以“原案于故意及过失之范围未尝确定，解释上一伸一缩，即易出入人罪，其关系非浅。且故意与过失法家学说各有不同，若不确定其范围，匪独律文之解释不能画一，而犯人之处罚尤患失平”为由，改采上述我国台湾地区“刑法”模式。1928年民国时期旧刑法与1935年的《中华民国刑法》沿用该模式至今。〔1〕及至中华人民共和国成立后，在1950年7月25日中央人民政府法制委员会《刑法大纲草案》、1954年9月30日中央人民政府法制委员会《刑法指导原则草案（初稿）》以及其后的《刑法草案》各稿中，虽然表述略有不同，但都明确规定了故意的概念，且在规定故意的认识内容时均采用了“危害社会的结果”或“社会危害结果”等表述。1979年《刑法》第11条的规定则与现行《刑法》第14条的内容完全一致。〔2〕不难看出，新中国刑法的一大特色正是在《刑法》中明确规定了故意概念，并将“危害社会”的结果，而不是“构成犯罪的事实”规定为故意的

〔1〕 参见黄源盛：《晚清民国刑法史料辑注》，元照出版有限公司2010年版，第23、630、884、1191页。

〔2〕 关于新中国成立后各刑法草案中犯罪故意的规定，参见高铭暄、赵秉志编：《新中国刑法立法文献资料总览》，中国人民公安大学出版社2015年版，第74页以下。

认识内容。

总之，无论横向对比还是纵向比较，“危害社会”这一表述乃我国现行《刑法》中故意概念的大事因缘。但是，围绕着“危害社会”，许多关键问题没有得到令人满意的回答。例如，为什么要求认识到行为会发生“危害社会”的结果才能说具有犯罪故意？“危害社会”只是对“行为”或“结果”属性的描述，还是与行为、结果同为故意的认识内容？“危害社会”这一评价以什么作为判断素材、以何者作为判断标准？不对这些基础问题作出合理回应，构建的故意理论只能是脱离本国刑法文本的空中楼阁。另外，一旦妥当把握了故意概念中“危害社会”的应有之义，就有可能从正面探寻出一条处理故意与违法性认识（可能性）关系的新路径，不再受困于德日刑法学依托错误理论处理该问题的学说迷局之中。所以，本章首先明确我国故意概念中“危害社会”的存在意义（第一节）与判断方法（第二节），然后将研究所得应用于故意与违法性认识（可能性）的关系处理上，进一步阐明“危害社会”在故意论中的解释学价值（第三节）。

第一节 “危害社会”与反对动机

一、规范责任论下故意的理解

根据行为人实施犯罪的主观心态，犯罪分为故意犯与过失犯。关于故意犯与过失犯在评价上的不同，存在行为无价值论与结果无价值论的对立。前者主张故意、过失是违法要素（或者同时是责任要素），故意犯与过失犯在违反法规范的程度上存在区别；[1]后者即本章赞同的立场则认为故意、过失与违法性无关，是责任要素，故意杀人与过失致人死亡的法益侵害性相同，只是可谴责性存在高低之分。[2]

---

〔1〕 参见周光权：《刑法总论》，中国人民大学出版社 2021 年版，第 150 页；［日］井田良『講義刑法学・総論』（有斐閣，第 2 版，2018 年）168 頁等。另外，柏浪涛：《违法性认识的属性之争：前提、逻辑与法律依据》，载《法律科学（西北政法大学学报）》2020 年第 6 期，第 23 页主张“责任”不是实体概念而是评价活动，故意不是责任要素而是责任评价的对象。

〔2〕 参见张明楷：《刑法学（上）》，法律出版社 2021 年版，第 327 页；［日］西田典之（橋爪隆補訂）『刑法総論』（弘文堂，第 3 版，2019）225-226 頁等。

在学术史上，责任论经历了从心理责任论到规范责任论的变迁。[1]前者认为当行为人具备一定的心理状态（如对事实的明知或预见）时就有责任，后者则还要求具有他行为的可能性。[2]可问题是，规范责任论是在心理状态之外另要求一些规范性的责任要素，还是将规范性的评价也贯彻到心理状态中对该要素进行规范改造？质言之，是否有必要在责任要件中区分出事实性要素与规范性要素？对此，陈璇教授认为："随着刑法理论日益朝目的理性的方向发展，故意概念已无法再拘泥于事实本体和日常用语，而必须根据实质的可谴责性这一规范标准来加以构建。"[3]与此相对，周光权教授则指出，"规范责任论是在心理责任论的基础上融入了规范分析，并不意味着对作为心理事实的故意、过失概念要加入规范判断的内容""在故意、过失内部，本身只含有事实认识的内容，不含有规范评价的内容"。[4]

在不法要件中，细分该当客观构成要件的事实性要素以及对客观事实的违法性评价要素，或许有一定道理。即一方面通过该当构成要件的事实性要素，勾勒出大体的犯罪类型以满足罪刑法定原则的需要；另一方面通过对客观事实的违法性评价要素来维持法秩序的统一性。但是，在责任要件中区分事实性要素与规范性要素并不存在上述实益，只留下割裂评价素材与对素材的评价这一缺点，影响判断的经济性。另外，即便是该当构成要件的所谓事实性要素，因受可罚的违法性论、客观归责论等影响，大多也带有规范评价色彩。例如，作为财产犯罪对象的财物不能是价值极其轻微的财物，实行行为必须具有导致结果发生危险的属性，犯罪结果必须能够在客观上归属于行为人，等等。因此，在规范责任论下，责任是指对该当构成要件的违法行为

---

〔1〕 继规范责任论之后出现了向功能责任论转变的动向（参见冯军：《刑法中的责任原则——兼与张明楷教授商榷》，载《中外法学》2012 年第 1 期，第 50 页以下；王钰：《功能责任论中责任和预防的概念——兼与冯军教授商榷》，载《中外法学》2015 年第 4 期，第 1057 页以下；张明楷：《刑法的基本立场》，商务印书馆 2019 年版，第 268 页以下），但目前多数学者仍然支持规范责任论。

〔2〕 参见张明楷：《外国刑法纲要》，法律出版社 2020 年版，第 165 页；车浩：《责任理论的中国蜕变——一个学术史视角的考察》，载《政法论坛》2018 年第 3 期，第 71 页以下。

〔3〕 陈璇：《责任原则、预防政策与违法性认识》，载《清华法学》2018 年第 5 期，第 98 页。另外，李世阳：《故意概念的再定位——中国语境下"盖然性说"的展开》，载《政治与法律》2018 年第 10 期，第 135 页也认为，"无论是故意还是过失，都不仅是一种心理事实，而是一个需要被规范性评价的实体概念。"

〔4〕 周光权：《违法性认识不是故意的要素》，载《中国法学》2006 年第 1 期，第 171 页。另参见付立庆：《刑法总论》，法律出版社 2020 年版，第 247 页。

的非难可能性，责任要件中的各要素应都为“非难可能性”这一规范评价奠定基础，即带有规范评价的色彩。

如此一来，“在关于有无故意这一本来纯粹的事实认定问题的事项当中，不可避免地介入了‘如果存在某某认识就可以认定为有故意’这一规范考察的视角”。[1]较之过失犯，故意犯之所以违反法规范程度更高或者非难可能性更大，并非仅因故意犯对犯罪行为和结果等客观事实具有认识与容认，而且因为故意犯中明明更加容易形成反对动机（不实施犯罪行为的动机），行为人却仍然突破了法规范的要求，更加值得谴责。前田雅英教授指出：“在故意中，比起‘认识到了’，责任的核心转移到了‘尽管认识到了却没有形成反对动机来打消犯罪的念头’这一点上。”[2]例如，【案例 1】甲瞄准乙的头部开枪将其击毙，甲之所以应承担故意杀人罪的刑事责任，并非仅因甲认识到“正在扣动扳机”（行为）以及“乙的生命从有到无”（结果）这两项事实，而且因为甲能够容易地在内心形成“不扣动扳机”的动机。当突破该动机选择继续实施扣动扳机的行为时，甲突破了故意杀人罪中“不得杀人”的规范要求，从而可用故意杀人罪来谴责甲。

故意的提诉机能（Appellfunktion）也要求，在追究故意犯罪的刑事责任时，行为人需存在形成反对动机的余地，即行为人必须认识到唤起违法性认识可能性从而使责任非难成为可能的事实。[3]正是在此意义上，我国《刑法》第 14 条第 1 款“所记述的明显是一个更具实质性和规范性的故意概念”，[4]除了要求行为人认识到作为事实的犯罪结果，而且要求该结果的发生“在评价上”不是价值中立的，而是具有负面价值即“危害社会”的。总而言之，在规范责任论下，故意的判断不再是单纯的事实认定（故意心态），而是规范评价，即能否将犯罪结果在主观上归属具有形成反对动机余地的行为人（故意归责）。

二、关于“危害社会”的既有见解

值得进一步追问的是，为了留有形成反对动机的余地，是否需要行为人

---

〔1〕［日］植村立郎『刑事事実認定重要判決 50 選（上）』（立花書房，第 3 版，2020 年）183 頁。

〔2〕［日］前田雅英『刑法総論講義』（東京大学出版会，第 7 版，2019 年）155 頁。另外，黎宏：《刑法学总论》，法律出版社 2016 年版，第 179-180 页，从形成反对动机的角度阐述犯罪故意的本质。

〔3〕［日］山中敬一『刑法総論』（成文堂，第 3 版，2015 年）315 頁参照。

〔4〕陈璇：《责任原则、预防政策与违法性认识》，载《清华法学》2018 年第 5 期，第 99 页。

对“危害社会”这一行为或结果的属性本身也具有认识？若不需要，那么这种“危害社会”的属性应否纯客观地判断？关于这些问题，既有的见解大体可归纳为以下两种立场：

第一种立场（客观标准说）主张，成立故意时，只要求行为人明知自己的行为会发生作为事实的构成要件结果；“危害社会”只是对行为或结果属性的修饰，并不是明知的内容；行为与结果客观上被刑法规范评价为具有危害社会的属性就足够了。采用这种立场的学者，多特别指出故意概念中明知的内容是该当构成要件的事实性要素。〔1〕

第二种立场（行为人标准说）则主张，成立故意时，除了要求行为人明知自己的行为会发生作为事实的构成要件结果，而且要求行为人明知“危害社会”这一属性（实质违法性、法益侵害性）本身；“危害社会”是行为人本人对所实现的构成要件的评价。采用这种立场的学者，多特别指出“无违法性阻却事由的认识”属于犯罪故意中认识因素的内容。〔2〕该立场沿袭自苏联刑法理论，认为“无论是直接故意，还是间接故意，主体都认识到了自己行为的社会危害性，预见到了结果对社会所具有的危害性”，〔3〕并得到我国传统刑法学理论支持。

上述两种立场的分歧在于，如何确定“危害社会”的判断素材与判断标准。在典型的故意犯罪案件中，上述两种理解并不会导致结论上的不同。例如，【案例1】中的甲，不仅认识到了作为构成要件事实的死亡结果，而且开枪导致死亡这一事实本身在客观上具有危害社会的属性，甲本人也能认识到开枪导致死亡结果具有危害社会的属性。因此，无论是采用客观标准说还是

---

〔1〕 参见吴学斌：《规范责任论视野下的违法性认识与违法性认识的可能性》，载《清华法学》2009年第2期，第65页；陈兴良：《教义刑法学》，中国人民大学出版社2017年版，第465页；贾宇：《犯罪故意研究》，商务印书馆2020年版，第82页；周光权：《刑法总论》，中国人民大学出版社2021年版，第152页；蔡桂生：《论故意在犯罪论体系中的双层定位——兼论消极的构成要件要素》，载《环球法律评论》2013年第6期，第71页等。

〔2〕 参见高铭暄、马克昌主编：《刑法学》，北京大学出版社2022年版，第104页；贾宇主编：《刑法学（上册）》，高等教育出版社2019年版，第167页；张明楷：《刑法学（上）》，法律出版社2021年版，第338页；曲新久等：《刑法学》，中国政法大学出版社2016年版，第104页；黎宏：《刑法学总论》，法律出版社2016年版，第185页；付立庆：《刑法总论》，法律出版社2020年版，第195页等。

〔3〕 H. A. 别利亚耶夫、M. Л. 科瓦廖夫主编：《苏维埃刑法总论》，马改秀、张广贤译，群众出版社1987年版，第150页。

行为人标准说，甲都存在形成反对动机即不开枪的余地，逃脱不了故意归责。但是，当有无危害社会的属性在客观评价与行为人的主观认识之间不一致时，两种立场会得出不同结论，并暴露各自的弊端。

一方面，客观标准说的主要问题在于，难以妥当处理假想防卫案件。【案例2】甲误以为乙正举枪试图射杀丙，实际上乙只是拿着玩具枪与丙开玩笑，甲出于保护丙生命的目的向乙投掷砖块将其砸死。根据行为人标准说，由于甲自以为在正当防卫，意在实施为刑法所允许的、保护法益的行为，没有认识到自己行为的实质违法性，所以不具有杀人的故意，至多只能追究其过失致人死亡的刑事责任。而根据客观标准说，由于甲认识到“正在向他人头部投掷砖块”（行为）以及“乙的生命消失”（结果）这两项构成要件事实，且投掷砖块致乙死亡客观上具有危害社会的属性，所以会得出甲具有杀人故意的结论，但最终以故意杀人罪追究甲的刑事责任难以令人接受。于是，像假想防卫这样，在出现容许性构成要件错误的案件中，行为无价值论的学者为得出合理结论多主张采用“二重故意”理论，将故意区分为作为主观构成要件要素的故意与作为责任要素的故意。〔1〕根据该理论，首先肯定案例2中甲具有构成要件故意，然后又在责任阶段否定甲具有故意杀人的非难可能性，转而筛查过失犯的成立条件。〔2〕

但是，“二重故意”理论未必适合我国。第一，我国《刑法》第14条明确给出了故意的定义，在此之外另立一个故意概念未必妥当。第二，“二重故意”理论几乎只在容许性构成要件错误的情形中才讨论责任故意，其他情形中只对构成要件故意进行判断。为了解决某个特定问题而将故意一分为二，其合理性存在疑问，有损犯罪论体系的统一性。第三，之所以需要先认定构成要件故意再否定责任故意，是因为支持“二重故意”理论的学者主张构成要件故意是违法要素。当正犯假想防卫时，为了在限制从属性原则下追究未出现“假想”的其他共犯的刑事责任，必须首先肯定正犯具备包括构成要件故意在内的所有违法性要素。但是，如果将故意定位为责任要素，那么正犯是否出现“假想”都不影响共犯连带正犯的违法性。反过来看，“二重故意”

---

〔1〕 采用行为无价值论却反对“二重故意”理论、否定“责任故意”概念的见解，参见柏浪涛：《错误论的新视角》，中国民主法制出版社2020年版，第345页以下。

〔2〕 关于“二重故意”理论的详细讨论，参见蔡桂生：《论故意在犯罪论体系中的双层定位——兼论消极的构成要件要素》，载《环球法律评论》2013年第6期，第67页以下。

理论的出现恰好说明，故意不仅是对事实的主观认识，不可以只评价为（甚至不必评价为）违法要素，而且应含有规范的非难可能性评价。因此，【案例2】中认定甲具有杀人故意，要么（作为最终结论）不合理，要么（作为中间结论）不必要。

另一方面，若将行为人标准说应用到所有案件中，往往会因为行为人偏执的好意、确信或者根本没有思考过或来不及思考行为是否具有侵害法益的性质，而不当限缩故意的认定范围。例如，【案例3】甲为了让乙摆脱吸毒、卖淫的不良习性，即便遭到乙的强烈反对，仍然强行将乙关押在屋内禁闭长达半年。根据客观标准说，由于甲认识到非法拘禁乙、剥夺其人身自由的事实，且该事实客观上不满足正当防卫等违法阻却事由的条件，具有危害社会的属性，所以甲存在非法拘禁罪的故意。与此相对，根据行为人标准说，甲虽然认识到非法拘禁乙的事实，但甲完全是为了乙着想，认为拘禁乙半年以换取戒除不良习性的效果于乙有利，主观上不存在危害社会的认识，所以不具有非法拘禁罪的故意。对此，黎宏教授主张以刑事违法性的认识替代饱含道德内容的对社会危害性的认识，以违法性认识对含义模糊的“社会危害性认识”作出限定，试图说明大义灭亲的激情犯或者政治、宗教上的确信犯也具有犯罪故意。〔1〕该做法确实对“危害社会”的认识程度作出了有益限定，即“有关社会危害性的认识，并不仅仅只是对一般具有社会危害性的事实的认识，而必须是对于该种刑罚效果相称的事实的认识，即对值得处以该种刑罚的事实具有认识”。〔2〕尽管如此，该做法仍然是以行为人本人作为“危害社会”的判断标准。当行为人真诚地确信其用心良苦的行为是为刑法所容许时，根据黎宏教授的观点，由于行为人对于其行为不属于排除社会危害性事由不具有认识，应当否定犯罪故意。〔3〕但是，如果将法益衡量完全交由行为人自行判断，放弃客观标准，那么几乎所有犯罪人都会主张自己是为了某个更大的利益而不幸被认定为犯罪。

综上所述，故意概念中的“危害社会”表明，故意归责时行为人必须具有形成反对动机的可能性。但是，既有的观点不能妥当地划定故意归责的范

---

〔1〕参见黎宏：《刑法学总论》，法律出版社2016年版，第187页。

〔2〕黎宏：《结果本位刑法观的展开》，法律出版社2015年版，第32页。

〔3〕参见黎宏：《刑法总论问题思考》，中国人民大学出版社2016年版，第246页。

围。一直以来对“危害社会”的理解存在偏差，必须探寻一种新的理解方式。

第二节　“危害社会”的判断方法

一、法规范标准说的理论构成

刑法学中关于某个概念的判断方法主要由三个方面的要素构成：判断时点、判断素材与判断标准。〔1〕具体到故意的判断中，由于犯罪故意必须存在于结果出现之前，甚至是着手之前，所以对故意概念中包括“危害社会”在内各要素的判断，必须立足行为时点而不是裁判时点，对此应无争议。在理解“危害社会”时，客观标准说的问题在于，未考虑反对动机的形成在很大程度上取决于行为人对行为与结果的认知情况，将“危害社会”的判断素材完全求之于客观事实。与此相对，行为人标准说的问题则在于，无论要求行为人认识到一般意义上的社会危害性，还是要求行为人认识到达到动用刑法来应对程度的刑事违法性，都着眼于通过行为人本人对行为与结果性质的评价来决定故意归责与否，却忽视了故意归责的主体不是行为人本人而是国家。简言之，客观标准说在判断素材上存在缺陷，行为人标准说则在判断标准上存在不足。

因此，必须将故意概念中的“危害社会”理解为不同于客观的法益侵害、以行为人的认识内容为基础的“评价”；而且，这种评价不同于行为人本人的评价，而是作为法规范总和的具体国家指导理念之下的评价。〔2〕在违法性判断中，是以现实发生的事实为素材，判断行为在客观上是否造成了危害社会的结果；而在故意归责中，是以行为人认识到的事实为素材，判断主观上能否因认识到的事实可评价为“危害社会”（具有违法性）而形成反对动机。

---

〔1〕 当然，形式上还存在判断主体这一要素。但严格来说，判断主体与判断时点、判断素材及判断标准并不是同一层面的独立要素。判断主体的区别事实上的确存在：当刑法发挥裁判规范的作用时，由裁判者担任概念的判断主体；当刑法发挥行为规范的作用时，则由行为人担任概念的判断主体。可是，无论裁判者还是行为人，对同一概念作出规范判断时，应遵循相同的判断时点、判断素材与判断标准。例如，在因果关系的“相当性”判断、过失犯的“预见可能性基准”判断等问题中，常常争议行为人标准、一般人标准等，看似判断主体的区别，实则判断标准的差异。

〔2〕 在此借鉴了佐伯千仞教授阐述期待可能性判断中的国家标准说时所用的表述，［日］佐伯千仭『刑法における期待可能性の思想』（有斐閣，1947 年）334 頁参照。

两者只是在判断素材上存在差别，当判断行为人主观上认识到的事实可否评价为“危害社会”时，其评价标准与违法性的判断标准是一致的。例如，以【案例2】中甲认识到的事实即“乙正举枪试图射杀丙”为判断素材，甲试图实现的乙的死亡结果并非“危害社会”的结果，而是法规范所允许的正当防卫结果，所以甲欠缺杀人故意。又如，以【案例3】中甲认识到的事实即乙身染吸毒、卖淫的不良习性为判断素材，立足国家的立场来评价，为了帮他人改过自新而在未经他人有效同意的情况下剥夺他人人身自由的，在法规范中不能认定为具备违法阻却事由。所以，甲认识到的非法拘禁事实在国家的法规范评价下具有“危害社会”属性，应认定其具有故意。换言之，既然在违法性判断中不考虑行为人的动机以及行为人本人对行为性质的评价，那么在判断故意概念中的“危害社会”时也不能把善良动机等纳入考虑之内。

这种立足行为时，以行为人认识的事实为素材，以法规范（国家）为标准来判断故意概念中“危害社会”的方法，笔者称为法规范标准说。如前所述，故意概念中的“危害社会”具有归责机能，即“危害社会”承担着规范责任论下判断行为人形成反对动机可能性的任务。法规范标准说顾及了归责的主体（国家）与被归责的对象（行为人），〔1〕同时满足了“主观”与“归责”的需要：第一，“主观”决定了必须以行为人对事实的认识为判断素材，从而确保形成反对动机的认识基础，故有别于客观标准说；第二，“归责”意味着必须以法规范（国家）作为判断标准，而不是以行为人自己的评价来判断是否“危害社会”，故也不同于行为人标准说。我国现行《刑法》第14条第1款中“明知自己的行为会发生危害社会的结果”这一表述正是通过将评价对象（行为与结果）与对对象的评价（危害社会）结合在一起，构筑了一个既包含行为人心理上的事实认识，又包含国家有关形成反对动机可能性评价的规范故意概念。〔2〕

这种区分判断素材与判断标准分别考虑行为人与国家的做法，有利于妥

〔1〕 正如判断期待可能性时一样，不能只关注期待的一方（国家）或被期待的一方（行为人），而是要在两方的紧张关系中去把握期待可能性的有无与程度。参见张明楷：《期待可能性理论的梳理》，载《法学研究》2009年第1期，第74页；［日］山口厚『刑法総論』（有斐閣，第3版，2016年）270頁；［日］松宮孝明『刑法総論講義』（成文堂，第5版，2017年）172頁。

〔2〕 主张过失的认定是事实要素与规范要素相结合的观点，参见陈毅坚：《过失犯归责构造之反思与重构》，载《国家检察官学院学报》2021年第4期，第123页。

当地区分处理有关正当化事由错误的案件。正当化事由的错误大体分为两类：一类是正当化事由本身的错误，即行为人错误理解了正当化事由的要件，把准确认识到的事实错误地归入正当化事由当中；另一类是正当化前提事实的错误，即行为人因发生事实上的错误认识，导致误以为满足了正当化事由的要件。例如，行为人误以为只要存在不法侵害无论是否具有紧迫性都属于正当防卫，属于正当化事由本身的错误；而行为人误以为发生了紧迫的不法侵害从而假想防卫的，则属于正当化前提事实的错误。在德日刑法学界，关于正当化事由本身的错误，一般按照违法性认识错误来处理；而关于正当化前提事实的错误，究竟定位为事实错误还是违法性认识错误，抑或是独立的第三种错误，存在激烈争论。[1]在法规范标准说下，这两种错误存在明显区别：前者是有关"危害社会"判断标准的错误，不直接影响故意的认定；后者则是有关判断素材的错误，会起到直接否定犯罪故意的效果。具体而言，在发生正当化事由本身的错误时，行为人没有对客观发生的任何事实产生错误认识，对是否构成正当化事由的错误理解反映的是行为人自身对"危害社会"的评价有误。可是，故意概念中"危害社会"的评价是由国家根据法规范做出的，与行为人的评价无关。与此相对，在发生正当化前提事实的错误时，国家据以评价是否"危害社会"的判断素材受行为人错误认识的影响。误以为面对不法侵害（现实危险）而实施防卫（避险）行为的，若以行为人主观上认识到的事实为判断素材，则不欠缺正当防卫（紧急避险）的条件，反映到故意的认定上，则不能说行为人明知的事实能被国家评价为会发生"危害社会"的结果。

综上所述，根据法规范标准说，成立故意时只要求行为人明知构成要件事实；[2]"危害社会"不是明知的内容，只是对行为或结果属性的修饰与表达，是由国家针对行为人的认识内容作出的规范评价。虽然"危害社会"本身不是明知的内容，但行为人对构成要件事实的明知为国家作出是否"危害

〔1〕［日］曾根威彦『刑法原論』（成文堂，2016 年）414 頁以下参照。

〔2〕既包括记述的构成要件事实，也包括规范的构成要件事实。另外，虽然我国现行《刑法》第 14 条第 1 款中规定了"会发生"，但能否据此认为行为与结果之间的因果关系也是故意中明知的内容，理论上还存在争议（肯定的观点参见付立庆：《刑法总论》，法律出版社 2020 年版，第 195-196 页；否定的观点参见黎宏：《刑法学总论》，法律出版社 2016 年版，第 184-185 页）。该争议与本章探讨的问题关系不大，不作详细讨论，结论上笔者支持否定说，认为因果关系不是故意的认识内容。

社会”的评价提供了基础的判断素材。

二、危害有无的判断需符合科学法则

法规范标准说能很好地说明，当行为人就自身行为的客观属性产生错误评价时，若行为人认识到的事实在国家的法规范评价中并不“危害社会”，则阻却故意的成立（如假想防卫式杀人）；反之，仍然构成故意犯罪（如大义灭亲式杀人）。但是，法规范解决的是价值（衡量）问题，作为价值判断的前提，还存在危害有无的事实判断。法规范标准说下对“危害社会”与否的判断，不能违背危害有无的事实。例如，朝着人头部开枪的行为之所以会被评价为“危害社会”，是因为一般人事实上都能认识到开枪射击头部会导致人死亡这一科学法则。可是，当行为人认识到的事实有无危害，根据一般人的看法还是按照科学法则会得出不同结论时，应当以何者为标准呢？试对比以下一组案例。【案例 4】A 因迷信以为花生糖可以杀人，于是将花生糖投入 B 的饮料中，具有特殊体质的 B 饮用花生糖水后猝死，但 A 不知 B 有此特殊体质。【案例 5】A 因迷信以为花生糖可以杀人，却误将砒霜当作花生糖投入 B 的饮料中，B 饮用后毒发身亡。【案例 6】A 本想以砒霜杀人，却误将花生糖当作砒霜投入 B 的饮料中，具有特殊体质的 B 饮用花生糖水后猝死。【案例 7】A 根据一般人的看法误以为硫磺可以杀人，却误将花生糖当作硫磺投入 B 的饮料中，具有特殊体质的 B 饮用花生糖水后猝死。事后查明，服用与本案中花生糖等量的硫磺根本不会致人死亡。

首先需要明确，因果关系具有客观性，[1]上述四例中 A 的行为与 B 的死亡结果在客观上均存在“非 P 则非 Q”的条件关系，且 B 的特殊体质存在于 A 的行为之前，不属于能够阻断因果关系的介入因素。所以，无论 B 是否具有特殊体质，也不管 A 是否认识到 B 的特殊体质，A 向 B 的饮料中投放各种物质的行为与 B 的死亡结果之间均存在因果关系，B 的死亡结果客观上应当归属于 A，这四例均属于客观上已经成功致人死亡的能犯而不是所谓的不能犯。问题是，能否追究 A 故意杀人罪既遂的刑事责任？单从主观上来看，A 均有杀人的想法，但仅凭此尚不足以认定 A 具有杀人故意。否则，【案例 8】A 试图杀害 B，驱车前往 B 家途中因闯红灯撞死路人，事后查明死者正是 B

---

〔1〕 参见王作富主编：《刑法》，中国人民大学出版社 2016 年版，第 54 页。

时，也会得出A故意杀人既遂的结论，这明显不当。刑法中的故意不同于日常用语中的故意。必须检验A在实施杀人行为当时是否明知自己的行为会发生“危害社会”的结果。

在【案例4】与【案例5】中，无论客观上投放的是花生糖还是砒霜，A主观上认识到的事实均为“投放花生糖给正常人服用”。根据法规范标准说，在判断杀人故意中的“危害社会”时，就应当以“投放花生糖给正常人服用”这一事实作为判断素材。此时，无论是按照一般人的看法，还是按照科学法则，都不会得出“投放花生糖给正常人服用会发生危害社会的结果”这一结论，因此，两例中A均不明知自己的行为会发生“危害社会”的结果，欠缺杀人故意。与此相对，【案例6】中，由于A主观上认识到的事实是“投放砒霜”，在一般人看来或在科学法则看来，都会得出“投放砒霜会发生危害社会的结果”这一结论，所以即便B并非被砒霜毒死，仍能认定A具有杀人故意。

第4个至第6个案例中一旦确定行为人主观认识的事实后，按照一般人看法得出的判断与根据科学法则得出的判断是一致的。与此不同，【案例7】中作为判断素材的A的主观认识为“投放硫磺”。但是，投放硫磺是否会发生危害社会的结果，一般人的看法与科学法则之间存在冲突。按照一般人的看法，服用硫磺后会致人死亡，从而应认定A具有杀人故意；而按照科学法则，既然服用硫磺后根本不可能导致B死亡，那么A就没有明知自己的行为会发生“危害社会”的结果，欠缺杀人故意。笔者认为，此时应采用科学法则的标准。

第一，科学法则具有明确性，而一般人的看法过于模糊，甚至“一般人”的标准本身就难以确定。第二，当深谙药理的行为人使用某种罕见的毒物X来杀人时，提取出行为人的认识内容“投放物质X”作为判断素材，若不按照科学法则评价，而是考虑一般人的看法，完全可能出现因一般人根本不知该物为何而难以决断甚至作出错误判断的情形。第三，倘若将【案例7】稍作改变，【案例7’】A按照其犯罪计划投放了硫磺，B服下后毫无症状，就转化为了不能犯的案件。【案例7】与【案例7’】中A的主观认识是一样的，两案中A是否具有故意的结论也应一致。围绕不能犯的可罚性问题，存在主观主义立场与客观主义立场，以及各立场下不同见解之间的激烈争论。[1]如果立足客

---

〔1〕参见王复春：《不能犯未遂的规范论研究》，法律出版社2018年版，第22页以下。

观主义立场，采用修正的客观危险说，着眼于行为导致法益侵害紧迫性的有无，[1]那么，在【案例7’】中由于客观上不存在导致B死亡的具体紧迫危险，最终A不构成故意杀人罪未遂。刑法中的责任是指对该当构成要件的违法行为的非难可能性，[2]“故意既称为对实现构成要件的知与欲，行为人就必须认识客观上有实现构成要件可能的事实，如果行为人所认识的事实，不是客观上可能实现构成要件的事实，故意即不成立”。[3]【案例7’】中连杀人的法益侵害性都没有，也就欠缺相应的杀人故意。[4]既然【案例7’】中不能认定A具有杀人故意，【案例7】中的A也同样不具有杀人故意。该结论与【案例7】中依据科学法则得出A不明知自己的行为会发生“危害社会”的结果从而欠缺杀人故意的结论一致。[5]

仍需注意的是，由于故意必须存在实行行为当时，所以即便按照科学法则来评价行为人试图实施的行为是否“危害社会”，这种评价仍然是立足行为时而非裁判时的判断。也就是说，故意概念中的“危害社会”，是指根据科学法则判断行为人试图实施的行为在行为时具有侵害法益的高度盖然性，而非具有侵害法益的必然性。例如，【案例9】甲本想将10 g毒药a投入乙的饮料中，却错投入了10 g毒药b，最终将乙毒死。事后查明，毒药a的一般致死量为12 g，毒药b的一般致死量为3 g。本案中的判断素材是甲认识到的事实，即“投放10 g毒药a”。即便按照科学法则来判断，随着行为时被害人身体状况的细微变化，10 g毒药a也具有致人死亡的高度危险，所以仍然能将“投

〔1〕［日］西田典之（橋爪隆補訂）『刑法総論』（弘文堂，第3版，2019）332頁；［日］山口厚『刑法総論』（有斐閣，第3版，2016年）290頁；［日］松原芳博『刑法総論』（日本評論社，第3版，2022年）366頁等参照。

〔2〕当承认作为责任要素的主观超过要素时，例外地存在责任超过不法的现象。小林憲太郎『刑法総論の理論と実務』（判例時報社，2018年）295頁参照。

〔3〕劳东燕：《刑法中的客观不法与主观不法——由故意的体系地位说起》，载《比较法研究》2014年第4期，第73页。

〔4〕申言之，包括迷信犯在内的不能犯除了客观上没有侵害法益的具体危险，而且主观上也不具有与之对应的犯罪故意。只不过由于判断犯罪是否成立时遵循从客观到主观、从违法到责任的顺序，所以不能犯在客观违法层面就不成立犯罪未遂，不必再对故意进行判断。

〔5〕在本章看来，不能犯问题中判断是否存在对法益的“危险”与故意问题中判断是否“危害社会”，二者只是判断素材不同（前者以事后查明的所有客观情况为判断素材，后者以行为人认知的事实为判断素材），判断标准（科学法则）与判断时点（行为时）则是一致的。也正因如此，在不能犯问题中基于行为人认识到的事实来判断有无作为未遂犯结果的危险，这种做法有混淆客观构成要件要素的判断与故意判断之嫌。

放 10 g 毒药 a”的行为评价为具有侵害他人生命的高度盖然性、会发生“危害社会”的结果，甲具有杀人故意。倘若事后查明，毒药 a 的一般致死量为 100 g，10 g 毒药 a 造成人死亡的概率极低甚至趋近于零，那么该案就与【案例 5】没有本质区别，应当认为甲没有认识到自己的行为会发生“危害社会”的结果，不具有杀人故意。

综上所述，为了合理划定故意归责的范围，判断故意概念中的“危害社会”时应当采用法规范标准说。法规范标准说没有超出我国现行《刑法》第 14 条文本可能具有的含义。“明知自己的行为会发生危害社会的结果”这一表述可以拆解为以下三层含义：①行为人明知自己的行为会发生（作为构成要件事实的）结果；②“危害社会”是法规范下对行为人认识到的行为与结果的评价，不是明知的内容；③行为人认识到的事实在行为的时点合科学法则地可评价为具有“危害社会”的属性。

第三节　“危害社会”与违法性认识（可能性）

明确我国犯罪故意概念中“危害社会”的存在意义与判断方法，有利于简洁明了地处理故意与违法性认识（可能性）的关系。关于该问题，德日刑法学理论中呈现纷繁复杂的学说对立，复杂程度取决于有关犯罪故意的具体规定状况。例如，区分构成要件错误与禁止错误的德国，要将违法性认识（的可能性）完全解释进故意概念中无疑存在巨大障碍，所责任说成为通说，严格区分故意与违法性认识（可能性）。[1]与此相对，《日本刑法》没有明确规定故意概念，第 38 条第 1 款中的“犯罪意思”既可以理解为单纯对构成要件事实的认识，也可以解释为包含不法意识。所以，围绕故意与违法性认识（可能性）的关系，日本学者间的见解分歧比德国等国家和地区的更大。[2]既然我国现行《刑法》第 14 条明确给出了故意的定义，且没有将认识内容限

---

〔1〕 Vgl. Claus Roxin/Luís Greco, Strafrecht Allgemeiner Teil, Band I, 5. Aufl., 2020, § 21 Rn. 8; Hans-Heinrich Jescheck/Thomas Weigend, Lehrbuch des Strafrechts, Allgemeiner Teil, 5. Aufl., 1996, S. 452. 另参见黄荣坚：《基础刑法学（下）》，元照出版有限公司 2012 年版，第 657 页；林钰雄：《新刑法总则》，元照出版有限公司 2023 年版，第 344 页。

〔2〕［日］高山佳奈子『故意と違法性の意識』（有斐閣，1999 年）53 頁以下；［日］高橋則夫『刑法総論』（成文堂，第 5 版，2022 年）396 頁以下参照。

定于该当构成要件的事实，而是介入“危害社会”这一评价性用语，那么一方面在解释学上就没有必要沉溺于外国的学说争鸣去反复讨论不符合本国故意规定的理论学说，另一方面应从“危害社会”出发单刀直入地讨论故意与违法性认识（可能性）的关系。[1]简言之，二者的关系如何确定，其实是故意概念中“危害社会”在解释学上的具体应用问题。

一、成立故意犯罪不需要具有现实的违法性认识

关于故意与违法性认识（可能性）的关系，以往的讨论主要集中于以下三个具体问题：①违法性认识（可能性）中的“违法性”是形式违法性（对刑法规定或其背后刑法规范的违反）[2]还是实质违法性（法益侵害性或客观的社会危害性）？②成立故意犯罪时是必须具有现实的违法性认识还是只需要存在违法性认识的可能性？③欠缺违法性认识（可能性）时是否还存在犯罪故意，或者说违法性认识（可能性）是否独立于故意之外？[3]从形成反对动机可能性的角度来看，故意概念中的“危害社会”不要求行为人将违法性本身作为现实的认识对象，而是由国家以行为人认识到的事实为素材作出规范

---

〔1〕 从我国现行《刑法》第 14 条与第 16 条文本出发，主张我国应放弃责任故意概念，采取严格故意说而不是限制故意说或责任说的观点，参见王俊：《违法性认识理论的中国立场——以故意说与责任说之争为中心》，载《清华法学》2022 年第 5 期，第 73 页以下。此外，同样试图契合我国现行《刑法》第 14 条规定的实质故意概念，但一方面通过二阶意志区分构成要件故意与责任故意，强调责任故意概念的必要性，另一方面主张将违法性认识重构为责任故意的要素的观点，参见刘赫：《违法性认识作为责任故意的要素——基于二阶意志的本土化建构》，载《法学家》2023 年第 6 期，第 167 页以下。

〔2〕 虽然刑法规定不同于刑法规范，但涉及违法性认识问题时，几乎无人主张要求行为人认识到具体违反了刑法的哪个条款。表述为认识到违反“刑法规定”还是“刑法规范”，没有太大差别，都意味着认识到行为不为刑法所允许，故本章统称为形式违法性的认识。另外，早期也有学说主张，违法性认识中的“违法性”包括违反刑法规范之外的一般法秩序甚至是前法律规范，如伦理道德规范等（相关学说介绍参见刘明祥：《刑法中违法性认识的内容及其判断》，载《法商研究（中南政法学院学报）》1995 年第 3 期，第 76-77 页）。违反这些规范的认识也属于形式违法性的认识，与违反刑法规范的认识之间只是程度上的差别。

〔3〕 严格故意说认为，违法性认识是故意的要素，欠缺现实的违法性认识时不具有故意。与之相对，限制故意说与责任说则认为，只要存在违法性认识的可能性就可以构成故意犯罪。不存在违法性认识的可能性时，限制故意说否定故意，责任说则在认定故意的前提下否定责任。另外，违法性认识不要说仅表达了成立故意犯罪不需要违法性认识这层意思，并没有进一步回答是否需要违法性认识的可能性。所以，只有严格故意说完全站在违法性认识不要说的反面，限制故意说与责任说都可以看作对违法性认识不要说的完善。

判断。所以，现实的违法性认识不是故意的认识对象。但需要进一步考虑的是，对于成立故意犯罪而言，现实的形式或实质违法性认识是否属于独立于故意之外的必备的责任要素。

一方面，要求行为人必须现实地认识到形式违法性，显然不合理。的确，我们与“不知法不免责（Ignorantia juris non excusat）”的时代渐行渐远，绝对的知法推定早已动摇，各国采取种种制度技术来求取刑法规制与责任主义之间的平衡，试图在国家和公民之间分配风险。〔1〕但是，诚如车浩教授所指出的，“在观念上要破除‘不知法者不免责’与‘不知法者不为罪’二元对立的观念误区，明确违法性认识错误并不必然导致无罪的法律后果，两者之间没有‘直通车’。换言之，不知法者未必不免责，不知法者也未必不为罪”。〔2〕可见，对于追究行为人的刑事责任而言，认识到形式违法性与否并不重要。另外，故意犯事实上无论如何也不可能都属于“知法犯法”，以行为人没有认识到自己的行为违反刑法为由否定非难可能性，无异于给犯罪人指明逃脱刑事责任的道路，激励一般人不去了解刑法。

另一方面，成立故意犯罪时要求行为人现实地认识到实质违法性，也存在不合理之处。将实质违法性的认识作为故意的要素对待，虽然有利于在假想防卫案件中得出否定犯罪故意的结论，但是，当行为人执拗地认为自己的行为有益，得出与国家不同的法益衡量结论时（情形①，如确信犯），或者对实质违法性不假思索时（情形②，如激情犯），难以说明行为人现实地认识到实质违法性。值得注意的是，有学者以上述两种情形为例论证形式违法性的认识而非实质违法性的认识才是故意的内容。〔3〕笔者虽然赞成实质违法性的认识不是故意的内容，但同时主张形式违法性的认识也不是故意的内容。虽然习惯上表述为对违法性的“认识”，但实际上是行为人的价值评判，其不同于对事物的单纯表象（Vorstellung）。而正如前文在“危害社会”的判断标准中所论证的，对于形成反对动机而言，评价的主体或者说标准不是行为人而是国家（法规范）。所以，行为人对违法性的现实认识与国家是否应以故意责

〔1〕 参见劳东燕：《责任主义与违法性认识问题》，载《中国法学》2008 年第 3 期，第 158 页以下；陈璇：《责任原则、预防政策与违法性认识》，载《清华法学》2018 年第 5 期，第 92 页以下。

〔2〕 车浩：《法定犯时代的违法性认识错误》，载《清华法学》2015 年第 4 期，第 28 页。

〔3〕 参见黎宏：《刑法总论问题思考》，中国人民大学出版社 2016 年版，第 237-238 页；冯军：《刑事责任论》，法律出版社 1996 年版，第 225-226 页。

任来非难行为人没有必然联系。即便人们具备了确证违法性认识的相当认知能力，也不必因此走向违法性认识必要说的立场。[1]

此外，针对上述情形①，陈璇教授认为，行为人对法律规范的认知具有优先地位，行为的反价值性只是借以判断违法性认识的工具，"违法性认识只是对法律规范的一种认知，而不是规范的信仰；它的具备只要求行为人知其行为受到法律禁止即可，并不要求他对法律的价值追求也表示衷心认同"。[2]可是，无论认识到行为的反价值性还是对法律规范具有认知，均服务于行为人能否形成反对动机这一判断，很难说何者优先。另外，刑法理论也承认超法规的违法阻却事由，当行为人基于执拗的想法（如认为大义灭亲虽然没有被刑法明文允许，却符合刑法的内在精神）或对正当化事由本身的错误认识，确实没有认识到其行为违反刑法规范或侵害法益时，直接放弃故意责任的追究并不妥当。

针对上述情形②，陈璇教授则主张违法性认识中的"认识"除了通过语言性思考（Sprachdenken）获得，还可以通过事物性思考（Sachdenken）获得，"违法性认识可能无法以清晰的文字、完整的语句展现出来，或许只能处于行为人注意力光照范围以外的昏暗地带，但这绝不会妨碍它的现实存在"。[3]的确，在心理学和语言学上承认事物性思考有巨大价值，但刑法中讨论违法性认识（可能性）是为了给行为人形成反对动机奠定基础。若通过事物性思考，违法性的认识最终仍然"只能处于行为人注意力光照范围以外的昏暗地带"，如何能够期待这种所谓的"认识"发挥提诉机能呢？换言之，这种处于昏暗地带的认识虽然在心理学、语言学上自有存在的意义，但其在刑法学中不能等同于对违法性的现实认识。既要求处罚激情犯，又要求行为人具有现实的违法性认识，恐怕二者不可兼得。总之，对于成立故意犯罪而言，现实的违法性认识是一个过高且不必要的要求。

---

〔1〕 王志远：《在"公益"与"私权"之间：违法性认识问题再认识》，载《法学家》2015年第1期，第127页，以目前尚欠缺确证行为人是否具有违法性认识的能力为由，主张违法性认识必要说不具有可行性，转而将重点转向违法性认识的可能性。

〔2〕 陈璇：《责任原则、预防政策与违法性认识》，载《清华法学》2018年第5期，第107页。

〔3〕 陈璇：《责任原则、预防政策与违法性认识》，载《清华法学》2018年第5期，第111页。另参见王俊：《法定犯时代下违法性认识的立场转换》，载《现代法学》2020年第6期，第186页。

二、故意概念包含了违法性认识可能性

故意概念中的"危害社会"以国家（法规范）为标准来判断行为人形成反对动机的可能性是否达到值得以故意犯罪来归责的程度。问题是，这一判断与以往讨论的形式或实质的违法性认识可能性之间是什么关系？在"危害社会"之外，是否还有必要去讨论违法性认识可能性？

1. "危害社会"与实质违法性认识可能性的关系

首先，实质违法性认识可能性内在于故意的要素之中。[1] 这是因为，虽然认定故意时只需要行为人认识到相关事实，不需要行为人本人形成"危害社会"的评价，但只有当行为人根据其认识到的事实具有实质违法性认识可能性时，才有形成反对动机的余地从而控制自己不去实施导致危害社会结果的行为。[2] 我国现行《刑法》第 14 条中"危害社会"这一关键用语，为实质违法性认识可能性在故意概念中留下了一席之地，不必在故意之外再讨论违法性认识的可能性。换言之，当国家以行为人认识到的事实为素材作出"危害社会"的规范判断时，就意味着行为人存在实质违法性认识可能性。

例如，【案例 10】被告人黄某某将约 60 粒安眠药喂给被害人黎某某服下，后用棉垫捂住被害人面部，再用丝巾勒住被害人脖子致其死亡。本案中，被害人系被告人次子，出生时即患有先天性智障疾病，无语言能力，日常生活无法自理；被告人自被害人出生患病以来即悉心照顾，长达 46 年；案发前，被告人因患有心脏病和高血压疾病，担心身体情况恶化无法继续照料被害人，遂产生杀死被害人以解脱其受折磨之意。法院认定被告人犯故意杀人罪，判

---

〔1〕 赵运锋：《违法认识可能性理论的检讨与反思》，载《东方法学》2020 年第 6 期，第 107 页，立足于我国传统四要件犯罪构成体系，主张"应将违法认识可能性置于犯罪故意之中进行考察，如果缺乏违法认识可能性则阻却犯罪故意，危害行为不能构成刑事犯罪"。

〔2〕 近年来，我国有学者在区分行为人对构成要件的法规范性要素认识错误与违法性认识错误的基础上，主张"不是将违法性认识或者违法性认识的可能性纳入犯罪评价体系，而是将构成要件的法规范性要素纳入故意的认知范畴"（刘之雄：《违法性认识错误与构成要件认识错误的界分——以法规范性要素认识错误为焦点》，载《法学评论》2020 年第 5 期，第 65 页）。该观点实际上是以违法性认识不要说为基础，走在了与限制故意说、责任说相反的一条延长线上，认为不仅违法性认识，连违法性认识的可能性都不是构成犯罪的责任要素。本章虽然也赞成违法性认识（可能性）不应是独立的责任要素，但认为不应将违法性认识可能性与故意对立起来后完全否定前者对责任判断的影响，而是将前者纳入后者之中予以考虑。

处有期徒刑3年缓刑4年。[1]虽然被告人的杀人行为系出于母爱具有善良动机，但并不能因其本人没有现实认识到自己的行为“危害社会”而否定犯罪故意。以被告人认识到的事实（结束次子的生命）为判断素材，由国家按照违法性的判断标准来看，仍然可以评价为故意概念中的“危害社会”，说明被告人具有实质违法性认识的可能性。反过来，当欠缺实质违法性认识的可能性时，司法者也不必忐忑地引入超法规的责任阻却事由，可径自以《刑法》第14条为准绳否定故意犯罪的成立。[2]

主张在方法论上将违法性认识从故意中切割出来的周光权教授指出，“故意犯和过失犯比较起来看，故意犯往往具有现实的、具体的违法性认识，藐视法律的意思更为强烈，所以需要给予较为严厉的责任非难。过失犯大多只具有违法性认识可能性，行为人藐视法律的意思并不强烈，所以责任非难的程度应当较故意犯为轻”。[3]可是，倘若不是因为违法性认识（可能性）内在于故意、过失的判断中，故意犯与过失犯为何会在违法性认识（可能性）上表现出“往往”“大多”这样的倾向呢？其实，周光权教授也认可从实在论的角度来看，“行为人单纯认识犯罪事实，尚不足以对其进行追究责任的道义非难，必须在行为人明白知晓自己所为是法律所不允许而仍然为之时，才能对其进行道义非难。构成事实认识基础上的违法性认识，使得行为人可以形成抑制犯罪的反对动机，但其超越这种动机，实施违法行为。这就是故意犯的本质”。[4]

通过“危害社会”将实质违法性认识的可能性，而不是现实的违法性认识纳入故意概念的做法，或许会面临以往对限制故意说的批判，即存在将过失犯罪升格为故意犯罪之嫌。笔者认为这种担忧大可不必。无论故意犯罪还是过失犯罪，均是从国家立场出发对行为人的某种心理状态表达非难、谴责之意。要求行为人在行为时点具备认识实质违法性的可能性，正是为了给国

---

〔1〕 参见广东省广州市越秀区人民法院（2017）粤0104刑初1111号刑事判决书。

〔2〕 柏浪涛：《违法性认识的属性之争：前提、逻辑与法律依据》，载《法律科学（西北政法大学学报）》2020年第6期，第27-28页，将我国《刑法》第16条中“不能预见的原因”解释为形式违法性认识可能性的实定法依据。这种试图为理论上的概念寻找实定法依据的做法值得肯定，但诚如论者所承认的，上述解释合理与否还需论证。本章不承认形式违法性认识可能性作为独立责任要素的地位，所以没有必要大费周章地为其专门寻找实定法根据。

〔3〕 周光权：《违法性认识不是故意的要素》，载《中国法学》2006年第1期，第170页。

〔4〕 周光权：《刑法总论》，中国人民大学出版社2021年版，第250页。

家表达非难态度奠定基础、提供契机。所以，实质违法性的认识可能性是共通于故意、过失内部的要素，表现为《刑法》第 14 条、第 15 条中的“危害社会”这一表述。[1]但是，绝不能因为二者具备同一项共通要素就断言二者一致，也不能因两个概念存在共通之处就批判说混淆概念。故意与过失除了在对构成要件事实的认识与意欲方面存在区别，基于行为人“明知”或“应知”的事实不同，二者在认识实质违法性、形成反对动机的可能性方面也存在差异。例如，在【案例 2】假想防卫的案件中，追究甲故意杀人罪的刑事责任时，应以甲“现实”认识到的“乙正举枪试图射杀丙”这一事实作为判断素材，从而否定其具有实质违法性认识的可能性，不具有杀人故意。与此相对，在追究甲过失致人死亡的刑事责任时，则应以甲“能够”认识到的事实为判断素材。当甲能够认识到不存在防卫状况时，在“乙拿着玩具枪与丙开玩笑”的情况下甲存在形成反对动机不开枪的可能性，具有致人死亡的过失。当甲完全不可能认识到真实情况时，则仍然以“乙正举枪试图射杀丙”为判断素材，甲不具有形成反对动机不开枪的可能性，连致人死亡的过失都没有，属于意外事件。

2. 形式违法性认识可能性与实质违法性认识可能性的关系

进一步需要追问的是，通过“危害社会”将实质违法性认识可能性纳入故意概念之后，是否有必要独立地判断形式违法性认识可能性。有关形式违法性认识可能性的讨论，主要发生在法定犯领域，在自然犯中几乎不讨论该问题。究其原因，刑法规制的都是侵害法益的、具有实质违法性的行为，“自然犯罪的实质是对最基本道德的违反，具有明显的犯罪性。在这种情况下，只要认识到是在实施自然犯罪，其违法性认识亦在其中。因此，所谓自然犯不要求违法性认识，实际上是推定自然犯具有违法性认识”。[2]可是，为什么自然犯中需要通过实质违法性认识来推定行为人至少具有形式违法性的认识可能性呢？其逻辑或许在于，无论自然犯还是法定犯，成立故意犯罪的条件应当一致。法定犯的法益侵害性难以通过伦理道德感来把握，倘若没有形式违法性认识的可能性，行为人难以形成反对动机。既然法定犯中需要考虑

---

〔1〕 认为过失罪过同样应以违法性意识或者意识的可能性为要件的观点，参见林亚刚：《论过失中的违法性意识》，载《中国法学》2000 年第 2 期，第 130 页。

〔2〕 陈兴良：《违法性认识研究》，载《中国法学》2005 年第 4 期，第 137 页。另参见孙国祥：《违法性认识错误的不可避免性及其认定》，载《中外法学》2016 年第 3 期，第 709-710 页。

形式违法性认识的可能性，那么自然犯中也必须具备该要素。

法定犯中虽然要求形式违法性认识可能性，但这种可能性不是行为人认识的对象，而是根据行为人的认识内容与认知能力由国家（法规范）来评判其高低有无。〔1〕一般认为，当出现违法性认识错误具有合理根据时，如咨询了有关主管部门后获得“行为不违法”的答复，不存在违法性认识的可能性。反之，当出现违法性认识错误不具有合理根据时，如从事特定活动却因懒惰、懈怠而对刑法规定持“不求甚解”的态度，则仍然存在违法性认识的可能性。〔2〕判断产生违法性认识错误的根据合理与否，实际上就是在判断行为人是否因存在形式违法性认识可能性而有可能认识到自身行为的法益侵害性，进而具有形成反对动机的余地。这与上文阐述的故意概念中“危害社会”的判断方法一致。

例如，【案例 11】事前已咨询海关得到不需缴纳关税的回复后，未申报海关直接将货物从国外运入国内的，不仅不可能认识到通关行为违反我国《刑法》第 153 条的要求，而且不可能意识到自己的行为具有破坏海关制度、造成关税收入损失的实质违法性，从而也就不可能产生将进口货物申报海关的动机，不明知行为会发生“危害社会”的后果。即便主张形式违法性认识可能性独立于故意之外的学者，如张明楷教授也承认，“考虑到行政犯的特点以及我国刑法关于犯罪故意的明文规定，如果因为误解行政管理法规，导致对行为的社会意义与法益侵害结果缺乏认识的，应认定为事实认识错误，阻却故意的成立”。〔3〕换言之，因欠缺形式违法性认识可能性而导致不能认识到实质违法性时，应当直接否定故意。〔4〕与此相对，【案例 12】在未实际取得国土部门许可的情况下，按照公司曾经出现过的以补缴资源费方式解决越界开采问题的惯常思维，直接安排工作人员进行排险施工从而涉及界外开采的案件中，〔5〕被告人长期从事矿产资源开采，明知对涉及矿区界外部分的矿石开采

〔1〕 参见张明楷：《外国刑法纲要》，法律出版社 2020 年版，第 218 页；［日］山中敬一『刑法総論』（成文堂，第 3 版，2015 年）711 頁。

〔2〕 参见李涛：《违法性认识的中国语境展开》，法律出版社 2016 年版，第 177-178 页。

〔3〕 张明楷：《刑法学（上）》，法律出版社 2021 年版，第 422 页。

〔4〕 黎宏：《刑法学总论》，法律出版社 2016 年版，第 186-187 页和第 211 页主张，成立犯罪故意必须具有刑事违法性的认识，但不必将其作为故意中的独立要素；当“行为人对自己行为是否违法的误认，足以影响其对自己行为性质的理解”时，应排除行为人的犯罪故意。

〔5〕 参见浙江省绍兴市越城区人民法院（2019）浙 0602 刑初 346 号刑事判决书。

需要经过国土部门许可，所以被告人不仅可以认识到自己的行为违反我国《刑法》第343条第1款的要求，而且对破坏矿藏资源这一实质违法性具有认识可能性，能够产生在实际获得国土部门许可前不界外采矿的动机。

其实，即便是法定犯，倘若能够直接认定行为人具有实质违法性认识可能性，就没有必要再考虑形式违法性认识可能性。以"考虑行为人是否认识到其行为具有法益侵害性"[1]为标准，判断有无形式违法性认识的可能性，实乃多此一举。例如，【案例13】三名被告人商量到深圳市大鹏新区某水库捕鱼，到达水库路段准备下沟捕鱼时，被在此保护区巡防的深圳市市级自然保护区森林巡防员发现。巡防员当场警告不要在林区水库内捕捉野生动物，三名被告人无视警告，继续下沟猎捕。随后三名正在猎捕的被告人被当场抓获，现场缴获已被猎捕的蛙类39只（其中，37只为国家二级重点保护珍贵、濒危野生动物虎纹蛙，2只为国家"三有"保护动物黑斑蛙）。法院认为，三名被告人被巡防员当面警告后却无视警告继续下水库捕猎，且涉案猎捕的地点系深圳市大鹏半岛市级自然保护区，应知道存在国家重点保护野生动物的可能，即应具备违法性认识的可能性，构成非法猎捕珍贵、濒危野生动物罪（现为"危害珍贵、濒危野生动物罪"）。[2]本案案发地点处于自然保护区内且经巡防员警告，三名被告人完全可以认识到猎捕蛙类的行为会破坏珍贵、濒危野生动物资源，凭此即可认定其有形成反对动机的可能性，不必再追问行为人能否意识到自己的行为被刑法禁止。同理，【案例14】被告人在政府准备栽树而挖的树洞洞口看见碎瓷片后，下洞横向挖掘并捡拾一些碎瓷片和一个碎瓶嘴（所挖的盗洞位于国家重点文物保护单位吉某窑遗址的保护范围内），构成盗掘古文化遗址罪。[3]本案中，被告人可能确实不知吉某窑遗址保护范围的具体边界，但其挖掘的洞穴位于"吉某窑遗址公园内""吉某窑作坊后面"。由此即可认定行为人能够认识到挖掘行为会毁坏文化遗址与文物从而形成不在此处挖掘的动机，不必再追问行为人能否意识到刑法不允许盗掘古文化遗址。

如此一来，法定犯中要求行为人具有形式违法性认识可能性虽然有一定

---

〔1〕于洪伟：《违法性认识理论研究》，中国人民公安大学出版社2007年版，第158页。

〔2〕参见广东省深圳市龙岗区人民法院（2018）粤0307刑初468号刑事判决书。

〔3〕参见江西省吉安市中级人民法院（2013）吉中刑一终字第106-1号刑事判决书。

道理，但形式违法性认识的可能性只是用以辅助判断实质违法性认识可能性的资料，不是独立的责任要素。[1]而在自然犯中，以行为人认识到自己行为的法益侵害性为由说明具备形式违法性认识可能性，[2]就更显画蛇添足。例如，【案例15】被告人隐瞒德州扑克比赛的具体规则、赛事进程、赛事收取高额报名费及发放高额奖金等具体情况向体育局申报赛事，获批后采用收取高额报名费换取筹码、重复报名参赛等手段，以德州扑克的形式进行赌博，并从中抽头渔利，构成开设赌场罪。[3]在本案中，被告人虽然获得了主管机构的批准，但其提交的申请材料隐瞒了重要信息。该隐瞒行为反映出，①被告人认识到其组织的德州扑克比赛违反法律法规，如实申报不可能获批（被告人具有形式违法性认识可能性），以及②被告人能够认识到其组织的比赛不是普通的体育竞技，具有开设赌场的社会危害性（被告人具有实质违法性认识可能性）。对于认定开设赌场罪的责任要件而言，②实质违法性认识可能性是关键，①形式违法性认识可能性只是用于补强②的资料。

综上所述，成立故意犯罪不要求行为人具有现实的违法性认识，形式违法性认识可能性只不过是用以辅助判断实质违法性认识可能性的资料，实质的违法性认识可能性则通过“危害社会”纳入故意概念之中。如此一来，无论是出于事实的误认还是违法性的误解，均是通过影响行为人的主观认识从而左右国家对其形成反对动机可能性的判断，在这一点上，二者具有共通性。[4]或许会有质疑意见担忧，将违法性认识可能性纳入故意概念后，是否会出现违法性认识的可能性降低却无法减轻责任的现象？产生这种疑问的原

---

〔1〕 王俊：《法定犯时代下违法性认识的立场转换》，载《现代法学》2020年第6期，第185页也指出，“对于法定犯而言，行为人对社会危害性存在认识的前提是必须要认识到行为的违法性，两者实际上很难分离”。该文采取严格故意说，主张将现实的形式违法性认识纳入作为不法要素的构成要件故意之中。与此不同的是，本章则倾向于限制故意说，主张将违法性认识可能性纳入作为责任要素的故意之中。

〔2〕 参见车浩：《法定犯时代的违法性认识错误》，载《清华法学》2015年第4期，第41页。

〔3〕 参见江苏省南京市鼓楼区人民法院（2016）苏0106刑初4号刑事判决书。

〔4〕 将法律认识错误与事实认识错误均纳入犯罪故意的判断中，也恰好说明错误论与故意论是一体两面的。当然，在刑事政策上可以说，“较之于不法性上的认识错误，对于事实情况的认识错误应受更缓和的评价”（蔡桂生：《违法性认识不宜作为故意的要素——兼对“故意是责任要素说”的反思》，载《政治与法律》2020年第6期，第114页），所以事实认识错误与法律认识错误在影响实质违法性认识可能性认定的方式、程度上的确存在差异。但从责任主义的基本立场来看，着眼于行为人形成反对动机的可能性，“违法性认识错误的可谴责性，并非自始高于事实认识错误”（陈璇：《责任原则、预防政策与违法性认识》，载《清华法学》2018年第5期，第99页）。

因，可能是误以为故意只存在有无问题而忽视了故意也有程度之别。的确，按照责任说的观点，违法性认识的可能性是独立于故意、过失之外的程度性责任要素，当行为人具有违法性认识的可能性但程度并不高时，留有因责任减轻而从轻甚至减轻处罚的余地。但是，故意也是一个程度性概念。一方面，故意概念中的认识因素与意志因素本来就是可区分等级（abstufbar）的要素。〔1〕例如，我国刑法主要根据意志因素的高低不同将故意分为直接故意与间接故意，虽然二者在定罪阶段地位相同，但对量刑轻重的影响是不言而喻的。而在德国，理论上更是把故意细分为一级直接故意、二级直接故意与未必的故意三种不同程度的形式。〔2〕另一方面，故意概念中的“危害社会”的判断也存在幅度，因为行为人形成反对动机的可能性本就有大小之别，国家根据行为人的认知内容判断其试图实施的行为是否具有“危害社会”属性也存在难易之分。因此，将违法性认识的可能性纳入故意之中，并不会抹消非难可能性存在高低之分这一事实。

另外，虽然“基于本人认识形成反对动机的可能性”这个统一原理，可将违法性认识的可能性与对构成要件事实的认识一并纳入故意之中，但规范地评价行为人有无“他行为可能性”，是否值得动用刑法予以谴责时还受其他诸多要素的影响。例如，基于辨认能力形成反对动机的可能性、基于控制能力不实施行为的可能性，以及基于客观状况期待行为人不实施行为的可能性等。所以，责任能力、责任年龄与期待可能性仍然是独立于故意之外的责任要素。即便按照本章的主张规范地理解故意概念中的“危害社会”，也不会使责任判断丧失层次性，不会导致整个责任要件坍缩为臃肿的单一责任要素。

结　语

“危害社会”回应了规范责任论下“故意归责时行为人必须具有形成反对动机的可能性”这一要求，使故意的判断从单纯的事实认定走向了规范评价。“危害社会”同时也在故意概念中为实质违法性认识可能性留有一席之地，为

〔1〕［德］英格博格·普珀：《法学思维小学堂：法学方法论密集班》，蔡圣伟译，元照出版有限公司2010年版，第37页。

〔2〕Vgl. Georg Freund, Strafrecht Allgemeiner Teil: Personale Straftatlehre, 2. Aufl., 2009, § 7 Rn. 64; Urs Kindhäuser, Strafrecht Allgemeiner Teil, 7. Aufl., 2015, § 14 Rn. 1.

处理故意与违法性认识的关系指明了方向，不必在故意之外再讨论违法性认识可能性。“危害社会”不是行为人明知的内容，但立足行为时由作为法规范总和的国家来对其进行符合科学法则的判断时，需以行为人认识的事实为判断素材。总而言之，“危害社会”乃故意概念中最具特色之处，在构建我国的故意论时不能脱离这一表述所限定的解释框架。

第六章

论中止犯减免处罚的理论根据

关于中止犯问题的性质与地位，平野龙一博士曾指出，“中止犯在整个犯罪论中或许不一定占有重要地位，而且现在也并非特别紧急的问题。但是，中止犯集中体现了犯罪论的各种论点。犯罪论所讨论的是‘具备什么要件时，才能科处刑罚’，而中止犯论所讨论的是‘具备什么要件时，减轻或者免除刑罚’，可以说，这是‘反过来的犯罪论本身’。”〔1〕

一直以来，学界围绕中止犯主要讨论以下问题：第一，中止犯的立法理由、减免处罚根据问题；第二，中止犯的成立条件，即如何与未遂犯相区别的问题；第三，中止犯造成损害的认定及处罚问题；第四，共犯的中止问题；第五，各种准中止犯问题。〔2〕这些“老”问题虽经学者们积年累月的研究，却历久弥新。之所以如此，一方面是因为中止犯问题是“反过来的犯罪论本身”，只要围绕犯罪论的立场之争尚未平息，对于中止犯的讨论也就永无止境；另一方面即便在犯罪论层面实现学派融合，在中止犯问题上仍需处理刑事政策上的额外问题。在以保护法益为任务的刑法解释学中，如何协调地建构中止犯制度、系统地解决中止犯相关问题，必是一项长期的艰深作业。而展开这项艰深作业的第一步，必须从中止犯减免处罚根据入手。这是因为，“怎样理解刑法所规定的中止犯成立条件，如何认定具体案件的行为人是否成

〔1〕［日］平野龍一『犯罪論の諸問題・上（総論）』（有斐閣，1981年）162頁。

〔2〕中止行为与结果不发生之间没有因果关系时是否可成立中止犯（狭义的准中止犯问题）、危险犯是否可成立犯罪中止、实害的既遂结果发生时是否仍有成立中止犯的余地等，均可归入广义的准中止犯问题的范畴。

立中止犯，取决于对中止犯减免处罚根据的理解和把握”。[1]

本章首先综览中止犯规定的历史流变并检视蕴藏其后的立法理由，为解释现行法下的中止犯规定提供解释思路并指引解释方向（第一节）；然后整理并讨论有关中止犯减免处罚根据的诸学说，指出学说发展的趋势及存在的问题（第二节）；最后提出类型并合说用以合理地说明我国中止犯减免处罚的根据（第三节）。

第一节　中止犯的立法沿革

庞德有言，“语句既不是决定性的，问题就要落在各种可能解释的一个真正优点上。但是这个优点是怎样决定的呢？显然这就要由关于在一定时间和地点应当有一个什么样的美国社会秩序的理想来决定了”。[2]也就是说，在具体的时空场合下，对于法律解释而言具有决定性的乃是含有社会理想成分的目的解释。但是，目的解释也不能完全脱离立法沿革，否则难以体味中止犯立法思想中蕴藏的民族历史精神，难以得到国民的赞同与遵循。故法律解释的生命既在于历史精神的沉淀，又在于现实目的的需要，将精神溶于目的之中，方能引导一个民族在历史的演进中选出最合适的行为方式。

在1905年的《刑律草案》（稿本）之前，“中律未遂犯无明文，然如谋杀之已行未伤害，既伤而未死，强、窃盗之未得财、强奸之未成等类，正与未遂犯无异，惟分隶各门，逐条分列，殊伤繁细，不如于总则特设专条，以资赅载而归简要”。[3]遂于《刑律草案》第63条规定，“凡欲谋犯罪，于未行事以前自动中止者，免其处刑”。值得注意的是，该条将中止犯限于未行事以前，即现在所说的预备中止，才可免其处刑；着手之后的中止只能依第61条“酌量情节，得减既遂之本刑一等或二等”。

1907年的《刑律草案》则考虑，“中止犯者，犯罪着手实行之际虽无障碍足以阻止之，而因自己意思不再续行，或自阻止其结果之发生，此其性质与未遂犯不同，故必须定其处分。关于中止犯有二例，一以奖励自止之意，

---

〔1〕 张明楷：《中止犯减免处罚的根据》，载《中外法学》2015年第5期，第1306页。另参见王昭武：《论中止犯的性质及其对成立要件的制约》，载《清华法学》2013年第5期，第78页以下。

〔2〕［美］罗斯科·庞德：《通过法律的社会控制》，沈宗灵译，商务印书馆2010年版，第26页。

〔3〕 黄源盛纂辑：《晚清民国刑法史料辑注》，元照出版有限公司2010年版，第27-28页。

纯为无罪者。一以自止中有可恕者，有不可恕者，如其人为欲待时而动，忽而自止，即无可恕之理。故有免除其刑，或仅减轻者，然后例较前例于理为优，本案故采用之"。[1]故于第18条规定，"凡谋犯罪，已着手而因己意中止者，得免除本刑，或减二等或三等"。该规定主要是在与未遂犯，而非预备犯对比的意义上界定中止犯概念的，所以不是一概免其处刑，而是得免刑或得减刑二、三等。减免处罚根据在于政策上的"奖励"以及主观上的可宽恕理由，且更加看重后者。

1910年2月的《修正刑律草案》只是将中止犯的减刑规定改为"得免除本刑或减轻本刑"，其余与《刑律草案》无异。1911年1月的《钦定大清刑律》与1912年的《暂行新刑律》则规定中止犯"准未遂犯论"，确立中止犯乃属未遂犯之地位。1915年的《修正刑法草案》更是将未遂犯与中止犯规定在同一条内，盖因第17条"第四项即原案第十八条，既以准未遂犯论，亦即未遂犯之一种，无需独立，应合并为一"，第17条遂规定，"犯罪已着手而因意外之障碍不遂者，为未遂犯。其不能发生结果而危险者，亦同""未遂犯之为罪，于分则各条定之""未遂罪之刑，得减既遂罪之刑一等或二等""犯罪已着手而因己意中止者，准未遂犯论，得免除或减轻本刑"。且考虑"预备及阴谋概须必罚，反促犯人实行犯罪，是以复设第三项，奖其自行中止"。[2]故第18条规定，"预备犯及阴谋犯之为罪，于分则各条定之""预备罪及阴谋罪之刑，除有特别规定外，其余减既遂之刑三等""预备、阴谋犯罪，而于未着手实行以前因己意中止者，免除其刑"。可见，此时已不再看重未遂与中止之区别，即所谓的主观可宽恕理由，而是将减免处罚根据的重点置于政策上的"奖励"。

1918年《刑法第二次修正案》的特色则在于：其一，考虑"未遂罪之定义分为两派……两派定义不同，故对于学说上所谓中止犯大有分别，盖未遂罪若以出于意外者为限，则中止犯当然不能以未遂罪论，原案中止犯处罚，则未遂罪之定义自应改从德国派，删去'因意外之障碍'句，以免抵触"，亦即修改未遂罪之定义，明定中止犯应以未遂罪论。其二，考虑"外国立法例对于中止犯多不科罚，原案规定准未遂罪论，得减轻或免除本刑，但因己意

〔1〕黄源盛纂辑：《晚清民国刑法史料辑注》，元照出版有限公司2010年版，第53-55页。
〔2〕黄源盛纂辑：《晚清民国刑法史料辑注》，元照出版有限公司2010年版，第524页。

中止其情节较轻，故本案拟删去原案‘得’字改从必减，以奖励犯人之自行中止”。[1]即基于“因己意”与“以奖励”而必减免中止犯之刑。故第32条与第34条分别规定，“已着手于犯罪之实行而不遂者，为未遂罪，其不能发生犯罪之结果者，亦同。未遂罪之处罚，以有特别规定者为限”“已着手于犯罪之实行而因己意中止者，减轻或免除本刑”。1919年的《改定刑法第二次修正案》与1928年的《中华民国刑法》延续了该修正案有关中止犯的规定。

1933年的《中华民国刑法修正案初稿》则将中止犯的定义从“因己意中止者”扩展为“因己意中止或防止其结果之发生者”，与自1907年《刑律草案》以来，对未遂犯的定义——“未遂罪者，即分则所定之犯罪行为着手而未完结，或已完结而未生既遂之结果者是也”——相对应。从表面上看，这仅使中止犯包括着手中止与实行中止两种情形，但如下文所述，基于对这一规定的实质解释，可为中止犯减免处罚根据提供新的线索，乃大事因缘，不可小觑。1934年的《中华民国刑法修正案》与1935年的《中华民国刑法》沿袭了该初稿有关中止犯的规定。

我国台湾地区沿用1935年的《中华民国刑法》，对中止犯的规定再无变动，直至2005年修正后于第27条规定，“已着手于犯罪行为之实行，而因己意中止或防止其结果之发生者，减轻或免除其刑。结果之不发生，非防止行为所致，而行为人已尽力为防止行为者，亦同。前项规定，于正犯或共犯中之一人或数人，因己意防止犯罪结果之发生，或结果之不发生，非防止行为所致，而行为人已尽力为防止行为者，亦适用之”。修正理由为，“一、为鼓励犯人于结果发生之先尽早改过迁善，中止犯之条件宜允放宽，爰参考德国立法例……使准中止犯亦能适用减免其刑之规定。二、按中止犯既为未遂犯之一种，必须犯罪之结果尚未发生，始有成立之可言。从犯及共犯中止之情形亦同此理，即仅共同正犯之一人或数人或教唆犯、从犯自己任意中止犯罪。尚未足生中止之利益，必须经其中止行为，与其他从犯以实行之障碍或有效防止其犯罪行为结果之发生或劝导正犯全体中止。再者，犯罪之未完成，虽非由于中止者之所为，只需行为人因己意中止而尽防止犯罪完成之诚挚努力者，仍足认定其成立中止犯……”。[2]即通过立法方式将中止行为与结果不发

[1] 黄源盛纂辑：《晚清民国刑法史料辑注》，元照出版有限公司2010年版，第635-636页。
[2] 黄源盛纂辑：《晚清民国刑法史料辑注》，元照出版有限公司2010年版，第1271-1272页。

生之间缺乏因果关系，但行为人已经做出真挚的努力的情形正式认定为中止犯。不得不承认，如此规定在一定程度上削弱了违法减少作为减免处罚根据的作用；相反，放宽中止犯之条件，是为了实现鼓励犯人于结果发生之前尽早改过迁善的政策目的，且要求真挚的努力，凸显责任减少事由与政策因素的重要性。

与台湾地区不同的是，我国大陆地区无论是1979年《刑法》还是1997年《刑法》，都在"防止犯罪结果发生"之前明列需"自动有效"，同时看重自动性与有效性要件。现行《刑法》第24条明确规定："在犯罪过程中，自动放弃犯罪或者自动有效地防止犯罪结果发生的，是犯罪中止。对于中止犯，没有造成损害的，应当免除处罚；造成损害的，应当减轻处罚。"所以，犯罪结果不仅要被有效阻止，而且必须被中止行为所阻止。〔1〕

由此可见，较之我国台湾地区的规定，我国大陆地区中止犯的成立条件更加严格。从根本上说，这是因为违法性减少在中止犯减免处罚根据中所占的比重更大所致。较之主观上容易调控的责任减少因素以及比较恒定的政策因素，客观上的违法减少因素是行为人较难左右的。客观结果发生与否，因为什么条件而没有发生等在一定程度上取决于偶然因素。所以在减免处罚根据中增加违法减少因素的分量，当然会降低成立中止犯的概率，提高成立中止犯的门槛。倘若欲实现宽严相济的刑事政策目的，就必须从实质上检讨责任减少与违法减少的关系，探究能否通过大量满足前者来弥补后者之不足。

根据以上近代以来有关中止犯立法沿革的考察，可总结出以下三点：第一，将中止犯的成立时点从预备阶段推至实行阶段，中止犯属于未遂罪之一种。第二，在减免处罚根据上，从重视主观可宽恕理由到重视政策性奖励，再到重视责任减少要素。第三，在成立条件上，从只需"因己意"，到兼需"防止其结果之发生"；从只要求"自动防止"，到兼顾"有效防止"（大陆地区）；从要求结果被有效防止，到看重真挚的中止努力（台湾地区）。当然，这只是基于法条文义以及立法说明得出的基础性见解，并不是对中止犯减免

〔1〕　当然，即便表面上出现了行为人最初希望实现的结果，但该结果不能归属于行为人的行为时，换言之，出现介入因素遮断了该结果与行为人的实行行为之间的因果关系时，仍然有认定为"有效阻止"的余地（参见张明楷：《刑法学（上）》，法律出版社2021年版，第476页；程红：《中止犯研究》，中国人民公安大学出版社2015年版，第292-293页等）。另外，犯罪结果必须被中止行为阻止，并不意味着必须完全是被中止行为单独阻止。

处罚根据可能作出的，更不是应当作出的全部解释。

第二节 减免处罚根据的方法论检讨

一、学说综述

有关中止犯减免处罚根据的学说大体上可分为政策说与法律说两大阵营。前者是从刑事政策的角度出发，说明给予中止犯处罚优惠所能带来的积极政策作用，使法益侵害尽早止于未然。后者则从犯罪构成内部为减免处罚找寻犯罪论体系上的依据。但二者不一定是排斥的，“一般是将中止规定的根据问题与体系性地位问题相区别进行讨论”。[1]即在中止犯为什么可以减免处罚这一问题（根据问题）上展开政策说内部的争论，而在刑罚应减免至何种程度这一问题（体系问题）上展开法律说内部的争论，前者解决的是减免处罚根据的定性问题，后者则是定量问题，二者先行后续，并不矛盾。

《德国刑法》第24条对中止犯规定的法律效果是不予处罚（nicht bestraft, straflos），与《日本刑法》第43条但书中对中止犯规定的“应当减轻或者免除处罚”这一效果不同，减免处罚根据的定量问题就显得不那么重要。所以德国学者也多从刑事政策的角度，探讨减免处罚的根据，主要有“黄金桥”理论、褒奖理论以及刑罚目的理论。晚近值得关注的是Jakobs提出的行为变更说、Herzberg的责任履行说以及Jäger的单独的处罚解放事由说。[2]日本学者虽然命名不尽相同，有的是“中止犯的法律性质”，有的是“中止犯刑罚的减免根据”，还有的是“中止犯的意义”，[3]但研究的都是相同的问题。为了能说明何时减轻处罚何时免除处罚，以及应减轻处罚至何种程度等问题，学者大多注重法律说内部的争论，主要是违法减少说与责任减少说的对立。为了弥补两说各自的弱点，也有采用违法·责任减少说的学者。当然，注重法律说内部的探讨并不代表完全抛弃政策说，相反，大部分学者是在法律说

〔1〕［日］山中敬一『中止未遂の研究』（成文堂，2001年）7頁。

〔2〕参见程红：《中止犯研究》，中国人民公安大学出版社2015年版，第72页以下。

〔3〕［日］曽根威彦『刑法原論』（成文堂，2016年）493頁；［日］山中敬一『刑法総論』（成文堂，第3版，2015年）800頁；［日］松宮孝明『刑法総論講義』（成文堂，第5版，2017年）246頁；［日］前田雅英『刑法総論講義』（東京大学出版会，第7版，2015年）123頁等参照。

的基础上，并合考虑政策说，形成了违法减少说与政策说的并合、责任减少说与政策说的并合以及违法·责任减少说与政策说并合的总合说等形式。值得注意的动向是，山口厚教授从消灭导致既遂的危险值得奖励的角度提出的有意识的危险消灭说，[1]西田典之教授从量刑责任的角度出发提出的法定量刑事由说，[2]井田良教授从“负犯罪”角度提出的违法·责任减少说，[3]以及伊东研祐教授从“积极的特别预防”这个极其个别且具有展望性的第四个犯罪构成要素展开的说明。[4]

我国大陆地区学者大多是在德日学者构建的学说框架下或支持或批判地展开讨论，有将法律说与政策说结合起来的并合说，[5]也有以特殊预防必要性为核心的量刑目的说，[6]还有以危险消灭为导向的刑事政策说；[7]有的求之于（主客观相统一的）社会危害性的减少以及刑法内部的谦抑性，[8]有的将根本原因求之于行为人主动、及时、彻底地消除“犯意”，而将客观的社会危害性因素与刑事政策的因素作为次要的和从属性的因素来对待，[9]还有的

〔1〕［日］山口厚『刑法総論』（有斐閣，第3版，2016年）293頁参照。

〔2〕［日］西田典之（橋爪隆補訂）『刑法総論』（弘文堂，第3版，2019年）338-339頁参照。

〔3〕［日］井田良『刑法総論の理論構造』（成文堂，2005年）281頁参照。

〔4〕［日］伊東研祐「積極的特別予防と責任非難」香川古稀（成文堂，1996年）273頁参照。

〔5〕黎宏：《刑法学总论》，法律出版社2016年版，第247-248页主张的是责任减少说和政策说（着眼于鼓励罪犯自动放弃的功利考虑的一面）结合起来的综合说；周光权：《刑法总论》，中国人民大学出版社2021年版，第311页，主张的是基于刑罚目的的责任减少说；陈兴良主编：《刑法总论精释（上）》，人民法院出版社2016年版，第452页，主张以法律说为基础的并合说，同时考虑违法性减少、有责性减少及减免处罚规定有利于鼓励犯罪人停止犯罪或者防止犯罪结果发生，从而避免法益侵害现实化或者扩大化；王昭武：《论中止犯的性质及其对成立要件的制约》，载《清华法学》2013年第5期，第76页以下，主张以政策说作为法律说之基础的新综合说，并在法律说内部将违法性减少作为责任减少之前提。

〔6〕参见张明楷：《刑法学（上）》，法律出版社2021年版，第469页。另外，张明楷教授鉴于我国现行《刑法》与1979年《刑法》关于中止犯规定的不同，即对没有造成损害的中止犯规定应免除处罚，从而主张不能继续采用日本刑法理论的路径，而是可以借鉴德国刑法理论讨论中止犯减免处罚的根据（参见张明楷：《中止犯减免处罚的根据》，载《中外法学》2015年第5期，第1307页、第1317页以下）。

〔7〕参见李立众：《中止犯减免处罚根据及其意义》，载《法学研究》2008年第4期，第134页。

〔8〕参见程红：《中止犯研究》，中国人民公安大学出版社2015年版，第98页以下。

〔9〕参见魏东、李运才：《中止犯的处罚根据检讨》，载《江西公安专科学校学报》2005年第3期，第36页以下。

认为追求公平正义的刑事政策价值才是我国中止犯减免处罚的根据，〔1〕等等。我国台湾地区的学者“有关中止犯必要减免的理由为何，亦形成留德学者与留日学者各说各话的局面”。〔2〕前者多与德国学者的观点同，主要从刑事政策的角度进行阐述，或者采用以政策说为基础的并合说；〔3〕后者则多与日本学者的观点同，主要采用法律说或者以法律说为基础的并合说。〔4〕

目前，国内外有关诸学说的介绍、分析、批判等已汗牛充栋，〔5〕笔者无意将这些经典的或时髦的学说再逐一引介并检讨，而是希望就以下问题对这些学说进行方法论上的总括性反思：政策说与法律说究竟孰优孰劣，是否可以并行不悖？政策说与法律说解决的是两个不同的问题吗？能否像学者想象的那样将二者简单并合？如能并合，又该以何种形态，依何种主线并合？并合后减免处罚的根据到底是一个还是多个？又在什么意义上，可以被视为一个完整的减免处罚根据？

二、学说反思

学者们虽在政策说与法律说之间，以及两说内部持续了长时间争议，但仍未形成一个具有说服力的结论。一方面与学者就犯罪论体系本身的认识不同有关，另一方面是由于一直以来都没有认真地说明违法减少、责任减少与刑事政策之间的关系，对三者的定义也不尽相同。

首先，由于《德国刑法》第24条规定对中止犯不予处罚，用以说明不予

〔1〕参见谢望原：《论中止犯减免处罚之根据——以比较刑法为视角》，载《华东政法大学学报》2012年第2期，第25-26页。

〔2〕陈子平：《犯罪论重要问题的思想脉络——未遂犯篇》，载《月旦法学教室》2011年第2期，第201页。

〔3〕参见黄荣坚：《基础刑法学（下）》，元照出版有限公司2012年版，第534页以下；林东茂：《一个知识论上的刑法学思考》，中国人民大学出版社2009年版，第59页以下；林山田：《刑法通论》，作者发行2008年版，第474页以下；林钰雄：《新刑法总则》，元照出版有限公司2023年版，第387页等。

〔4〕参见甘添贵：《刑法之重要理念》，瑞兴图书股份有限公司1996年版，第126页；陈子平：《刑法总论》，元照出版有限公司2017年版，第437页等。

〔5〕［日］山中敬一『刑法総論』（成文堂，第3版，2015年）800頁以下；［日］大塚裕史『応用刑法Ⅰ——総論』（日本評論社，2023年）349頁以下参照。另参见程红：《德日中止犯立法理由问题研究》，载赵秉志主编：《刑法论丛》第12卷，法律出版社2007年版，第415页以下；程红：《中止犯研究》，中国人民公安大学出版社2015年版，第29页以下等。

处罚根据的各种政策说在说明我国中止犯减轻处罚的根据时难免捉襟见肘，尤其是难以说明应以什么标准确定减轻处罚的幅度。而且，政策的效果未能得到完全的实证，如果不是立法者固执的一厢情愿，那么必须得到其他理由的支持，而最有力的莫过于犯罪论内部的根据。此外，“由于刑罚乃因犯罪所形成的法律效果，探讨刑罚减免的根据时，首先应考量与犯罪成立要件的违法性、有责性之关系”。〔1〕另外，不可否认的是，即便没有中止犯的规定，在量刑时“中止”情节也会成为从轻、减轻甚至免除处罚的从宽考虑因素，即“中止”本身具有的在犯罪论之外影响量刑的性质，不因中止犯体系地位的不同而改变。可以说，政策因素虽非减免处罚根据的充分条件，却是必要条件。

其次，法律说内部争议的前提是，中止犯究竟是与既遂犯还是未遂犯相比应减免处罚。有学者认为，“在我国，中止犯的‘处罚比较对象’是既遂犯，而‘减免比较对象’是未遂犯与预备犯”。〔2〕但是，这样的区分是否有意义，仍有疑问。

第一，既然是以既遂犯的法定刑为基准来减轻处罚，那么为什么要以未遂犯为中介，先考虑未遂犯如何减轻处罚再考虑中止犯如何减轻？这令人难以理解。难怪有学者指出，比照同类型的未遂犯、预备犯减轻中止犯的处罚，不仅在学理上缺乏充分的根据，而且于法无据，甚至与现行《刑法》第 63 条有关减轻处罚的明确规定有冲突。因为该条中所说的“减轻处罚”的比较对象是《刑法》分则对各罪既遂形态所设定的法定刑。〔3〕此外，“刑罚”是个矢量，在科处刑罚时必须说明其方向。单说“处罚比较对象”是没有意义的，因为没有指出处罚的方向是加重还是减轻。而一旦说明是减轻处罚方向，则处罚比较对象就变成了减免比较对象。

第二，如果认为中止犯也是未遂犯的一种，只是因为各自的构成要件不同，在障碍未遂的场合采用得减主义，而在中止未遂的场合采用必减主义，则并不影响其比照的基准都是既遂犯。或许会有反对意见称，根据我国现行

---

〔1〕 陈子平：《犯罪论重要问题的思想脉络——未遂犯篇》，载《月旦法学教室》2011 年第 2 期，第 202 页。

〔2〕 李立众：《中止犯减免处罚根据及其意义》，载《法学研究》2008 年第 4 期，第 129 页。与此类似，王昭武：《论中止犯的性质及其对成立要件的制约》，载《清华法学》2013 年第 5 期，第 74 页认为，“既遂犯仅是中止犯的‘减免刑罚之比较对象’，未遂犯乃至预备犯才是‘减免根据之比较对象’。”

〔3〕 参见陆诗忠：《论我国中止犯刑事责任的争议问题》，载《烟台大学学报（哲学社会科学版）》2020 年第 4 期，第 43 页。

《刑法》第 23 条的规定，“已经着手实行犯罪，由于犯罪分子意志以外的原因未得逞的，是犯罪未遂”，而中止犯不是“因意志以外的原因”未得逞，所以不属于未遂犯之一种，采用的是法国的立法模式，而非德国的立法模式。〔1〕的确，与《日本刑法》的规定相比，〔2〕在我国现行《刑法》之下将中止犯解释为未遂犯并不那么容易。但联系本章第一节梳理的中止犯立法沿革可以看到，自《钦定大清刑律》以来就将中止犯准未遂犯论，基于此种考虑，1915 年的《修正刑法草案》甚至将未遂犯与中止犯规定在同一条内，但对未遂犯的规定仍是“犯罪已着手而因意外之障碍不遂者，为未遂犯”，只是到了 1918 年《刑法第二次修正案》时才删去“因意外之障碍”。可见，一直以来都是将中止犯理解为广义未遂犯之一种，不论狭义未遂犯的定义中是否有“因意外之障碍”等限制。按照历史解释，对我国现行《刑法》规定的中止犯也宜作为未遂犯的一种来理解。此外，我国现行《刑法》第 23 条使用的表述是“犯罪未遂”而非“未遂犯”。或许可以解释为，未遂犯与犯罪未遂并不完全等同，中止犯属于未遂犯之一种，法条只是将犯罪中止与犯罪未遂这两种故意犯罪的未完成形态相区别罢了。例如，2021 年 6 月 16 日最高人民法院、最高人民检察院《关于常见犯罪的量刑指导意见（试行）》中就分别在“调节基准刑的方法”与“常见量刑情节的适用”中，分别使用了“犯罪未遂”与“未遂犯”的表述。

当然，由于我国《刑法》并非如《日本刑法》那样，把预备犯作为独立的犯罪交由分则个别地予以规定，〔3〕而是通过总则中的第 22 条原则上规定了对所有故意犯罪预备形态的处罚，且我国的犯罪中止的确也可以成立于预备阶段，所以从表面上看，说中止犯可归入广义的未遂犯，似乎无法解释预备阶段的犯罪中止问题。但这不过是个观念转换问题，完全可以把犯罪预备看

---

〔1〕 参见马克昌：《中国内地刑法与澳门刑法中犯罪未完成形态比较研究》，载《武汉大学学报（人文社会科学版）》2000 年第 1 期，第 8-9 页；程红：《中止犯研究》，中国人民公安大学出版社 2015 年版，第 15-16 页。同样认为中止犯不是未遂犯的一种特殊情形的见解，参见张明楷：《中止犯减免处罚的根据》，载《中外法学》2015 年第 5 期，第 1320 页。但该文在中止犯减免处罚的比较对象是既遂犯而不（必）是未遂犯这一点上，与本章的结论是一致的。

〔2〕《日本刑法》在规定未遂犯的第 43 条但书中规定了中止犯。未遂犯指“已经着手实行犯罪而未遂的”，并无“因意志以外的原因”这一限制条件。

〔3〕 例如，杀人预备的行为在日本是直接根据《日本刑法》第 201 条构成杀人预备罪。该条规定了独立的法定刑，而不是根据总则的规定（《日本刑法》中没有关于犯罪预备的总则性规定）对规定杀人既遂的第 199 条的法定刑做修正。

作“预备阶段的未遂犯”，而尚未着手的犯罪中止则是“预备阶段的中止犯”。如此一来，上述有关未遂犯与中止犯关系的论述，照样可以适用于预备阶段。可以看到，即便在明确把中止犯称为中止未遂，将其与障碍未遂统括于广义未遂犯之下的日本，不少学者也承认预备罪中存在成立中止犯的空间(尤其是针对抢劫预备罪等没有免除刑罚规定的从属预备罪)，至少应允许准用或类推适用中止犯的规定免除刑罚。〔1〕所以，如何理解中止犯与未遂犯的关系，关键并不在于一国刑法总则中是否原则性地规定犯罪预备形态，也不取决于是否明文规定中止犯可否存在着手实行之前等。退一步讲，即便认为中止犯必须存在着手之后，那也有可能在概念上将中止犯与犯罪中止作区分，〔2〕认为在我国的《刑法》规定之下，虽然预备阶段不可能存在中止犯（因为中止犯属于未遂犯，需要在犯罪着手之后)，但仍然可以出现犯罪中止这一未完成形态。另外，虽然我国现行《刑法》第 22 条原则上处罚所有故意犯罪的预备形态，但考虑到“预备犯对刑法保护的法益只有间接的抽象危险”，所以实际上只在侵害特别重要的法益时才处罚预备犯。〔3〕在中止犯减免处罚根据的探讨上，具有决定性意义的仍然是中止犯与未遂犯的关系。因此，本章仅以中止犯与未遂犯的关系为考察重点，即以犯罪着手实行之后的中止犯为讨论对象，但相关论证与结论完全可以沿用至中止犯与预备犯的关系之上。

第三，上述论者同时主张：“在与未遂犯相比较的基础上，中止犯减免处罚根据将面临如下选择：……着眼于客观面，中止犯与未遂犯的客观危害虽一致，但是，在没有发生既遂结果的原因上不同：未遂是外因（意志以外的原因）消灭了既遂危险，导致未发生既遂结果，而中止犯是内因（本人主动）

---

〔1〕［日］平野龍一『刑法総論Ⅱ』（有斐閣，1975 年）338 頁；［日］大谷實『刑法講義総論』（成文堂，新版 4 版，2012 年）392 頁；［日］内田文昭『刑法概要（中巻）』（青林書院，1999 年）360 頁；［日］曽根威彦『刑法原論』（成文堂，2016 年）512-513 頁；［日］浅田和茂『刑法総論』（成文堂，第 3 版，2024 年）413 頁；［日］井田良『講義刑法学・総論』（有斐閣，第 2 版，2018 年）475 頁；［日］高橋則夫『刑法総論』（成文堂，第 5 版，2022 年）451 頁；［日］松原芳博『刑法総論』（日本評論社，第 3 版，2022 年）389 頁等参照。与此相对，认为预备中止时只能酌量减轻处罚而不该当中止未遂时必要减免处罚事由的观点，［日］日高義博『刑法総論』（成文堂，2015 年）437 頁；［日］松宮孝明『刑法総論講義』（成文堂，第 5 版，2017 年）249 頁；［日］町野朔『刑法総論』（信山社，2019 年）356 頁；［日］西田典之（橋爪隆補訂）『刑法総論』（弘文堂，第 3 版，2019 年）345 頁；［日］山口厚『刑法総論』（有斐閣，第 3 版，2016 年）303 頁等参照。

〔2〕当然，为了避免相似概念区分带来的讨论混乱，笔者并不倾向于这一“退一步”的做法。

〔3〕黎宏：《刑法学总论》，法律出版社 2016 年版，第 227 页。

消灭了既遂危险，导致未发生既遂结果。”[1]对此可做以下三种理解：其一，中止犯缺乏成立未遂的行为无价值，较之未遂犯违法性小，这是行为无价值论的观点，应不为持结果无价值论立场的论者所采纳。其二，中止犯是通过自己的意志阻断了危险导致实害的因果流程，注重作为犯罪故意反面的中止意思，即将主观要素纳入违法性减少的评价之中，则与论者不承认主观的违法要素，尤其不承认故意是违法要素的观点相抵牾。其三，看重中止犯阻断了危险发展为实害的因果流程这一客观事实，但如此一来，比较的对象就不是未遂犯，而是出现了实害结果的既遂犯。可见，论者本人在实际论理过程中也采用了既遂犯基准。所以，中止犯应在与既遂犯相比的基础上展开减免处罚根据的讨论。

再次，与既遂犯相比，即便不将故意作为违法要素，由于实害结果没有出现，当然存在违法性减少的余地。而且，站在结果无价值论的立场，责任是相应于违法而言的，如果违法性减少了，非难可能性也会随之一同减少。此外，根据“没有无违法的责任，但存在无责任的违法”这一原则可推论的是，在中止犯中存在责任减少独立于违法减少，即减少得更多，甚至违法未减少只有责任减少的情形（如出于悔悟、反省等动机而中止时）。

问题是，如果将中止犯与未遂犯相比，所谓存在论上已经出现的违法性与有责性能否减少乃至消灭？一方面，因为中止犯至多只是免除处罚，而不是不构成犯罪，所以肯定中止犯的违法性与有责性能达到消灭的程度，是不妥当的。另一方面，有学者认为，中止犯的违法性与有责性不能消灭，虽与既遂犯相比是减少了，但与未遂犯相比并没有减少。[2]的确，若站在结果无价值论的立场，不将犯罪故意等主观要素作为违法要素对待，则已经出现的中止犯的违法性不能评价为“减少了”，否则难以说明“正犯中止，共犯未遂”的现象。这是因为，共犯的违法性从属于正犯，若正犯只是低程度的中止犯的违法性，共犯不可能具备高程度的未遂犯的违法性。所以，必须承认中止犯的违法性与未遂犯的违法性是相同的。[3]

---

〔1〕 李立众：《中止犯减免处罚根据及其意义》，载《法学研究》2008年第4期，第129-130页。

〔2〕 参见张明楷：《中止犯减免处罚的根据》，载《中外法学》2015年第5期，第1308页以下。

〔3〕 通过整体考察的方法，认为中止犯与未遂犯在违法性上存在差异的观点，参见王昭武：《论中止犯的性质及其对成立要件的制约》，载《清华法学》2013年第5期，第74-75页。对此，有力的反驳意见（笔者赞同）参见张明楷：《中止犯减免处罚的根据》，载《中外法学》2015年第5期，第1309-1310页。

可是，在责任方面，即便存在论上不可事实性地“减少”责任，但完全可以在规范论的层面评价为责任“降低”了。运用刑法不是一个查明事实的过程，而是一个评价事实的过程。如香川达夫教授所言，“意思决定这样的历史事实虽不允许事后变更，但对行为人的意欲的评价进行事后变更是可能的”。[1]无论是犯罪既遂，还是犯罪未遂或犯罪中止，在着手时犯罪的行为意思与故意的内容是完全一致的，评价的改变发生在出现中止行为时。若如前述论者所言，中止犯的有责性较之于既遂犯减少了，那么较之于未遂犯同样可以评价为降低了。也就是说，自动性与中止意思通过对中止行为之前存在的犯罪的行为意思与故意进行否定，表现出中止犯对法规范的回归，这一评价对于既遂犯与对于未遂犯而言同样适用。当然，这并不是说将中止行为也作为整体犯罪（实行行为）的一部分来考察，而是意味着在最终评价行为人的非难可能性时，具备自动性与中止意思的中止行为成为重要的评价素材。因此，虽然中止犯减免处罚的比较对象是既遂犯，没有必要与未遂犯相比，但并不意味着中止犯的违法性和有责性与未遂犯完全相同，而应该在评价层面上认为中止犯与未遂犯的违法性相同，但前者的责任更低。

最后，是否只有政策说才能说明减免处罚根据，而法律说只是论证中止犯的体系地位呢？本书认为，通过区分减免根据和体系地位以表明政策说与法律说并非争锋相对，是值得可取的；但完全将两个问题割裂开来，认为井水不犯河水就过犹不及了。

对犯罪减免处罚有两条路径可循：其一，认定其违法性低或者责任较轻，从而将作为量刑上限的责任刑降低，对该行为的处刑也就整体降低了；其二，在责任刑确定的上限之下，通过考虑刑罚目的，尤其是特殊预防的要求，从而减免刑罚。在《刑法》没有规定中止犯时采用第二条路径是妥当的，但这条路径的缺陷是没有犯罪论的支撑，往往给人一种名不正言不顺的印象。在《刑法》明文规定了中止犯，将其作为一种特殊的犯罪形态予以对待时，就有必要研究其成立条件，通过第一条路径名正言顺地获得减免处罚的根据。此外，当刑事政策上的某种减免处罚需求极其强大时，《刑法》会适时地将其单独规定出来，以便确立其理论上应有的地位。正是在这个意义上，西田典之教授认为“中止犯刑罚的减免是从责任的角度出发对未遂犯量刑事由的法定

〔1〕［日］香川達夫『中止未遂の法的性格』（有斐閣，1963年）97頁。

化”,〔1〕从而有别于将减免处罚根据单纯作为“个人解除（或减轻）刑罚事由，属于不法与罪责以外的犯罪成立要件”〔2〕的观点。

所以，第一条路径从表面上看虽是犯罪论内部的方法，其实仍受刑事政策的引导。换言之，是将刑事政策融汇于犯罪构成中，通过犯罪构成这一框架使政策需求得以安定地实现。中止犯正是凭借体系上的特殊地位，彰显其预防必要性的减少。〔3〕这也是德国学者在讨论减免根据之后，仍然要说明中止犯体系地位的原因所在。所以，政策说与法律说不仅并行不悖，更是水乳交融，二者解决的不是两个问题，而是一个问题的两个方面。林幹人教授指出，“政策说、违法减少说、责任减少说不过是强调了中止犯法律性质的某一侧面。中止犯的全貌唯有总合这些学说才能明朗起来”。〔4〕我国的量刑实践也兼受政策说与法律说的影响，综合考虑中止犯罪的阶段、是否自动放弃犯罪、是否有效防止犯罪结果发生、自动放弃犯罪的原因以及造成的危害后果等情况确定从宽处罚的幅度。〔5〕

综上所述，“有关法律性质论的争议结局是，违法减少或责任减少等法律要素若必定要多少重视政策性考虑的支持则变成了政策说，政策的考虑如果也应该在可能的限度内结合犯罪成立要件就会变为法律说”,〔6〕并合两说乃大势所趋。但一直以来，减免处罚根据在“并合”二字的庇护下处于模糊不清的状态，以至于遭到如下质疑与批评，“政策说与法律说如何并合？事实上，以往的并合说并没有明确界定法律说与政策说的关系，只是简单地将二者综合起来”〔7〕“因为采用的是不能用前者来说明时，就用后者来说明的便宜主义的观点，所以存在难以用一贯的立场来说明中止犯成立要件的难点”,〔8〕且

〔1〕［日］西田典之（橋爪隆補訂）『刑法総論』（弘文堂，第3版，2019年）339頁。

〔2〕林钰雄：《新刑法总则》，元照出版有限公司2023年版，第386页。

〔3〕在政策说中支持刑罚目的说的见解考虑的是预防必要性的问题。虽然特殊预防必要性一般均在考虑之列，但是否应该考虑一般预防必要性，则存在争议（张明楷：《中止犯减免处罚的根据》，载《中外法学》2015年第5期，第1318页以下，认为只应考虑特殊预防必要性；周光权：《论中止自动性判断的规范主观说》，载《法学家》2015年第5期，第62-63页，则既考虑了特殊预防必要性，又考虑了一般预防必要性）。

〔4〕［日］林幹人『刑法総論』（東京大学出版会，第2版，2008年）365頁。

〔5〕参见熊选国主编：《量刑规范化办案指南》，法律出版社2011年版，第79页。

〔6〕［日］大塚裕史『刑法総論の思考方法』（早稲田経営出版，新版補訂版，2008年）160頁。

〔7〕张明楷：《中止犯减免处罚的根据》，载《中外法学》2015年第5期，第1314页。

〔8〕［日］金澤真理「中止犯」西田典之ほか編『刑法の争点』（有斐閣，第2版，2007年）93頁。

难以运用减免处罚根据指导解决中止犯的具体问题。为了克服这个难点，就不得不重新思考并合后的减免处罚根据本身。对此，本书提出“类型并合说”。

第三节 类型并合说的理论构造

一、并合的理念

并合学说时，在方法论上有两点需注意之处：第一，应整合诸学说中有益的部分，否则会使原有缺陷倍增，同时滋生学说间的衔接问题。所以不能简单地堆砌、叠加学说，更不可毫无章法地将各学说一网打尽，而是要确立一条能将各学说优势串联起来的理念主线。第二，并合之后，各学说原有的立足点应当为新的理念主线所取代，如此方能在贯彻并合后的学说时具有同一性，且避免原立场之间的冲突。所以，并合政策说与法律说绝不能只为说明上的方便而罔顾理论上的一致性，并合之后的减免处罚根据应是统一体，而不是政策因素、违法性减少、责任减少三足鼎立的局面。

王昭武教授指出，“所谓政策性考量，其内容本身相对抽象，只有通过违法性减少与责任减少这种法律判断，才能得到具体体现；同时，只有行为人的任意的中止行为减少了违法性与责任，才能佐证行为人真正值得褒奖，对此类行为人必要性地减免其刑，才有可能得到社会一般人的认同，从而为政策性考量提供具体判断依据。……只有通过违法性减少与责任减少这种法律因素来体现与补强，才可最大限度地避免处于可变状态的刑事政策与社会情势对法律判断的过度干预或影响，防止政策性考量流于恣意，确保最终选择能够回归法律本位”。〔1〕虽然对于王昭武教授提出的政策说是法律说的基础，法律说只是政策说的补强这一观点，笔者尚持保留态度；但对于将政策说与法律说紧密联系在一起的做法，本书深表赞同。

本书认为可将政策因素、违法性减少、责任减少三者融为一体的理念主线是：中止犯减免处罚根据是刑事政策这支箭射在构成要件这个靶子上的结果，刑事政策目的通过中止犯构成要件的特性在犯罪论上得以具体化。既以刑事政策为导向，判断违法性减少与责任减少的各种中止犯的情形，也唯有

〔1〕 王昭武：《论中止犯的性质及其对成立要件的制约》，载《清华法学》2013年第5期，第77页。

违法性与责任减少到了一定程度，才能证明实现了刑事政策目的。一方面使构成要件的判断具有目的性指导，另一方面使政策需求受到构成要件的框定从而得以安定化。与此不同，一方面以相较于既遂犯而言的违法性与有责性减少为根据说明我国中止犯减轻处罚的合理性，另一方面又以特殊预防必要性的丧失为根据说明免除处罚的合理性的观点，〔1〕虽然很好地兼顾了我国现行《刑法》中没有造成损害的中止犯必须免除处罚这一特别规定，但本质上仍是根据法律效果（减轻处罚还是免除处罚）的不同选取不同的说明路径(法律说还是政策说)，在方法论上不能满足上述理念主线的要求。以下从并合的要素、并合的载体以及并合的方法三个方面来详细阐述笔者提倡的类型并合说。

二、并合的要素

根据政策说的主流观点，政策因素指的是“行为人若依已意中止其已着手之未遂，那么便显示他的犯意并未到达实行犯罪所必要的强度。他一开始在未遂阶段所显露出来的危险性，嗣后也证明极为轻微。基于这个理由，法律对于‘未遂本身’不予处罚。盖因对于法律而言，为了能避免行为人在未来再为犯罪行为，以及为了威吓其他人，或为了重新回复受侵害之法秩序，刑罚已显得不再必要”，〔2〕同时“此一基本立场所考虑的就是刑罚的整个必要性的问题，概念上也不必把刑事政策上的功利考量排除在外”。〔3〕简言之，就是考虑特殊预防必要性与一般预防必要性大小，兼顾减免处罚对行为人的激励作用。〔4〕

违法性减少是指，从评价的角度与既遂犯相比，中止犯通过自身的行为

---

〔1〕 参见张明楷：《中止犯减免处罚的根据》，载《中外法学》2015年第5期，第1321页。

〔2〕 王效文：《中止犯减免刑罚之理由》，载《月旦法学杂志》2011年第7期，第12页。

〔3〕 黄荣坚：《基础刑法学（下）》，元照出版有限公司2012年版，第538页。

〔4〕 认为只应考虑特殊预防必要性的观点，参见张明楷：《中止犯减免处罚的根据》，载《中外法学》2015年第5期，第1318页以下。而王昭武：《论中止犯的性质及其对成立要件的制约》，载《清华法学》2013年第5期，第76页认为，“要真正实现最大限度地保护法益这一立法目的，特殊预防固然重要，但更应关注能否显现良好的示范效应，取得一般预防的效果”。本章主要讨论的是政策因素、违法减少与责任减少应该如何在方法论上并合的问题，至于政策因素内部具体应该考虑哪些要素值得进一步研究。从结论上讲，笔者较为赞同除特殊预防必要性外，一般预防必要性与激励作用也应该纳入考虑范围的观点。

遮断了导致结果发生的因果流程，从而降低了结果发生的危险。换言之，虽然着手之后出现的危险仍然存在，但从其没有继续演变成实害这一点来看，由危险到实害这一部分的违法性对于中止犯而言是缺失的，比起既遂犯的违法性当然更低。值得注意的是，“由危险到实害这一部分的违法性”不仅指最终作为静态结果出现的违法性，而且包括充斥在从中止行为开始，到结果未发生之间整个动态过程之中的违法性。即，假设没有中止行为，从实际做出中止行为的时点到既遂结果发生的时点，危险逐渐增大并演变为实害这一过程涵射于整个时空序列中的违法性。站在结果无价值论的立场，本书不是从行为无价值的角度来看待这一部分的违法性，或认为中止行为本身是行为有价值的；而是认为，着手之后作为无价值结果的法益危险已经产生，直至最终更加无价值的法益实害出现之前，介于两种结果之间的危险发展过程也可评价为结果无价值。申言之，结果无价值包括作为静态存在的法益危险与法益实害本身，还包括从危险发展为实害的动态过程。[1]扩展违法性所涵射的范围，当然也就拓宽了违法性减少的场域。由此可推论，当法益实害仍然发生而从危险到实害之间的过程性危险被评价为降低时，仍有成立中止犯的余地（如现实出现的既遂结果不能归属于行为人的实行行为，且中止行为本身具有导致结果不发生的极大可能时）。

附带指出的是，自 1933 年《中华民国刑法修正案初稿》将中止犯的定义从“因己意中止者”扩展为“因己意中止或防止其结果之发生者”以来，虽说表述上略有不同，但我国各时期的刑法均一直沿用了该规定。在 1933 年之前，立法者看重的是责任减少以及政策因素，在解释论上，只要因己意中止，即便出现了既遂结果也有成立中止犯的余地。但之后，虽然是用“或”这一选择连词增加了中止的情形，但实际上是缩小了“因己意中止”的解释范围，反而看重了“防止其结果发生”这一违法性减少要素，使中止犯的违法性减少必须体现为犯罪结果没有出现这种观点至今仍根深蒂固。可是，如果采用将危险发展的动态过程也看作犯罪结果的观点，那么虽然未防止既遂结果的发生，但在某一时段降低了危险或者阻碍了危险发展流程的，也不无成立中

---

〔1〕 从继续犯这种犯罪类型中不难发现，法益实害也完全具有有持续发展的动态一面。既然法益实害与法益危险都是结果无价值的表现，就没有理由否定介于两种无价值结果之间的过度部分也是结果无价值的应有内容。

止犯的余地。如此理解，1933 年的修改一方面丰富了中止犯的类型，另一方面则提出了中止犯减免处罚根据的新支柱——违法性减少，使中止犯的成立条件更为合理。在行为人有必要付出努力防止结果发生的场合，不再仅因单纯停止实行就享受减免处罚的优待；也不至于忽视责任减少与政策因素的作用，而只看最终结果发生与否，为结合三者具体判断个案中是否存在减免处罚根据提供了契机。正是在此意义上，笔者称该修改乃中止犯问题上的大事因缘。

责任减少则可分为两部分：一部分对应违法性减少，另一部分超出（先于）违法性单独降低。前者是指与既遂犯相比，行为人主动放弃犯罪故意，在中止行为开始至结果（本应）发生这一过程中，缺乏对应实行行为的非难可能性，相反产生了对应中止行为的中止意思。后者是指中止行为的自动性，反映行为人“在适法行为的期待可能性困难的状况下（由试图实现犯罪而着手实行的行为人本人实施中止行为），还选择了（动机的自发性）适法行为（中止行为）”,〔1〕表现出行为人已放弃对法的敌对态度，再次选择了对法的忠诚。从事后来看，在既遂结果发生或由他人避免等情形下，违法性减少只涉及危险发展过程中的某一部分，而中止意思则直接指向既遂结果且需达到较高等级，所以中止意思所彰显的责任减少也有超出与违法性减少对应范围的可能。区分责任减少的两个来源有助于理解以下现象：第一，支持责任减少说的学者往往是在自动性，而非中止意思的层面主张责任减少；第二，主张违法减少说的学者即便批评责任减少说过于重视中止动机的伦理性，也不否认在中止意思的层面上存在责任减少；第三，“违法·责任减少说中的责任减少，不过是随着对违法减少的认识而来的责任减少，实质上与违法减少说没有差异”。〔2〕

综上所述，违法性与有责性的联合降低表明，处罚中止犯所欲达成的刑事政策目的通过较轻的刑罚甚至单纯的宣告有罪就能得以实现。在具体判断违法性减少与责任减少是否达到可成立中止犯的程度时，又要以刑罚目的为导向，一方面将客观上从危险发展到实害的全过程纳入违法性评价的视野，另一方面则需分清责任减少的两个来源。接下来的问题是，政策因素、违法性减少与责任减少三者应如何并合，才不至于落入简单相加的窠臼呢？

〔1〕［日］曾根威彦『刑法原論』（成文堂，2016 年）499 頁。
〔2〕［日］西田典之（橋爪隆補訂）『刑法総論』（弘文堂，第 3 版，2019 年）337 頁。

三、并合的载体

大塚仁教授在中止犯减免处罚根据问题上提出了新思路，认为“只分离出违法性或责任减少其中之一是困难的，对应具体的事态，将重点置于违法性或责任其中之一，且基本上理解为两者同时减少才是适当的。例如，对于不是依行为人的悔悟而做出的中止行为，违法性减少是主要的；与此相对，在因悔悟而中止的场合，应重视责任减少。此外，刑罚的减免当然也必须同时考虑一般预防与特殊预防。如此一来，应将第 43 条但书理解为是以刑事政策的考虑为背景，依据行为人的中止，类型性地规定违法性及责任减少的场合”。〔1〕但遗憾的是，大塚仁教授一方面没有将该类型化的思路展开，并用以说明中止犯的其他问题；另一方面没有明确提出一条整合各种类型的主线，即没有阐述并合各种要素时所需要的统一载体以及通过该主线串联各要素的方法，难免令人质疑该学说提出的仍是三个根据而非一个统一的减免处罚根据。本书认为，作为统合各种要素的载体，需同时满足以下两个条件：①同时体现政策因素、违法性减少与责任减少三者的作用；②三者配合共同决定了这个载体是否成立，是否具有应当减免处罚的性质。而广义的“中止行为”正好能担此大任。

以往多在中止犯的客观性要件中谈及中止行为，〔2〕主要研究的是在着手中止与实行中止两种情形下，应如何从客观上判断某行为是否属于中止行为。从客观上看，在不需要遮断导致结果发生的因果流程时，单纯地停止继续侵害就是中止行为；在需要通过行为人的实际作为来遮断导致结果发生的因果流程时，则防止结果发生的行为才是中止行为。〔3〕笔者称这种仅从客观性角度来界定的中止行为为狭义的中止行为。除客观性外，中止犯的成立还需同时满足时间性、自动性、有效性要件，但无论哪个要件，无一不是附着于中止行为起作用的。中止行为只有在特定的时间范围内，基于行为人的自由意志实施，且消灭导致结果发生的危险时才能成立。换言之，中止行为是个能够融合中止犯成立要件于一体的概念。与实行行为相比，也能得到佐证。行为本身是具备

---

〔1〕［日］大塚仁『刑法概説・総論』（有斐閣，第 4 版，2008 年）258 頁。

〔2〕参见张明楷：《刑法学（上）》，法律出版社 2021 年版，第 475 页；程红：《中止犯研究》，中国人民公安大学出版社 2015 年版，第 243 页以下等。

〔3〕［日］平野龍一『犯罪論の諸問題点総論』（有斐閣，1981 年）148 頁参照。

有意性的客观存在；行为的时间、地点、状况及方法等要素都是行为的存在形式，除去这些，行为便只是空洞的概念；〔1〕实行行为本身就是具有导致结果发生的危险性的行为。故实行行为是将行为本身、行为时间、行为意志、行为与结果之间的因果关系等要素集合于一体的规范性概念。既然中止犯是犯罪论反面的问题，那么中止行为也应是一个集合了客观性、时间性、自动性与有效性的规范性概念。在此意义上，可称为广义的中止行为。〔2〕

问题是，中止意思是否有必要像犯罪意思与犯罪行为相分离那样，后于中止行为进行单独评价呢？本书认为，没有这个必要。虽然存在诸多变体，但在德日刑法理论中依照构成要件符合性—违法性—有责性的顺序阶层式地描述犯罪的成立条件已成为共识。可是，“对犯罪逻辑上正确的描述，与人们可以借以最好地判断犯罪在具体案件中是否存在的检验程式，两者是完全不同的”。〔3〕这是因为，犯罪事实本身并不是按照描述犯罪构成的顺序出现的，而是在实施行为时就具有了主观上的非难可能性，具有构成犯罪的定型性。在乍看上去就排除犯罪成立的场合，没有必要再逐一检讨各个构成要件要素。只有在乍看上去没有排除犯罪事由的场合，才有必要阶层式地仔细地判断是否真的构成犯罪。所以，阶层式犯罪构成的判断不仅是为了满足体系性与经济性的要求，更是为了对凭直觉构成犯罪的行为进行严格筛选。

推及中止犯，“犯罪中止的行为本身并不是犯罪行为，犯罪中止以前的行为才是刑法上应予以处罚的行为。犯罪中止的行为本身恰恰是《刑法》上要鼓励的行为。立法上规定犯罪中止的目的，并不是为了追究犯罪人的刑事责任从而施加刑罚，而是为了鼓励犯罪人中止犯罪行为或者避免犯罪结果发生从而对其进行刑罚上的宽免，这才是犯罪中止规定的最高价值追求”。〔4〕所以，中止行为虽不是排除犯罪的事由，但无疑是排除犯罪既遂和未遂的事由。

---

〔1〕 参见张明楷：《刑法学（上）》，法律出版社2021年版，第209-210页。

〔2〕 王昭武：《论中止犯的性质及其对成立要件的制约》，载《清华法学》2013年第5期，第79页也指出，“‘中止的时间性’是实施中止行为的当然前提，是由中止行为的性质本身所决定，而‘中止的有效性’是对中止行为程度的必要要求，因此，对于‘中止的时间性’于‘中止的有效性’只要在判断‘中止的客观性时予以考虑即可，没有作为独立要件的实质意义”。

〔3〕 ［德］Ingeborg Puppe：《论犯罪的构造》，陈毅坚译，载《清华法学》2011年第6期，第159页。

〔4〕 陈勇：《关于危险犯既遂后主动排除危险状态行为的思考》，载《政法论丛》2002年第5期，第29页。

故事实上与中止行为同时存在，经由中止行为得以彰显的中止意思，没有必要在判断中止行为的客观性之后再进行检讨，即中止意思可纳入广义中止行为的规范内涵之中。即便违法性减少不够充分，但当中止意思所带来的责任减少幅度巨大时，也有认定中止行为从而排除犯罪既遂和未遂的余地。

此外，笔者不赞成将中止行为作为“负犯罪构成要素”，将中止犯作为“负犯罪”的观点。〔1〕中止犯在本质上仍是未遂犯，中止行为之前的违法性与有责性已经达到作为未遂犯处罚的程度，只是后来通过中止行为修改了对整个犯罪行为的评价而已。换言之，中止行为本身并没有作为被评价的对象而成为构成要件要素，只是为评价构成要件要素提供了辅助资料，作为评价对象的仍是中止之前的实行行为。另外，中止行为也不是消极的构成要件要素，因为消极的构成要件要素存在实行行为之初，从一开始就对行为属性产生影响；而中止行为是在犯罪行为着手之后才出现的，不决定行为的属性，只影响对既存要素的评价。所以，对作为辅助评价资料的中止行为，没有必要像判断犯罪构成那样将其划分为违法层面与责任层面进行阶层式检讨，即没有必要将中止行为的客观属性作为“负犯罪构成要素”进行评价之后，再将内涵于其中的中止意思作为对应的“负非难可能性要素”对待。〔2〕如果认为中止行为是中止犯的构成要件要素，那么当中止行为本身构成犯罪时，该新犯罪与原犯罪中止只能是竞合关系，择一重罪处罚或者作为“造成损害的”中止犯来处理。相反，如果中止行为只是评判原犯罪行为的辅助资料，而非原犯罪的构成要件要素，那么中止行为所构成的犯罪与原犯罪中止可以数罪并罚。由于中止行为所产生的利益已经通过对原犯罪减免处罚得以实现，没有理由再通过犯罪竞合使行为人多获得一次处罚上的优待。而且，将中止行为造成的犯罪结果认定为中止犯中的“造成损害”也不妥当。我国现行《刑法》第 24 条第 2 款中所说的“造成损害”应仅限于中止前原犯罪行为造成的损害，而不包括中止行为本身造成的损害。〔3〕这反过来说明，不应将中止行

---

〔1〕［日］井田良『講義刑法学・総論』（有斐阁，第 2 版，2018 年）465 頁参照。

〔2〕从规范论的角度来看，中止犯的规定并非行为规范而是制裁规范（参见程昇：《消除危险成立危险犯中止的规范论考察》，载《河南警察学院学报》2023 年第 4 期，第 86-87 页），所以没有必要像分析行为规范中的评价规范与决定规范那样区分“负的不法要素”与“负的责任要素”。

〔3〕参见张明楷：《中止犯中的“造成损害”》，载《中国法学》2013 年第 5 期，第 119 页。与此相反的意见，参见陆诗忠：《论我国中止犯刑事责任的争议问题》，载《烟台大学学报（哲学社会科学版）》2020 年第 4 期，第 41-42 页。

为作为（负）犯罪构成要素看待。

综上所述，广义的中止行为承担了连接违法性减少与责任减少的功能，政策因素则通过内涵于此二者之中得以实现，故中止行为是三个并合要素得以共存的载体。但仍有疑问的是，以中止行为为载体的做法是否只是给三个要素牵强地添加了一个笼统的上位概念呢？为了解决这个问题，必须仔细说明中止行为这个载体是如何整合其内部要素，又是以何种姿态作为减免处罚根据出现的。

四、并合的方法

既然中止行为是减免处罚根据的载体，那么如何并合减免处罚根据这个问题就可以转化为如何解释中止行为，即如何看待中止行为这个概念得以确证的问题。法律概念的形式可分为分类概念（Klassenbegriffe）与类型概念（Typusbegriffe）。前者“是列出那些具体个案中对此概念之实现而言系属必要（notwendig）且充分（hinreichend）的要素”，根据个别的要素是累积的（kumulativ）必要还是选择式的（alternativ）必要，可细分为连言式（konjunktiv）定义与选言式（disjunktiv）定义。后者则“是从选言式的概念确定方式继续发展出来的。这是指在一个概念中，出现了至少一个可区分等级（abstufbar）的要素。这个要素以外的其他要素，要不就同样也是可升层的，不然就是仅为选择性的必要（alternativ notwendig）。这些要素相互间都具有如下连结：一个可区分等级的概念要素在个案中越是高程度的被实现，其他可分级之要素所必须被实现的程度便可随之降低，或者就越不需要实现其他的选言式要素”。[1]劳东燕教授也指出，“类型思维的特殊之处在于，公开承认类型要

---

〔1〕［德］英格博格·普珀：《法学思维小学堂——法学方法论密集班》，蔡圣伟译，元照出版有限公司2010年版，第30页以下。刑法中类型概念的典型例子有未必的故意（dolus eventualis）与财产犯中讨论的占有（Gewahrsam）。前者中的认识因素（Wissenselement）与意志因素（Wollenselement），以及后者中的事实上对物的支配（tatsächliche Sachherrschaft）与社会的承认（soziale Anerkennung），都是可区分等级的要素。此外，作为主观要件的对财物的支配意思（占有意思），具有补充作为客观要件的对财物的支配（占有事实）的意义，［日］山口厚『刑法各論』（有斐閣，第2版，2010年）178頁参照。另外，关于业务上过失的加重根据，山口厚教授主张，“通过业务行为的危险性或者反复继续性能够类型化肯定重过失的案件中，认为应当适用业务上过失致死伤罪是妥当的（行为的危险性与反复继续性，其中一方程度较高时可以缓和地理解另一方，在这个意义上可以说二者是相互补充地要素）。在此意义上，业务上过失应当理解为‘类型化地重过失’”。［日］山口厚『刑法各論』（有斐閣，第2版，2010年）67頁。

素的可变性，不仅要素之间的组合方式会呈现结构性的变化，要素本身是否作为类型的必备成分也具有相当的弹性。并且，要素上的这种可变性，往往并不影响类型系列作为整体图像的存在。"〔1〕

所以，对于"中止行为"至少可以做出连言式概念、选言式概念，以及类型概念三种解释。由于政策因素通过映射到构成要件中，指导违法性减少与责任减少的具体判断得以实现，所以在犯罪论层面能够决定中止行为定性的实际上只有违法性减少与责任减少。如果将中止行为理解为连言式概念，则成立中止行为，既要违法性减少又要责任减少；如果将中止行为理解为选言式概念，则违法性减少或责任减少即可成立中止行为。上述两种理解都是把中止行为看作分类概念，这也是目前对中止行为的一般性见解。无论是连言式概念还是选言式概念，都需要单独判断其中个别的要素是否实现，且个别要素的实现不影响对其他要素的要求，最终是机械性地累积或独立地决定分类概念本身能否得以确证。

可是，如前所述，判断中止行为的成立不同于检讨犯罪构成，在获得减免处罚的根据时不需要等量、对应地具备违法性与有责性两个方面，故连言式定义不足取。但可以单独判断责任减少部分，并不意味着可在毫无违法性减少的场合下，仅将责任减少与政策因素连结从而当然地认定存在中止行为。否则无异于随意挑选减免处罚根据，本质上仍是简单地将三要素拼凑在一个形式的载体之上，最终还是按需取材，不能一以贯之地适用减免处罚根据，故选言式定义也不足取。值得注意的是，虽然选言式定义有缺陷，但其根本问题在于未能说明违法性减少的程度极低甚至没有时为何能够基于政策因素与有责性的大量减少来确证中止行为的成立。换言之，选言式定义的缺陷在于忽视了诸并合要素之间可能具有的连结纽带，而正是通过这条纽带，三要素共同决定了中止行为成立与否。若要突破这一难关，恐怕正如类型概念是由选言概念发展而来的那样，需要进行一次比较艰难的思维变迁，将中止行为由分类概念转为类型概念来理解。

"一个概念是一种可以容纳各种情况的权威性范畴"，〔2〕当一般性的理解

---

〔1〕 劳东燕：《刑法中的客观不法与主观不法——由故意的体系地位说起》，载《比较法研究》2014 年第 4 期，第 79 页。

〔2〕 ［美］罗斯科·庞德：《通过法律的社会控制》，沈宗灵译，商务印书馆 2010 年版，第 28 页。

会限制概念的内涵从而给论理的一致性带来障碍时，就有必要“使人们在评估体验时能够较少根据平日语言的含义，而是更多依据每种情境的独特事实”，“鼓励人们延迟即刻反应，同时发现情境的独特点，寻找替代解释”。[1]即在处于作为分类概念的中止行为难以说明减免处罚根据统一性的情境下，有必要放弃其给人的第一印象，寻找对该概念的替代解释。况且，违法性减少与责任减少本来就是程度性判断，是可升层的要素，并合考虑二者时，完全存在此消彼长且互补不足的可能。例如，在决定责任减少的自动性方面，按照“无物理、生理障碍”“惊恐”“失望”“利益替代、暂缓实行”“怜悯同情”“反省悔悟”的顺序，自动性的程度不断增强。在同样影响责任减少的中止意思方面，按照“单纯停止侵害”“一般努力”“积极努力”“必要努力”“高概率防止结果发生的努力”“足以防止结果发生的努力”“最适当处置”的顺序，真挚性的程度不断增强。而在违法性减少的程度方面，首先可分为未发生既遂结果的情形与表面上发生了既遂结果的情形；前者中又可细分为结果本来就不会发生的场合、协力防止结果发生的场合、他力防止结果发生的场合等来讨论；后者则可细分为他力导致结果发生的场合、中止行为导致结果发生的场合、结果不可挽回地发生的场合与共同导致结果发生的场合等来讨论。[2]

因此，应通过违法性减少与责任减少的消长组合重构中止行为本身，并在值得政策激励，实现刑罚目的的标准下判断各种组合形式是否达到值得减免处罚的最低限度。所以，作为类型概念的中止行为（减免处罚根据）不是样态单一的存在，而是充斥于违法性减少与责任减少的各种组合形式在政策因素的约束下集合而成的存在域之中。即可将中止行为定义为，基于自动性，意图避免既遂结果发生，遮断导致法益侵害继续发展的因果流程，值得政策激励，彰显无预防必要性的类型性行为。

综上所述，本书将这种以作为类型概念的中止行为为载体来说明中止犯减免处罚根据的学说命名为“类型并合说”。根据“类型并合说”，在违法性减少较少时，可通过有责性的大量降低予以弥补；相反，在责任减少较少时，则需要严格要求违法性减少的幅度；最终组合是否落在中止行为的存在域中，

---

〔1〕［美］罗伯特·迪尔茨：《语言的魔力》，谭洪岗译，世界图书出版公司北京公司2008年版，第9页。

〔2〕关于并合要素各自内部的层级划分及其组合搭配对中止犯成立类型所造成的影响，详细分析参见本书第七章。

还需经过政策因素的评判。此外，由于责任减少包括超越违法性减少固有的（自动性）以及或然的（中止意思）降低部分，所以如图 6-1 所示，责任减少的幅度在量化之后应大于违法性减少的幅度（对角线 0V 是一个约束条件）。[1]根据类型并合说，对于中止犯的成立而言，重要的不是违法性降低了或有责性降低了这种定性判断，而是当某一要素降低至既定程度时，需要其他要素至少达到何种程度来予以配合这种准定量判断。该说弥补了一直以来未能将减免处罚根据作为整体一以贯之的缺陷，同时也拓宽了认定中止犯的渠道，为中止犯的各种成立类型奠定了解释基础。

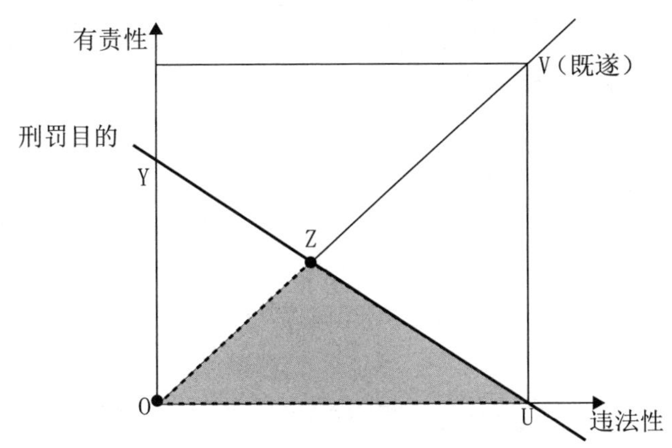

图 6-1　中止行为（减免处罚根据）的存在域

注：(1) 箭头方向表示原犯罪行为违法性与有责性增大。点 V 代表既遂，点 O 代表零值。对角线 OV 上的各点代表与违法性相对应的等量有责性。

(2) △OZU 划定的是中止行为（减免处罚根据）的存在域，不包括边 OZ 与边 OU 上的各点，但包括边 ZU 上除端点 Z、U 以外的各点。

结　语

从中止犯的立法沿革中可看到：中止犯属于未遂罪之一种；在减免处罚根据上，从重视主观可宽恕理由到重视政策性奖励，再到重视责任减少要素；

---

[1] 需注意的是，违法性减少与责任减少本无单位可言，当然也就不能进行数量上的对比。本书为了形象地呈现中止行为的存在域，才从观念上将二者进行了量化并用坐标系表示出来。

在成立条件上，从只需“因己意”到兼需“防止其结果之发生”，从只要求“自动防止”到兼顾“有效防止”，从要求结果被有效防止到看重真挚的中止努力。本章从概念形式的区分获得灵感，将以往作为单一存在看待的中止行为转变为并合有关减免处罚根据各要素的类型化载体，从而使中止犯的减免处罚根据充斥于违法性减少与责任减少的各种组合形式在政策因素的约束下集合而成的存在域之中。换言之，根据“类型并合说”，应通过违法性减少与责任减少的消长组合重构中止行为本身，并在刑事政策目的的约束下判断各种组合形式是否达到值得减免处罚的最低限度。这种做法或许能打破定性判断在犯罪论中一统天下的格局，至少在研究包含可层升要素的问题时引入准定量判断，“用几何学的精度来解释这些问题。因为这种精确度足以制胜迷人的诡辩、诱人的雄辩和怯懦的怀疑”。〔1〕

〔1〕［意］贝卡里亚：《论犯罪与刑罚》，黄风译，中国大百科全书出版社 1993 年版，第 7 页。

第七章
论并合说下中止犯的成立类型

有关中止犯成立条件的讨论，应在中止犯减免处罚根据的指导下展开。这是因为，成立中止犯的各个条件都要用以说明相应的犯罪行为缘何值得根据我国现行《刑法》第 24 条第 2 款减轻（造成损害时）或者免除（没有造成损害时）处罚。根据上一章中提出的类型并合说，对于中止犯的成立而言，重要的不是违法性降低了或有责性降低了这种定性判断，而是降低到了什么程度以及某一要素降低至特定程度时，需要其他要素至少达到何种程度来予以配合这种准定量判断。以往在中止犯减免处罚根据上采取责任减少说的学者多将中止犯成立要件的重心置于自动性上，而支持违法减少说或政策说的学者则更看重狭义的中止行为。但在类型并合说看来，这些要件是相互牵连的，不应厚此薄彼。本章中的三个小节不是就几个平行的要件展开论述的，而是从统一的立场检视各要素间此消彼长，相互影响的过程，目的都是判断个案中因各要素组合不同所形成的诸类型能否成立中止犯。换言之，本章的三个小节分别各取并合要素中的一个作为自变量，考察其与作为因变量的其他要素之间的组合关系，从而彰显用以说明中止犯减免处罚根据的类型并合说如何指导中止犯成立条件的运用。

第一节　责任降低视角下的中止犯成立类型

一、自动性与中止意思的关系

关于彰显中止犯有责性降低的要件，以往的讨论往往混淆自动性问题与中止意思问题。例如，有学者认为：“为成立中止犯，对中止行为的认识是必要的，因为只有在这种场合才可以说具有法益保护及规范尊重的意思。”〔1〕论者所谓对中止行为的“认识”，包括以保护法益为认识内容的中止意思和以尊重规范为内容的自动性。但中止意思是对应中止行为存在的，后者是前者在客观上的表征；而自动性则先于中止行为本身产生，是中止行为得以形成的行为动机。区分二者大体可以得出以下结论：第一，不存在没有自动性但存在中止意思的情形，相反却存在有自动性但没有中止意思的情形。第二，无论自动性如何充分，只要没有中止意思，有责性降低也难以达到政策因素所要求的底线，不能成立中止犯。第三，自动性与中止意思本身都是可升层的要素，前者以悔悟程度为标准，后者以真挚性为标准。第四，二者构成量化后有责性降低超出违法性降低部分的两个不同来源。

自动性作为“主观要件的同时，也是中止行为的契机、基盘”。〔2〕既然如此，那么缺乏自动性时所实施的行为难言中止行为，当然也就不存在对应的中止意思，不成立犯罪中止。但是，当行为人基于自动性而中止犯罪行为却不具有避免结果发生的意思（中止意思）时，能否认定为犯罪中止呢？例如，2010 年 7 月 22 日，陈某从凌晨 4 时 56 分至中午 11 时 29 分，一直在《魔兽世界》里搏杀。下午 3 时多，陈某洗完澡发现其妻张某正在用语音和一个男性聊天，语气暧昧，双方吵了起来。张某随后衣不蔽体地从卧室走向客厅。想到客厅的窗帘没有拉上，陈某就让她回来，但张某不听。“我从她身后用胳膊勒着她的脖子往卧室拉”，陈某说，他开始是为了让张某回卧室，结果张某也较劲，说脏话，他便来气了，进卧室也没松开。张某开始还扒他的胳膊，后来就不扒了。当听见张某开始喘粗气，他觉得不对劲，松开了胳膊，把她放平在床上。当时他问张某怎么样了，张某没说话，只是吸气，不往外出气。就在这时，陈某听见电脑音箱里有朋友喊他加入游戏，他着急玩游戏，就给张某盖上被子，坐到了电脑前。陈某从当日下午 3 时 43 分一直玩到了晚上 11 时 35 分。等他带领团队成功过关后，他才想起来，张某在这期间一直没出声，走到床边，发现人已经死亡。〔3〕

---

〔1〕［日］林幹人『刑法総論』（東京大学出版会，第 2 版，2008 年）369 頁。

〔2〕［日］金澤真理「中止犯」西田典之ほか編『刑法の争点』（有斐閣，第 2 版，2007 年）93 頁。

〔3〕参见中国新闻网；载 https：//www.chinanews.com.cn/fz/2011/09-19/3335706.shtml，访问日期：2024 年 5 月 15 日。

本案中，对于为何没有救助被害人，除因为着急玩游戏外，被告人陈某解释说："当时觉得她没什么大事，应该能缓过来，可能就是哪儿卡着了。"一审法院审理后则认为，"陈某作为成年人，明知用胳膊猛勒被害人颈部极易导致 被害人窒息乃至死亡，其在勒被害人颈部后，见被害人气息不畅，仍不管不顾，不予施救，放任被害人的死亡，应认定其主观上有剥夺被害人生命的（间接）故意，构成故意杀人罪"。本案中，被告人基于自由意志停止了继续勒住被害人脖子的行为，具有自动性。但正如法院所看重的，被告人为了玩游戏，长时间地对躺在床上的被害人不闻不问，不顾其死活，主观上没有放弃放任致被害人死亡的故意，即没有通过产生避免结果发生的中止意思来否定先前的杀人故意，结局是不能构成中止犯。诚然，本案从中止犯的客观性或有效性要件出发也能得出否定中止犯成立的结论，但在具体案件中到底是需要行为人积极地做出遮断结果发生的因果流程的行为，还是只需要单纯地停止侵害，界限往往并不清楚。而且如后所述，在既遂结果已经发生时，仍有成立中止犯的余地。所以，在行为人自动停止侵害的情形下，若能否定中止意思的存在，则可便捷地否定中止犯的成立。

即便是在只需单纯停止侵害的场合，行为人缺乏中止意思时，也不成立中止犯。例如，甲出于杀人的故意朝乙开枪射击，乙受惊吓后倒地昏迷，甲认为乙就算没有当场毙命，也活不过一小时，遂扬长而去。本案中，甲没有确认乙是否死亡，在能够开枪确保其当场毙命时选择先行离去，具有自动性；客观上乙也不需要其他的救助，甲单纯的离去在客观上使其生命危险得以解除。但是，甲不具有避免结果发生的中止意思，即选择离去并不是希望放过乙令其继续存活，而是出于任乙自生自灭的间接故意。换言之，"在欠缺面向既遂结果发生的'行为续行必要性的认识'时，没有否定对既遂结果发生的认识，就此不再续行的，不存在中止意思"，[1]即便行为人表现出极大的悔悟，且被害人毫发未损，也不能组合出有效的中止犯类型。可见，自动性与中止意思作为展现有责性降低的两个独立要素，对于中止犯的成立而言均不可或缺。

---

〔1〕［日］伊東研祐『刑法総論』（新世社，2008 年）307 頁。

二、自动性的层级

1. 自动性相关的学说整理

大体而言，判断自动性的学说可分为限定主观说，主观说、客观说，以及基于主观资料进行客观判断的折中说（如不合理决断说）等。我国学者晚近也提出了诸多有关自动性判断的新见解。[1]这些新见解大体可以定位于上述传统的四类学说之间，或者是对上述学说的改良、修正（如提出限定自动性成立范围的新的主观心态、人格特征等标准）。为避免逻辑上的混乱，在检讨这些学说时，有必要区分以下三组争议：①是否需要以出于悔悟动机这样的道德标准来界定自动性，②判断自动性的素材是行为人主观认知的内容还是客观查明的事实，③应基于行为人的主观意志能力还是基于一般人的主观意志能力来判断自动与否。

首先，有关自动性判断的诸学说不一定是相互排斥、矛盾的，只是针对自动性的不同层级提出了不同的标准。换言之，即便不采用限定的主观说，也不会否认在行为人出于悔悟而停止犯罪的场合应成立中止犯，且比起非出于悔悟的更应享受减免处罚的优待。在日本，甚至出现“肯定自动性的判例是重视动机的伦理性采用限定主观说的立场，而否定自动性的判例则分为采用主观说或客观说的立场这样的状况”。[2]可见，当行为人停止犯罪的动机满足限定主观说这一更高等级时当然不会被排除在中止犯之外，而否定中止犯的成立往往是因为连较低等级的要求都未能满足。另外，虽然《日本刑法》第43条规定成立中止犯时应减轻或者免除处罚，但实践中一旦认定中止犯，法官会有意识地选择免除处罚而不只是减轻处罚，所以在自动性的认定方面

〔1〕 例如，周光权：《论中止自动性判断的规范主观说》，载《法学家》2015年第5期，试图将主观说从传统的心理主观说向规范主观说推进，主张“行为人内心放弃犯罪的‘反常’意思决定能够被规范地评价为心态逆转，且有助于实现特别预防及一般预防目的时，才能认定其具有自动性”。另外，彭文华：《中止犯自动性的目的限缩》，载《法学家》2014年第5期，文中做出了与以往通过广义的悔悟动机限缩自动性认定的不同尝试，试图通过基于人类的基本价值观念、利他的价值观念和个人良善的价值观来限定中止的自动性，以契合刑法设立中止犯的目的。而陆诗忠：《对中止犯中“自动性”的再追问》，载《法学》2019年第8期，该文中则将上述两种观点归入“规范判断说”，在提出批判的基础上仍然支持传统的主观说并试图对该说存在的弊端予以补救。

〔2〕［日］奥村正雄「中止行為の任意性」西田典之ほか編『刑法判例百選Ⅰ総論』（有斐閣，第6版，2008年）141頁。

倾向于通过对悔悟动机等予以严格限制。[1]可见，量刑上的政策考量也会对自动性的层级要求等产生影响。此外，即便采用客观说，“在看见被害人流血而中止的场合，能否说通常人就会中止是很微妙的。因此，作为责任减少有无的判断因子，广义的悔悟之情会起作用”，即“在‘难以判断一般人是否会打消犯罪念头’的场合，行为人的悔悟之情具有重要的意义”。[2]这里所说的“重要意义”，无外乎是指悔悟之情等能帮助判断有责性降低到了能与违法性降低组合出有效中止类型的程度。如此一来，前田雅英教授的上述论断背后，实际上是承认了自动性有高低层级之分。尤其是在违法性降低较少的场合，“自愿中止犯行，不但必须出于‘自律’（必要条件），而且应当出于伦理上的自我要求（充分条件）”，在这种场合通过自动性的高层级要求造成“中止犯概念的紧缩是合理与必要的”。[3]

其次，即便将中止意思作为违法性降低的要素对待，也不可否认自动性反映行为人恢复对法的忠诚态度，是通过具体行为人的主观心态反映有责性降低的要素。既然如此，在现实存在障碍，但行为人认为不存在进而自动放弃犯罪时，也应认定有责性降低了。相反，即便现实不存在障碍，但行为人误以为存在而放弃犯罪时，就应认定为并非出于自动。简言之，当适用 Frank 公式时，“‘能达目的而不欲’中‘能’，应以行为人的认识为标准进行判断，而不是根据客观事实进行判断，也不是同时根据主观认识与客观事实进行判断”。[4]

最后，无论是以行为人的意志能力来判断，还是以客观一般人的意志来判断，结论并不存在太大差异。因为即便是客观判断，也需要选取生活环境、见识等诸情况与行为人最接近的、狭义的“一般人”，即行为人本人所属的类型人，[5]或者“只能是将一般人放在行为人的地位，看一般人认识到行为人所表象的外在事由时会不会也中止犯罪行为”。[6]如此一来，“这个客观考察

〔1〕［日］川端博ほか『徹底討論 刑法理論の展望』（成文堂，2000 年）331-332 頁参照。

〔2〕［日］前田雅英『刑法総論講義』（東京大学出版会，第 5 版，2011 年）171、173 頁。

〔3〕林东茂：《刑法综览》，中国人民大学出版社 2009 年版，第 162 页。

〔4〕张明楷：《刑法学（上）》，法律出版社 2021 年版，第 472 页。

〔5〕［日］内藤謙『刑法講義 総論（下）Ⅱ』（有斐閣，2002 年）1292 頁。

〔6〕王海涛：《论犯罪中止自动性判断中的三大基本问题》，载《中国刑事法杂志》2011 年第 4 期，第 7 页。

者被赋予所谓行为人的特殊认知。但特殊认知也就是行为人认识到了、而客观考察者没有认识到的一切。……这个客观考察者并非他人，实际上就是行为人本人”。[1]

因此，采用主观说来划定自动性的最低标准是可取的，能而不欲时具有自动性。因为“世界上并没有客观障碍（不利）。一个事实会不会成为障碍，决定于行为人本身的心理状态，其中除了包括行为人对于事实本身的主观认知之外，很重要的是，也包括行为人的能力问题、行为人的事先期待等”。[2]但更为重要的乃是就个案判断依不同层级的自动性，对违法性降低应有何种层次的要求。

2. 自动性的序列表现

作为自动性的底线，只要“没有引起与物理性障碍相当的障碍或生理性障碍，应该肯定自动性”。[3]例如，夜间着手抢劫后发现被害人是自己父亲时，虽然体力上仍可以继续抢劫，但行为人已经产生了巨大的心理障碍以致不能动手，该障碍与物理性障碍相当，不能认定为具有自动性。相反，如果行为人从小憎恨父亲为富不仁，偶然抢劫着手后发现被害人正是自己的父亲，忽感自己劫富济贫与为富不仁不过五十步笑百步，遂停手离去。此时并不存在与物理、生理障碍相当的心理障碍，而是出于悔悟，应成立犯罪中止。又如，行为人着手强奸后因被害人的相貌奇丑于是失去与之发生性行为的冲动的，乃是因产生了生理障碍故只能认定为犯罪未遂。再如，风吹花影动，疑似警察来时，只要行为人主观上误认为存在物理上的障碍从而不能继续实行犯罪，就应否定自动性。

在非出于物理或生理障碍的底线之上，依据行为人能主动产生法规范意识的几率大小以及继续实行犯罪的能力强弱，可区分惊恐、失望、利益替代（暂缓实行）、怜悯同情、反省悔悟等多个层次。当行为人主动产生法规范意识的几率大而继续实行犯罪的能力弱时，自动性较小；反之，当行为人主动产生法规范意识的几率小而继续实行犯罪的能力强时，自动性较大。即自动性与产生法规范意识的几率成反比而与继续实行犯罪的能力成正比。故从惊

---

〔1〕［德］Ingeborg Puppe：《论犯罪的构造》，陈毅坚译，载《清华法学》2011年第6期，第155页。

〔2〕黄荣坚：《基础刑法学（下）》，元照出版有限公司2012年版，第553页。

〔3〕［日］林幹人『刑法総論』（東京大学出版会，第2版，2008年）432頁。

恐到悔悟，有责性降低幅度依次增加，对违法性降低的要求也就逐渐宽松。

出于怜悯同情、反省悔悟的，毫无疑义应认定为具有自动性。出于惊恐而中止的，只要不是因惊恐产生了生理障碍（如看见被害人血流如注吓得动弹不得），也应认定为具有自动性。倘若行为人只是害怕日后案发可能被捕入狱，则可以说仍在刑法规范的威吓效力范围内，说明行为人恢复了法规范意识，应认定为中止。

出于失望的情形包括两种：其一，行为对象彻底不同以致不能实现犯罪目的。例如，A 想杀 B，在已经瞄准被害人准备扣动扳机时发现瞄准的其实是 C，遂停止杀害行为。由于完全不存在想要杀害的人，对行为人无异于存在巨大的物理障碍，不成立中止犯，可依法定符合说认定为故意杀人未遂。这种情形也常作为失败未遂来探讨。〔1〕其二，行为对象不够充分以致不能完全实现犯罪目的。例如，行为人准备撬开银行保险柜盗窃巨额财物，怎料打开后柜中仅有区区 5000 元人民币，遂径自离去。虽然柜中财物不能完全满足行为人的犯罪目的，但行为人对盗窃 5000 元不存在任何物理及生理上的障碍。或许经过仅盗窃 5000 元与可能被抓捕获刑之间的权衡，认为不值得，但这种权衡本身不也可以评价为行为人恢复了法规范意识的表现吗？故可成立中止犯。相反，如果柜中空无一物，或者只有几份公文，对于行为人获得财物这一主观目的而言属于巨大的物理障碍，此时应认定为盗窃未遂。

利益替代的场合。例如，行为人意图强奸着手实施暴力压制被害妇女反抗，被害妇女提出给予行为人 1 万元，行为人于是拿钱走人，没有实施奸淫行为。即便认为行为人违反了禁止劫取财物的刑法规范，侵害了被害妇女的财产，对于这 1 万元可能成立抢劫罪等，〔2〕但行为人通过权衡财物的价值以及性侵妇女的后果，最终还是选择遵守“禁止侵犯妇女性自主决定权”这一刑法规范，在强奸罪的限度内应承认中止犯。换言之，通过获得替代利益而停止犯罪与中止犯规定中蕴含的政策激励是一致的。出于这种利弊权衡而中

〔1〕 参见黄荣坚：《基础刑法学（下）》，元照出版有限公司 2012 年版，第 541 页以下。

〔2〕 出于非抢劫的故意与非法占有目的压制被害人反抗后，是否需要实施新的压制行为才能构成抢劫罪，关于这一点学说上存在争议（参见张明楷：《侵犯人身罪与侵犯财产罪》，北京大学出版社 2021 年版，第 241 页以下）。基于行为与责任同时存在原则或者说主客观相一致的要求，笔者认为需要在产生抢劫的故意与非法占有目的后实施新的暴力、胁迫等行为进而取得财物的，才能成立抢劫罪。但是，评价新的暴力、胁迫等行为是否达到压制被害人反抗程度时，应将被害人曾一度被压制反抗这一事实考虑在内。

止犯罪正是立法者所期待的。但是，通过减免处罚已使行为人获得了一次优待，故不影响将其获得替代利益的行为作为其他犯罪处理。但是，“犯罪动机被构成要件以外的行为满足，进而放弃犯罪的，由于行为人的犯罪动机已经被满足，从一般人来看，继续犯罪行为已经没有任何意义，不会再继续犯罪行为的，行为人的中止行为也不具备自动性”。〔1〕例如，在被害人哄骗行为人说会主动与其性交，行为人于是停止奸淫行为，被害人趁机逃脱的案件中，用以替代的利益正是行为人通过犯罪行为期望得到的。该利益不是刑法用来抑止犯罪进一步发展的激励，反而是刑法试图通过惩罚犯罪予以保护的客体，所以难言利益得到了替代，应否定中止行为的自动性。

从利益替代的情形可推广至所有暂缓实行的场合。因为从广义上来看，任何促使行为人暂缓实行的原因都可归结为在行为人心目中更值得获得的利益。“如果行为人停止其行为的时候，心理所认知的事实是，要完成其原先设想的犯罪目的，所需要的后续行为必须依赖一个新的犯罪决意（所谓另起犯意）”，可以认定具有自动性；“如果行为人停止其行为的时候的认知是，后续行为是自然就会进行下去，而根本不需要再去考虑到底要不要做的问题”，则不具有自动性。〔2〕例如，行为人意图强奸被害妇女，在着手实施暴力压制被害妇女反抗后，忽然想到与朋友有约，被害妇女又较为软弱，改日再来也一定能成功，遂没有实施奸淫行为就离开了。此时，需要行为人结合来日的具体情况判断是否再次实施强奸行为，换言之，行为人的强奸之“欲”可以通过下一次的犯罪抑止机制得到控制，本次行为中并不存在现实的继续奸淫妇女的“欲”，所以本次强奸行为的停止可以认定为具有自动性。与此相对，前述因被害人谎称会主动与其性交才暂缓奸淫行为时，行为人的强奸之“欲”一直现实存在，本次的犯罪抑止机制对其已经失效，且行为人并未打算将其顺延至下次抑止机制产生的时点之后，整个行为仍然可评价为欲而不能，应认定为不具有自动性。

三、中止意思的层级

由于中止意思是对避免既遂结果发生的认知与意欲，如犯罪故意有程度

〔1〕 王海涛：《论犯罪中止自动性判断中的三大基本问题》，载《中国刑事法杂志》2011 年第 4 期，第 9 页。

〔2〕 黄荣坚：《基础刑法学（下）》，元照出版有限公司 2012 年版，第 546 页。

之别一样，中止意思也有程度上的区分，具体反应为中止行为是否出于真挚的积极努力。日本的判例大多要求中止行为具有真挚性，因为“除违法、责任减少之外，从刑事政策的角度来看，一旦完成实行行为的犯人（未遂犯）为了能受到刑罚的减免，要求有相应的真挚的中止态度”。[1]真挚性通过行为人表现出的某种态度或付出的努力来反映，包括为回避结果发生而在当时情境下采取回避行为的快慢程度，以及为了让回避结果发生的行为更有效率、更加容易实施而提供信息等。[2]等级最高的要求是，行为人必须“基于危险的样态、程度，周围的状况，行为人的能力等各种情状，针对案件进行个别具体的判断”，做出最适当的处置。[3]在此之下，依据行为人对避免结果发生的意欲程度以及采取措施的妥当性，可分为足以防止结果发生的努力，高概率防止结果发生的努力、必要的努力、积极的努力、一般的努力以及单纯停止侵害等几个层级。

在着手中止的场合，行为人单纯停止侵害就能避免侵害结果的发生，不需要行为人的积极努力，当然也就不涉及努力是否真挚，真挚到何种程度的问题。因为着手中止场合的违法性本来就比实行中止的更低，单纯停止侵害就大幅降低了违法性，具有基本的自动性与中止意思即可组合出满足政策要求的中止犯类型。换言之，即便只是单纯地停止侵害，对应其违法性规模，也达到了真挚性的最高等级。与此相对，在实行中止的场合，已经出现了较高的违法性，虽做出积极的努力但未能完全将因果流程遮断时，只是降低了危险继续发展过程中的部分违法性，其余部分尤其是既遂结果发生所带来的实害，需要通过有责性方面的大幅降低来弥补。此时单纯停止侵害只达到了真挚性的最低等级甚至都难言表现出了真挚性。[4]

例如，2000 年 8 月下旬，被告人杨某立通过被害人户某产结识了被告人魏某（当时正与户超产非法同居）。魏某向杨某立哭诉其常遭户某产的殴打，二人便预谋将户某产杀死以便共同生活。为此，二人一起购买木把尖刀一把，

---

〔1〕［日］佐久間修『刑法総論』（成文堂，2009 年）337 頁。

〔2〕［日］伊東研祐『刑法総論』（新世社，2008 年）309 頁参照。

〔3〕［日］奥村正雄「中止行為の任意性」西田典之ほか編『刑法判例百選 I 総論』（有斐閣，第 6 版，2008 年）141 頁。

〔4〕不作为犯中是否有必要区分着手中止与实行中止，不作为犯能否通过保持无所作为成立中止犯，与此相关的讨论参见［德］阿明・英格兰德：《现代社会中的法与刑法》，邓卓行译，北京大学出版社 2023 年版，第 362 页以下。

并计划先用酒灌醉户某产然后将其杀死。几天后，杨某立依计携带购买的尖刀到户、魏二人的住处与户某产一起饮酒。将户某产灌醉后，杨某立持刀下楼等候，让魏某确定户某产是否确已喝醉。魏某此时又不忍心杀害户某产，在楼上哭了一会儿，下楼告诉杨某立户某产并未喝醉，杨某立即离去。之后魏某告诉杨某立不要再管其与户某产之间的事。9月4日，杨某立到户、魏的租房处找到魏某，二人在该楼楼顶谈话时被户某产发现，户、杨二人发生争执继而引起厮打，魏某从中进行劝阻。杨某立掏出随身携带的与魏某共同购买的尖刀朝户某产的胸、腹部连刺数刀后逃离现场。魏某立即叫人一起将户某产送往医院抢救，但户某产经抢救无效死亡。[1]

郑州市中级人民法院认为，“在杨、户发生厮打直到杨某立持刀捅户的过程中，被告人魏某极力劝阻并积极对户实施抢救，事后又协助公安机关将杨抓获。被告人魏某的上述行为已明显表明其在犯罪过程中自动放弃犯罪的心理状态，在客观上确已有效阻止了户在醉酒状态下被杀死这一后果的发生，其行为应属于犯罪中止形态”。河南省高级人民法院二审认为，“被告人魏某首先提出犯意，又与杨某立一起购买了作案凶器，并预谋了杀害户某产的具体方法，其行为已构成故意杀人罪，但在案发前确已主动放弃了犯罪，又在户某产被捅伤后能积极抢救，并带领公安机关抓获杨某立，具有法定减轻处罚条件”。

本案中，虽然魏某放弃过一次杀害户某产的机会，并让杨某立不要再管其与户某产之间的事，但其作为造意者，既没有要回与杨某立共同购买的凶器，也没有明确要求杨某立放弃犯罪计划，尚难认定脱离共犯关系。第二次行凶后，作为实害结果的死亡已经发生，但法院仍然认定魏某构成犯罪中止，笔者认为主要考虑了以下两点：第一，魏某采取了劝阻、抢救等行为，虽然没有防止实害结果的发生，但确实阻碍了危险的自然发展，防止了一部分危险结果的（过早）发生。虽然违法性降低的量不大，但仍然能评价为违法性降低。第二，魏某明确放弃了其犯罪故意，虽然未见其有悔悟，但通过虚构户某产并未喝醉、劝阻、抢救等行为表现出其十分真挚地极想为避免户某产的死亡而努力，只不过由于伤势过重，无力回天。故其有责性极大地降低了。可见，即便违法性降低得很少，甚至发生了既遂结果，且自动性没有达到限

〔1〕 参见“杨某立、魏某故意杀人案”（法宝引证码 CLI. C. 23388）。

定主观说的标准，但通过高度的真挚性，有责性降低仍能弥补违法性降低的不足，组合出满足刑事政策要求的中止犯类型。

相反，在既遂结果出现后不能认定为做出真挚的努力时则不构成中止犯。例如，2000年6月上旬，被告人黄某保找到刘某标商量，提出利用女色教训朱某周。随后，黄某保找到被告人洪某，商定由洪某负责具体实施。洪某提出要人民币4万元的报酬。洪某收钱后，即着手寻觅机会利用女色来引诱朱某周，但未能成功。于是，洪某打电话给黄某保，提出不如改为找人打朱某周一顿，黄某保表示同意。之后，洪某以人民币1万元的价格雇佣被告人林汉明去砍伤朱某周。后黄某保因害怕打伤朱某周可能会造成的法律后果，又于7月初两次打电话给洪某，明确要求洪某取消殴打朱某周的计划，同时商定先期支付的2万元冲抵黄某保欠洪某所开饭店的餐费。但洪某应承后并未及时通知林某明停止伤人计划。林某明在找来被告人谢某中、庞某才、林某宁后，于7月24日晚将朱某周砍致重伤。事后，洪某向黄某保索要未付的人民币2万元。7月25日，黄某保通过刘某标从建源公司再次借出人民币2万元交给洪某。[1]

广东省珠海市香洲区人民法院认为，“被告人黄某保为帮人泄私愤，雇佣被告人洪某组织实施伤害犯罪，虽然其最终已打消犯意，但未能采取有效手段阻止其他被告人实施犯罪，导致犯罪结果发生。考虑其在共同犯罪中的教唆地位和作用，因此，其单个人放弃犯意的行为不能认定为犯罪中止”。本案中，虽然黄某保自动中止犯罪，也两次提出取消殴打计划，表明其具有中止意思，但当客观上需要其积极地遮断导致结果发生的因果关系时，黄某保非但没有进一步的中止行为，而且事后继续支付了雇凶费用。这表明其主观上并非积极希望结果不发生，而是在结果发生后通过支付对价的方式表示默许。所以，在伤害结果发生后，黄某保的有责性没有大幅降低，不能认定为中止犯。

此外，在行为人实际上已经造成了可致命的伤害，但误信只造成轻伤后离开现场，被害人由他人救助存活的场合，“对于衡量行为人法益尊重的意思

[1] 参见“黄某保等故意伤害案”（法宝引证码 CLI. C. 238886）。

以及处罚的必要性，必须考虑主观的认识”。[1]即便没有积极做出遮断因果流程发展的行为，但只要通过停止侵害客观上为他人救助提供契机，且能评价为是出于悔悟并在认识的范围内做出了真挚的努力，那么仍有通过大幅降低有责性弥补违法性降低不足的可能。例如，被害人的致命伤为内伤，从外部看不出任何征表，行为人出于悔悟，守候身旁细心看护数小时后认为并无大碍遂离去，结果被路过的老中医发现并送医救治，实际上属于后述他力防止犯罪发生的情形，仍可认定为中止犯。当然，若原犯罪行为已经造成了重大伤害，那么事实上鲜有误信为轻伤的可能。即便行为人是出于过失而没有认识到已造成重大伤害而径自离去的，也难言为避免结果的发生做出真挚的努力。所以，在这种情形下虽有认定为中止犯的余地，但对有责性降低的要求十分严格。

综上所述，如图 7-1 所示，中止行为的自动性与中止意思各自都是可区分层级的要素，其不同的排列组合会反映中止犯责任降低的差异，相应地，就需要不同程度的违法降低来予以配合以达到政策上允许作为中止犯予以对待的最低限度。在既出于悔悟之心，又做出真挚的努力的场合，[2]有责性降低得最多，对违法性降低的要求也最缓和；出于悔悟与真挚的努力仅居其一时，有责性降低得少一些，对违法性降低的要求稍微严格；既非出于悔悟，又没有真挚的努力的场合，则十分严格地要求自身的行为对阻断危险发展的流程起到重大作用。值得进一步探讨的是，出于悔悟之情却没有做出真挚的努力，与做出真挚的努力却仅具有一般自动性，哪种情形下有责性降低得更多。笔者认为，虽然前者反映特殊预防必要性更小，但后者则更有利于实现刑法保护法益的终极目的，所以与其褒奖行为人有心无力，倒不如激励行为人亡羊补牢，应认定后者有责性降低得更多一些。

---

〔1〕［日］斎藤信治「実行未遂と着手未遂」西田典之ほか編『刑法判例百選Ⅰ·総論』（有斐閣，第 6 版，2008 年）143 頁。

〔2〕出于论述的便利，本章用是否出于悔悟代表自动性的层级区分，用是否真挚努力代表中止意思的层级区分。但这并不意味着自动性与中止意思各自只有两个层级，也不意味着要求出于悔悟或出于真挚的努力时就一定要达到各自最高的层级，只表示需具有相应层级的自动性与中止意思。

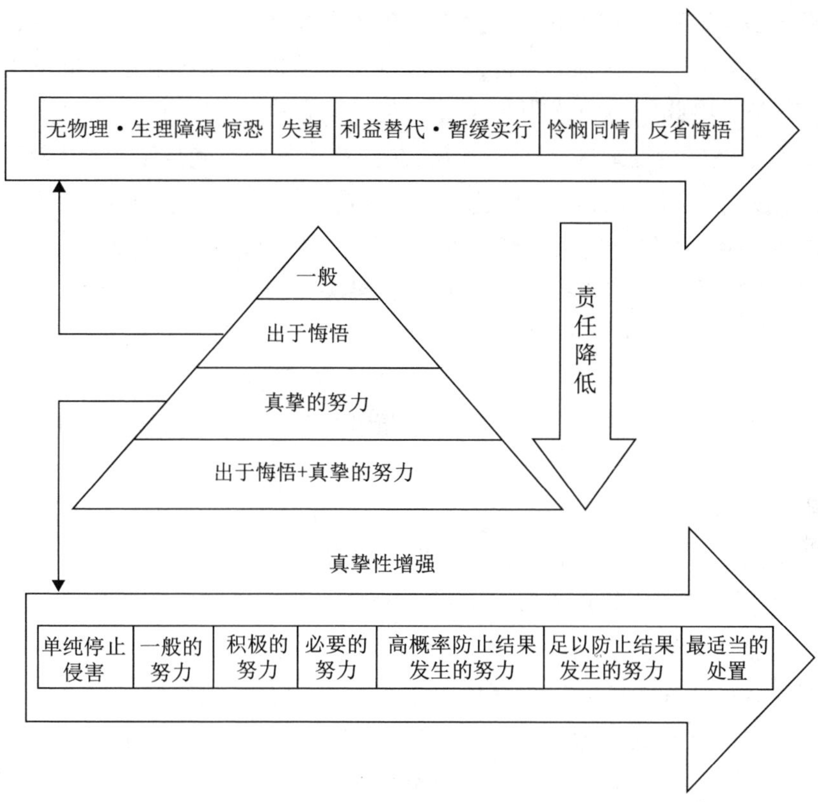

图 7–1　责任降低（自动性与中止意思）的层级

第二节　违法降低视角下的中止犯成立类型

在实施中止行为后，既遂结果可能不发生也可能依然出现，考虑其原因，则可演变出多种中止犯的成立类型。由于客观违法性降低的情形易于查明、界定，故以违法性降低为自变量来考察中止犯的成立类型最为便利清晰。

一、未发生既遂结果的情形

中止犯的常态是未发生既遂结果。但有争议的是，中止行为是否必须与结果不发生之间存在因果关系。如果行为人是凭借一己之力力挽狂澜，防止既遂结果的发生，当然成立中止犯，具有基本的中止意思与自动性即可。值得讨论的是，结果本来就不会发生、行为人与他人协力阻止结果发生、完全因他力（包括第三人行为、被害人行为以及自然因素等）阻止结果发生三种情形。有学者将此作为中止犯与未遂犯的竞合问题予以对待，建议引入准中止制度。[1]我国台湾地区“刑法”第27条第1款则明确规定，“已着手于犯罪行为之实行，而因己意中止或防止其结果之发生者，减轻或者免除其刑。结果之不发生，非防止行为所致，而行为人已尽力为防止行为者，亦同”。可见，在中止行为欠缺结果不发生之间的因果关系时，需“尽力为防止行为”，“尽力”成为弥补因果性不足的要件。此外，《日本改正刑法草案》（1974年）第24条与《德国刑法》第24条也有类似规定。问题是，为何主观上的“尽力”确实可以而且应该用以弥补客观因果性之不足？以下区分三种不同的情形分别展开讨论。

1. 结果本来就不会发生的场合

结果本来就不会发生是指即便行为人没有积极采取防止结果发生的措施，既遂结果也不至于发生的情形。需注意的是，即便从事后来看具体场合下欠缺发生既遂结果的必要条件，但只要行为时存在既遂结果发生的较高概率，那么即便站在结果无价值论的立场上主张修正的客观危险说，也仍有认定为未遂犯而非不能犯的余地。例如，甲欲杀害乙，在乙的饭菜中下毒，但乙食欲不振吃了几口就去睡觉了，后来甲幡然悔悟，将剩余饭菜倒掉并将乙送到医院洗胃救治；但事后查明，虽然甲在饭菜中投放的有毒物质达到了致死量，但由于乙摄入的有毒物质不多，即使不送至医院就诊也不会出现死亡结果。本案中，甲的投毒行为在乙食用饭菜的时点具有致人死亡的较高概率，虽然最终乙没有摄入致死量的毒物，但甲的杀人行为不能评价为不能犯，而是应考虑构成未遂犯还是中止犯。

有观点指出，“如果根据政策说或危险消灭说，即使没有中止行为结果也不会发生时，就没有特别地给予消灭危险以奖励的理由，所以否定中止犯”。[2]上述案例中从事后来看，客观上的确不存在导致死亡结果发生的因果流程，

---

〔1〕 参见张平：《中止犯与未遂犯的竞合形态研究》，载《法学评论》2007年第3期，第123、126页

〔2〕［日］山口厚「中止行為（1）」曾根威彦＝日高義博編『基本判例5・刑法総論』（法学書院，第2版，2006年）102頁。另参见陆诗忠：《论我国中止犯刑事责任的争议问题》，载《烟台大学学报（哲学社会科学版）》2020年第4期，第39页。

行为人也就没有通过介入自己的行为积极遮断该流程的机会。但是，这不意味着本案中违法性降低得少，需要对行为人提出更高的有责性降低要求。因为从结果无价值论来看，这种场合下行为人造成的客观危险本来不大，相应地法所能期待其降低的违法性也就较少，没有必要课以其大量降低违法性的义务。既然如此，行为人采取措施尽早结束了危险发展的流程，就是降低了法所期待降低的那部分违法性。换言之，个案中违法性降低的程度不是通过与其他案件相比得出的，而是通过比较个案中已降低的违法性程度与需降低的违法性规模得出的。在实行行为造成的违法性规模不大的场合，违法性的些许降低也可谓是大幅度的。在需要介入积极的中止行为时，通过“因果性”可以帮助认定违法性降低，缓和有责性降低的要求；在不需要介入时，则通过违法性规模的整体缩小反衬违法性相对大幅降低，也不应过分提高有责性降低的要求。如此才能与因摄入的毒药达到致死量时行为人的积极救助反而成立中止的情形，在处理结论上保持协调。

即便解释论上采取因果关系必要说，也有学者认为应当做出立法上的修正或准用中止犯的规定，〔1〕或者主张“不是要求中止行为与既遂结果之间，而是与危险的消灭之间有因果关系”。〔2〕在行为人用只有一发子弹的枪朝被害人射击时，如果射中后行为人积极抢救被害人，当然成立中止；如果没有射中，也没有别的办法给被害人带来危险，那么只能认定为犯罪未遂。但是，如果行为人身上还带有尖刀可供使用或凭借体力可将被害人打死，则“即使惹起结果的行为不奏效而失败，危险也并没有直接消灭。只要行为人还有继续实施行为的可能性，就依然存在行为得以完成的可能性这种危险。通过不再继续实行这一单纯的不作为，仍然可能认定为中止”。〔3〕简言之，“如果中止行为与危险消灭之间存在因果关系，那么即便与法益侵害不发生之间没有因果关系，也可以成立中止犯”。〔4〕如此一来，在结果本来就不会发生的大部分场合，“根据客观说，从一般人的立场来看，这样的行为也是有危险性

〔1〕［日］大谷實『刑法講義総論』（成文堂，新版4版，2012年）391頁参照。

〔2〕［日］山口厚『問題探究・刑法総論』（有斐閣，1998年）229頁。

〔3〕［日］山口厚『刑法総論』（有斐閣，第3版，2016年）297頁。继续实施行为的危险性是否需要考虑行为人主观上实现结果的意思，尚有讨论的余地，赞成的观点参见［日］井田良『講義刑法学・総論』（有斐閣，第2版，2018年）469頁。

〔4〕［日］林幹人『刑法総論』（東京大学出版会，第2版，2008年）367頁。

的。在被告人使这种危险性得以消灭的意义上，即便是作为现行法的解释论，也可以认定中止行为”。[1]而采取因果关系不要说的学者，也只是认为要求与结果不发生之间的因果关系是不必要的，并没有否定中止行为与危险消灭之间的因果关系。

综上所述，只要坚持违法性降低的本质是消灭导致既遂结果发生的危险，包括实行行为已经造成的危险发展流程以及继续行为可能带来的危险，那么因果关系必要说与不要说在只需中止行为与危险消灭之间存在因果关系这一点上，其实是一致的。

2. 协力防止结果发生的场合

在行为人与他人协力防止结果发生的场合，由于通过中止行为遮断因果关系的作用不太明显，违法性降低较少，故需在有责性降低方面予以弥补。同时，考虑行为人的作为可能性以及社会分工益发精细化的实际情况，一概要求仅凭行为人一己之力遮断导致结果发生的因果流程并不现实，尤其是在被害人需要得到专业医师的救治才能避免死亡的场合。但是，在行为人仅是引起他人防止结果发生行为的一个诱因时，难言是与他人协力防止了结果的发生。

例如，2010 年 1 月 5 日 15 时许，被告人赵某丽因其前夫赵某某（本案被害人）和她人结婚，心存不满，遂到义煤集团杨村煤矿综采一队标准化宿舍楼三楼被害人的宿舍 321 房间，将房门撞开，趁屋内没人，将被褥、衣服、照片等物品扔到地上，从抽屉内拿出打火机，将屋内物品引燃后逃离现场，致使宿舍内物品烧毁。但其在出门时如实地告诉了楼内的清洁工，使火灾能被及时发现并扑灭。[2]三门峡市中级人民法院认为，“被告人赵某丽在烧照片时，引燃被褥着火后离去。其并未采取任何措施以防止危害后果的发生，且本案也发生了实际危害后果”。暂不考虑本案涉及的放火罪属于危险犯这一点（对此将在本章第三节详述），仅就被告人放火后只是在出门时如实地告诉了楼内的清洁工这一行为来看，法院认为不属于采取了防止结果发生的措施，即不属于与他人共同救火的中止行为。这一告知行为对结果未发生的作用力极小，应属于后述他力防止结果发生的情形。所以，“虽然要求犯人单独防止

[1] ［日］平野龍一『刑法総論Ⅱ』（有斐閣，1975 年）337 頁。

[2] 参见河南省三门峡市中级人民法院（2010）三刑终字第 66 号刑事判决书。

结果发生不是必要的，但在成立自己中止的场合至少要付出可与犯人自身防止结果发生同等程度的努力”，在行为人放火后仅呼喊“我放火了，拜托你了”然后逃走的场合，不能认定为犯罪中止。〔1〕

Engländer 教授指出，“如果除了借他人之手避免结果发生以外，还应将行为人的行为也视作‘防止行为’，那么就得要求他实施这样一种行为，该行为在评价上要显得与亲手避免结果发生同等重要。当行为人像共同正犯或间接正犯一样支配防止结果发生的事件时，就存在这种等价行为”。进而在成功防止犯罪既遂的场合，提出有必要区分近似正犯的防止犯罪既遂和等同于教唆的防止犯罪既遂这一方案。具体而言，“在所有以近似正犯的方式（独自或者和他人共同起作用）避免结果发生的情况下，只要行为是防止结果发生的可归责的原因，就足以认定中止。相反，在等同于教唆的借他人之手避免结果发生的情形中，从行为人的视角看，他至少要让救援措施可靠，才能成立中止”。〔2〕笔者认为，与自身防止结果发生同等程度的努力，应表现为与结果未发生时广义中止行为的程度等同，而不是与狭义中止行为的程度相同。因为中止行为与结果未发生之间的因果关系形态（独自的还是协力的）本来就是通过中止行为的客观面影响对违法性降低的评价。如果仅在客观面上要求努力程度相等，在前提上就不可能。所以，唯有将评价的资料扩展到广义中止行为所包含的有责性降低方面，才有可能实现两种场合的等同。所以，在协力阻止结果发生的场合，行为人必须是出于真挚的努力遮断因果流程并积极促使他力的救助行为得以实现。在行为人所起的作用相对较小时，甚至需要出于悔悟。在此试比较以下两则案例：

甲与王某曾因琐事发生过争执，甲被王某打伤（经鉴定为轻伤害）。后经派出所调解处理，甲表示不追究王某的刑事责任。但甲一直心有不甘，伺机杀害王某。一日，甲见王某一人在河边垂钓，于是手持砍刀对王某背部猛砍数刀，然后离开现场。半小时后，甲为了寻找、销毁砍刀，回到现场，发现王某仍然没有死，而且情状极为可怜，不禁动了恻隐之心，就用自己的衬衣将王某的背部进行了简单包裹，然后将其送到医院。经医生抢救，王某脱离

---

〔1〕日本大判昭和 12 年 6 月 25 日刑集 16 卷 998 頁参照。

〔2〕［德］阿明·英格兰德：《现代社会中的法与刑法》，邓卓行译，北京大学出版社 2023 年版，第 359-360 页。

了生命危险。有论者认为，“在本案中，甲在实行行为终了后离开现场长达半小时，但是死亡结果没有发生，犯罪尚未结束，他将受害人送往医院使之获救，具有防止结果发生的效力，从刑事政策的要求出发，有必要将这种情形认定为积极的犯罪中止”。〔1〕

与此相对，罪犯A为杀害仇人B，趁B毫无防备之机使用暴力将B推下山崖。3小时后，在A下山回家时，发现滚下山崖时砸在巨石上的B流血不止，情状惨烈，就出于同情将其送到医院。经过医生治疗，B在3个月后康复出院。有论者认为，“当A在杀人故意支配下，实施暴力将B推下山崖的时候，作为结局存在的故意杀人未遂形态已经形成。此后，A基于同情将被害人B送到医院，也只能认定为犯罪未遂结局出现之后，行为人有悔罪表现，但不能成立犯罪中止，对A仍然应当以故意杀人罪未遂追究刑事责任。至于其悔罪表现，可以作为量刑情节加以考虑”。〔2〕

上述两则案例的情节大体相同，都是在行为人的中止行为之外依靠医生的抢救行为才防止了既遂结果的发生，但前者认定为构成犯罪中止，后者则不然。其差别在于，行为人的中止行为能否被评价为做出了与自身防止结果发生同等真挚的努力。应注意到，前案中行为人在自动做出中止犯罪的决意后，用自己的衬衣给王某进行了包扎，这一行为表现出行为人希望积极避免结果发生的意愿。而且，即便对于专业医师而言，在缺少手术设备前进行包扎止血客观上也是必要的救助措施。所以，虽然甲只是出于同情，但其为被害人包扎伤口这一行为可以评价为与医生术前救助行为等同，即可评价为真挚的努力。且后续医生能有效抢救被害人，也有赖于甲包扎行为在一定程度上减轻了导致死亡的危险，降低了违法性。协力救助时的违法性降低与出于真挚性的有责性降低组合成的中止犯类型可以成立。

相反，在后案中，表面上看是因不具备时间性与客观性要件而否定中止犯的成立。但假设A将B推下山崖后立即悔悟，积极寻找B，由于山势陡峭崎岖，花了3小时才找到，之后A又积极为B止血并以最快速度送医救助，这种情形下倘若仍认定为犯罪未遂恐怕难以令人接受。可是，从结果无价值论的立场出发，抛开A的主观想法单看3小时的间隔，客观上只能评价为犯

〔1〕于志刚主编：《案例刑法学（总论）》，中国法制出版社2010年版，第301-302页。

〔2〕周光权：《刑法总论》，中国人民大学出版社2021年版，第313页。

罪已结束或未结束。笔者认为，应该根据事后查明的所有资料来判断犯罪是否结束。3小时后既然还有挽救B生命的机会，且确实是因A的行为而得救的，那么即便实行行为已结束，仍可以认定3小时的间隔期间属于犯罪未终了的状态。这种情形下将行为结束的时点与犯罪结束的时点相分离，有利于鼓励行为人通过中止行为挽救法益。但是，后案中被害人伤口在头部，且3个小时足以使被害人生命法益的危险发展到极为重大的程度，比起伤口在背部且危险仅发展了半小时的前案，单纯送医救助行为所降低的违法性更加有限。此外，后案中行为人虽也有同情之意，但没付出更加真挚的努力或表现出更高等级的悔悟之情，综合起来尚达不到刑事政策的要求，故难以认定为中止犯。简言之，后案中行为人其实是由于相应的有责性降低幅度不够才不成立犯罪中止。

此外，比起他人的行为，中止行为是导致结果未发生的极其重要原因时，可以放宽对真挚性的要求，具有基本的中止意思即可。这与仅凭己力防止结果发生的情形只有一纸之隔。例如，2002年6月6日10时许，被告人王某帅和邵某喜以去怀柔大水峪沙岭为由，骗租杨某某驾驶的小型客车。当车行驶至大水峪村路段时，王某帅示意邵某喜动手，邵某喜用橡胶锤猛击杨某某头部数下，王某帅用手猛掐杨某某的颈部，致杨某某昏迷后，二人将杨某某的嘴堵住，并用绳子捆绑杨的双手，抢劫车上财物。为掩盖其罪行，王某帅与邵某喜商量杀人灭口，最后确定采用挖坑掩埋的方法杀死杨某某。杨某某假装昏迷趁王某帅寻作案工具，不在现场之机，哀求邵某喜放其逃走，邵某喜同意保杨一命。邵某喜未将杨某某已清醒的情况告知王某帅。23时许，在掩埋过程中，邵某喜挖了一个浅坑，并将杨某某翻过来脸朝下。掩埋时邵某喜向王某帅称其一人埋就行了，邵某喜将杨某某掩埋。王某帅、邵某喜离开后，杨某某爬出土坑，向群众求救得以脱险。经鉴定杨某某所受损伤为轻伤。[1]

北京市高级人民法院认为，“邵某喜在实施抢劫后，与王某帅共谋杀人灭口，因被害人的哀求，邵某喜放弃了原有的杀人灭口的故意，采取挖浅坑，少埋土，让被害人脸朝下等有效方法避免了被害人死亡结果的发生，被害人逃生脱险与邵某喜所采取的措施及邵某喜的主观故意的变化有直接的因果关系，邵某喜的行为构成对故意杀人犯罪的犯罪中止”。本案发生在郊外夜晚，

〔1〕 参见北京市高级人民法院（2003）高刑终字第32号刑事判决书。

被害人双手被捆，嘴巴被堵住，且身受轻伤，生命法益处于危险之中，最终能够脱险离不开当地群众的获救，但更为重要的原因是邵某喜为其创造了逃生机会。虽然邵某喜基于王某帅的压力不敢擅自放走杨某某，甚至不得不做出表面上看来是杀人行为的挖坑掩埋，但“采取挖浅坑，少埋土，让被害人脸朝下等有效方法”又是在当时情境下遮断导致杨某某死亡结果的因果流程的唯一办法，属于具有重大因果性的中止行为，大幅降低了违法性。因此，即便邵某喜没有积极地实施帮助杨某某脱险并送医救助的行为，但只要“放弃了原有的杀人灭口的故意”，具有基本的中止意思，就可以认定为达到了有责性降低的要求，可以组合出值得减免处罚的中止犯类型。

另外，有观点认为，“在他人已经着手防止基于犯人的犯行可能发生的结果之后，犯人予以协力的场合，因为该中止行为是依据他人的意思而做出的”，且此时“行为人仅予以协力，一般难言做出了认真的努力”，故难以成立中止犯。〔1〕不可否认，行为人予以协力的时点的确会影响真挚性程度的判断，但一概以他人是否已经着手防止结果发生为标准限制协力型中止犯成立的做法恐怕又过于形式化、绝对化，并不妥当。

3. 他力防止结果发生的场合

在完全凭借他力（包括第三人行为、被害人行为以及自然因素等）防止结果发生的场合，中止行为与实害结果不发生的最终状态之间不存在因果关系，在这一点上难言降低了违法性。但如前所述，结果不仅包含实害结果与危险结果两种状态，而且包括从危险导向实害的危险发展过程。故中止行为对危险发展过程起到了阻碍作用，也可以评价为降低了少许违法性。在这种场合，对有责性降低的要求要比协力阻止结果发生时更加严格，即不仅要做出真挚的努力，而且要出于悔悟。放火后大喊一句就逃跑的情形中，虽然引起了他人的注意，在一定程度上阻碍了危险的发展进程，但最终完全是由他人的救火行为防止了结果发生，且行为人既没有做出真挚努力，也只是出于恐惧之心而离开现场，未见悔悟之情，所以此时难以成立中止犯。〔2〕

是否做出了真挚的努力需要结合行为人自身的能力进行综合判断。例如，同样是放火，但行为人因为病患难以一人灭火，只是通过大声呼叫邻居，最

〔1〕［日］大塚仁『刑法概説（総論）』（有斐閣，第4版，2008年）261-262頁。

〔2〕日本大判昭和12年6月25日刑集16卷998頁参照。

终由邻居灭火的，[1]大声呼喊灭火这个行为已经是行为人能够做出的最真挚的努力了，所以能够中止犯的成立。又如，在用刀捅刺养女的胸部后放火烧毁自己的房屋，听到养女说“救救我”，虽出于怜悯之情将其带出屋外，但自己因负重伤而失去意识，被偶然路过的行人发现，拨打110救了养女一命。[2]本案中行为人只是将养女带出屋外，既没有对其进行救治，立即灭火，也没有呼喊他人前来救助，算不上做出了挽回养女性命的真挚努力，不成立犯罪中止。可见，在结合行为人自身状况进行考虑的同时，也需严格要求真挚努力的程度。

再如，2003年5月29日晚8时许，被告人马某枝趁与其有宿怨的本村村民朱某闲家人不备，将一包毒鼠强放入朱家厨房中的水壶内。返回后即因悔悟而告知其夫，夫妻二人随即到朱某闲家中，说明了马某枝下药的详细情况，并要求朱某闲清理水壶。因朱某闲及其家人认为是吓唬人而未引起重视，只将壶里的水倒掉一部分，未作认真清理。次日中午，朱某闲用水壶里的水为其妻下了一碗鸡蛋挂面，其妻吃了后引起中毒，经抢救脱险。[3]河南省项城市人民法院经审理认为，“被告人马某枝在犯罪行为实行终了后积极采取补救措施，防止了死亡结果的发生，属犯罪中止”。本案认定为犯罪中止的处理结论是妥当的，但理由值得推敲。马某枝积极采取的补救措施与避免结果的发生之间没有因果关系。因为毒鼠强放入水中后经溶解，整个水体都具有等量毒性，并不会因为倒掉了一部分水，剩下部分的毒性就降低。被害人之所以脱险完全是由于朱某闲及时送医救助。但是，朱某闲之所以会及时将妻子送医是因为马某枝告知实情而知悉妻子病痛的严重性。这一告知行为至少有助于阻碍死亡危险的顺利进展，可评价为降低了些许违法性。更重要的是，马某枝因悔悟告知了朱某闲下毒的详细情况，并真挚地要求朱某闲清理水壶。倘若朱某闲按照马某枝的要求做，必然会防止结果的发生，即能够评价为与马某枝本人亲自清理水壶，防止结果发生同等程度的努力。所以马某枝通过自动性与中止意思两个方面大幅降低有责性，弥补了违法性降低的不足，组合出符合政策要求的中止犯类型。

---

〔1〕 日本大判大正15年12月14日新聞2661号15頁参照。

〔2〕 日本東京地判平成7年10月24日判時1596号129頁参照。

〔3〕 参见“马某枝投毒杀人案”（法宝引证码CLI. C. 23215）。

与此不同的是，行为人以杀害目的将氰酸钾伪装成胃药交付给被害人，后幡然悔悟要求返还，因被害人说已经服用，遂就此放任，被害人日后因服用该毒药而死。〔1〕在本案中，日本大审院没有认定中止犯的成立，理由是没有告诉被害人交付的是毒药，所以没有表现出防止结果发生的真挚态度。可见，即便最后被害人被医治康复，行为人也表现出了悔悟之情，但由于既没有告知真相，也没有在听说被害人服用毒药后立即送医救治，单纯放任不管的行为缺乏真挚性，难以弥补违法性降低的不足。如果行为人在听说被害人服用毒药后立即送医救治，由于违法性尚未发展到严重程度，完全有可能符合结果本来就不会发生的情形，从而构成犯罪中止。

综上所述，在未发生既遂结果时，不要求中止行为与结果不发生之间有因果关系，只需与危险消灭之间存在因果关系，"对中止行为而言必要的不是现实地遮断因果关系，而是为遮断做出真挚的努力"。〔2〕所以，结果本来就不会发生的场合、协力防止结果发生的场合以及他力防止结果发生的场合，都有成立中止犯的余地。

二、已发生既遂结果的情形

在日本，"以前有不少见解采用责任减少说，在结果发生（既遂）的场合也适用或准用第 43 条但书，但现在几乎见不到了"。〔3〕该场合值得探讨的问题是，因果关系被介入因素切断，形同原犯罪既遂的结果可归属于介入因素时，是否仍然要以缺乏有效性为由否定中止犯的成立。以下具体分为他力导致结果发生，中止行为导致结果发生，结果无可挽回地发生以及行为人与他力共同导致结果发生等四种情形展开讨论。

1. 他力导致结果发生的场合

长期以来，对我国现行《刑法》第 24 条第 1 款中"有效防止犯罪结果发生"的适用都局限于实害结果不发生的场合，一旦出现实害结果，不论该结果能否归属于行为人，都否定中止犯的成立，认定为犯罪既遂。这样的理解从形式上看符合法条的字面含义，但会带来明显的处罚不均衡的问题。例如，

〔1〕 日本大判昭和 13 年 4 月 19 日刑集 17 卷 336 頁参照。

〔2〕［日］香川達夫「中止犯」大塚仁ほか『総合判例研究叢書·刑法（3）』（有斐閣，1956 年）67 頁。

〔3〕［日］伊東研祐『刑法総論』（新世社，2008 年）305 頁。

【案例1】甲欲杀害乙，用尖刀捅刺乙背部后离去，后丙醉酒驾车驶过，将乙碾压轮下致死。又如，【案例2】A刺杀B后顿生悔悟，遂驾车送其就医，岂料途中与醉酒驾车的C相撞，A受重伤，B死亡，C对交通事故负主要责任。【案例1】中，由于丙交通肇事行为的介入具有异常性，对具体死亡结果的出现起到了重大作用，所以切断了甲的刺杀行为与乙的死亡结果之间的因果关系，或者说乙的死亡结果客观上不可归属于甲的行为，最终甲只构成故意杀人罪未遂。【案例2】中，按照以往的观点，A着手实行杀人行为后，虽然出于悔悟且为避免B的死亡做出了真挚的努力，但结局仍然属于没能有效防止犯罪结果发生，不成立犯罪中止，构成故意杀人罪既遂。但比较前后两个案件，丙与C的行为对造成乙和B的死亡结果的作用力是相同的，A甚至一度做出了可能有效的中止行为，最终犯罪形态的认定与处罚上却比甲更重，这令人难以赞同。所以，在介入因素导致与原犯罪相同的结果出现时，若能认定该介入因素十分异常，可阻断原犯罪的因果关系，则排除结果对原实行行为的归属，不应认定原犯罪既遂。那么是否应该认定为未遂呢？【案例2】中的A除一走了之外，一方面采取了可能防止既遂结果发生的中止行为；另一方面出于悔悟并做出了真挚的努力。如果一概认定为犯罪未遂，则明显忽视了表明甲违法性与有责性都有所降低的事实。

在结果最终因特殊的介入因素而发生之前，极有可能避免结果发生的中止行为不断地降低结果发生的危险，【案例2】中的A在一定程度上有效防止了中间犯罪结果的发生。[1]而犯罪未遂时行为人并不是通过自己的努力降低导致结果发生的危险，危险降低的过程不能用以辅助评价未遂犯实行行为的违法性。所以，即便站在结果无价值论的立场，比起未遂犯，也应认定中止犯的违法性更低。如此一来，在有责性降低层面就不需要行为人有过多的降低，达到一般程度即可。换言之，成立中止犯只要求行为人基于避免结果发生的意思，自动实施了能在没有异常介入因素的情形下防止结果发生的中止行为，而不问最终是否由于异常的介入因素导致与原犯罪相同的结果出现。“由于欠缺实行行为与结果之间的因果关系，不成立既遂犯，所以有可能成立

〔1〕　中间犯罪结果是指作为未遂犯处罚根据的危险状态与作为既遂犯处罚根据的实害状态之间的危险流动过程。

中止犯。”〔1〕因此，【案例2】中的A不仅违法性降低达到了要求，而且在有责性方面超过基本要求大幅降低，当然能够成立中止犯。另外，B的死亡结果不仅不可归属于A的原杀人行为，而且该死亡结果也不属于我国现行《刑法》第24条第2款中所说的“造成损害”。只有介入因素出现前原犯罪行为所造成的重伤等该当轻罪构成要件的结果才属于甲的故意杀人罪（中止）所造成的损害。〔2〕

2. 中止行为导致结果发生的场合

在中止行为直接导致与原犯罪相同的结果发生时，又是否可以当然地否定原犯罪构成中止呢？例如，【案例3】甲刺杀乙后顿生悔悟，遂求邻居丙驾车送其就医，甲陪同照料。因救人心切，丙超速闯红灯，岂料交通肇事，乙被撞身亡，丙对交通事故负全部责任。又如，【案例4】A刺杀B后顿生悔悟，遂自行驾车送其就医。因救人心切，A超速闯红灯，岂料交通肇事，B被撞身亡，A对交通事故负全部责任。【案例3】中丙构成交通肇事罪，即便是送人就医也不一定要以严重的交通违规行为作为条件，所以其行为对于原犯罪而言属于异常的介入因素。既然乙的死亡结果不归属于甲的刺杀行为，而应归属于丙的交通肇事行为，那么甲仍然能够认定为故意杀人罪中止。

【案例4】的不同之处仅在于驾驶者是原犯罪行为人，A的中止行为本身造成了与原犯罪相同的结果。对此有两种处理方法：方案一，如果将中止犯作为整体的“负犯罪”来理解，把中止行为看作成立“负犯罪”的构成要件，〔3〕那么，由于中止行为本身是犯罪行为，且发生了与原犯罪相同的结果，无论该结果归属于原犯罪行为还是中止行为，都没有满足“负犯罪”的违法构成要件，故A不成立故意杀人罪中止，对于A要么以故意杀人罪既遂与交通肇事罪的竞合论处，要么以故意杀人罪未遂与交通肇事罪并罚。方案二，倘若只是将中止行为作为判断原实行行为违法性与有责性的参考资料，那么对中止行为本身可以进行独立考察。即便中止行为构成犯罪，也不影响对原犯罪违法性与有责性降低的评价。换言之，中止行为可以同时具有犯罪的属性以及帮助评价原犯罪行为性质的属性。如此一来，当中止行为本身属于原

〔1〕［日］町野朔『刑法総論』（信山社，2019年）350-351頁。

〔2〕参见张明楷：《中止犯中的“造成损害”》，载《中国法学》2013年第5期，第116页。

〔3〕［日］井田良『講義刑法学・総論』（有斐阁，第2版，2018年）465頁参照。

犯罪行为的异常介入因素时，如后案中A的交通肇事行为完全可以像前案中丙的行为那样评价为导致结果发生的异常介入因素，就应认定A有两个行为即故意杀人行为与交通肇事行为，前者中止，后者既遂。按照方案二对A做出的处理结果无疑会比方案一更轻缓。并罚的结果会比前一种处理方法更轻。两种处理方法的争议关键在于中止行为造成与原犯罪相同的既遂结果，且当中止行为本身成为异常的介入因素时，是否满足“有效防止结果发生”这一要求。

首先，对于【案例3】中的甲与【案例4】中的A的处理结论应一致。因为【案例3】中丙开车送医的行为是经甲请求而做出的，本质上是甲中止行为的延伸，所以没有理由在认定甲成立犯罪中止的同时却认定A构成犯罪既遂或未遂。其次，【案例4】中A没有假借他人之手而是希望凭借一己之力进行救助，倘若结果没有发生，A自行开车的中止行为会更加有利于评价整个犯罪行为的违法性降低。所以【案例4】中A本应更有机会成立犯罪中止。最后，即便认为A的肇事行为极大地提高了乙死亡的风险，但在这个时点来临之前，A的中止行为仍然带来了导致结果发生的危险逐渐降低的正面效果，故可以评价为在一段时间内有效防止了犯罪结果的发生。

当然，由于中止行为本身造成了实害结果，所以该行为用以评价原实行行为违法性降低的作用减弱，行为人必须做出真挚的努力甚至要出于悔悟，在有责性降低层面予以弥补。详言之，在【案例3】中，甲必须是认真地选择了一位开车技术好、值得信赖的司机，倘若知道丙向来开车超速，违反交规，仍选任其为司机就难言是做出了真挚的努力；同时，在丙开车的过程中，甲也要时刻关注车况、路况，不能将风险完全推入丙的责任领域中。而在【案例4】中，A则需通过平稳驾驶、随时注意B的身体状况等行为来展现其努力的真挚性。此外，导致结果发生的中止行为必须是在期待可能性降低的情形下实施的，否则难言意图避免结果发生。倘若【案例4】中A不仅超速闯红灯，而且开车逆行，那么即便超速闯红灯可以说是因救人心切而不得已为之，也完全可以期待行为人出于保护被害人的需要而不在超速闯红灯的同时选择逆行。因此，此时难言付出了真挚的努力，不构成犯罪中止。反之，一旦是由于期待可能性降低而实施构成犯罪的中止行为，那么不管是出于故意还是过失都不影响中止行为可用以评价原犯罪违法性与有责性降低的属性。

【案例4】是行为人的中止行为过失导致与原犯罪相同结果的情形。中止行为故意导致与原犯罪相同结果的情形如，【案例5】乙服下甲准备的毒药后，甲顿生悔悟立即寻找解药，但药柜里另一种毒药与解药外表一样，标签不知去向，甲遂孤注一掷选择了一包给乙吃，岂料竟是毒药，乙毒发身亡。又如，【案例6】丁将5名小孩引到火车将要开来的A铁轨上，就在火车要开来时，顿生悔悟，积极扳道，希望将火车引入B铁轨。岂料此时B铁轨远处也有一个小孩戊在玩耍，但丁选择一命换五命。【案例5】中甲做出中止行为时具有致乙死亡的间接故意，[1]【案例6】中丁更是有致戊死亡的直接故意，但在甲与丁做出真挚努力并出于悔悟的场合，并不影响原犯罪行为成立犯罪中止。作为介入因素的中止行为本身造成的死亡结果不属于我国现行《刑法》第24条第2款中所说的“造成损害”，应当对其单独定罪，与原犯罪中止并罚。[2]当然，对中止行为本身构成的犯罪，是否仍有适用紧急避险、期待可能性降低等违法阻却（降低）或责任阻却（降低）事由的余地，还值得探讨。笔者认为，这些事由既然是该场合下中止行为得以确证的前提，在认定中止行为并使原犯罪享受处罚上的优待后，这些事由已被用尽，不应再用来阻却（降低）中止行为本身所构成犯罪的违法性与责任，使行为人二次受惠。[3]当然，如果原犯罪最终不构成犯罪中止，那么评价中止行为本身是否构成犯罪或者从宽处理时可以考虑这些尚未被评价过的犯罪阻却或刑罚减少事由。

3. 结果不可挽回地发生的场合

所谓结果不可挽回地发生，不是指具体案件中原本就没有结果回避可能性，而是指在犯罪着手之后，导致结果发生的因果流程在具体的时空条件下不可逆地会发生，即无论行为人采取什么方式，都不可能回避既遂结果的发生。在这种场合下，即便行为人幡然悔悟并竭尽所能地做出真挚努力，仍达不到违法性降低的最低要求，难以组合出值得减免处罚的中止犯类型。即便从刑事政策上来看，立法者也只是鼓励行为人能尽早地回头是岸，在有回避结果发生的可能时把握返回金桥的最后良机。但在具体时空条件下，一旦造成不可挽回的导致结果发生的因果流程，那么只能怪行为人自己错失良机。

---

〔1〕 认为不是故意仅有过失的观点，参见黄荣坚：《刑法问题与利益思考》，中国人民大学出版社2009年版，第6页以下、第18页以下。

〔2〕 参见张明楷：《中止犯中的“造成损害”》，载《中国法学》2013年第5期，第119页。

〔3〕 认为存在考虑紧急避险或期待可能性余地的观点，参见［日］大谷實『刑法講義総論』（成文堂，新版4版，2012年）393頁。

即在行为人通过严重的犯罪行为排除了回避结果发生的可能，或行为人因中止过迟导致结果必然要发生时，表现出行为人在具体犯罪中毫不手下留情或对保护法益的使命不够敏感，反映出其较大的特殊预防必要性；同时为了告诫国民不要实施过于严重的犯罪，即便犯罪也要留有余地并及时返回金桥，一般预防必要性也较大。所以，毫无实效的中止行为既不值得激励也不值得褒奖。

例如，【案例7】甲在深山中砍伤乙，在当时条件下以最有效的方式止血并以最快速度送医救治，乙仍因失血过多而死亡。在本案中，甲不应当认定为中止犯。将该结论与上述【案例4】做对比，乍看上去或许会有处罚不公平之感：【案例4】中因为A的中止行为造成了与原犯罪相同的结果，本身构成交通肇事罪，但原犯罪仍成立中止；【案例7】中甲的中止行为不构成犯罪，甲避免结果发生的真挚程度甚至高于【案例4】中的A，从而在有责性方面减少得更多，为什么本案中甲反而不能构成中止犯呢？即便认为【案例7】中甲没有防止既遂结果的发生，难道不能如【案例4】那样，理解为防止了中间结果的发生，在延缓结果发生的意义上降低了违法性吗？

需注意，作为中间结果的危险只有在与实害结果相关联时才有意义。通过降低危险所保护的动态法益也只在能左右实害结果时才值得保护。换言之，动态法益是一个矢量，不是毫无章法地运动着，而是朝着静态法益的方向运动。当实害结果在特定的时空条件下注定会发生时，延缓死亡结果发生的行为并没有更改危险通向实害的路径，即没有通过保护动态法益将因果流程扭转至保护静态法益的方向。尽管【案例4】中A的中止行为最终造成了实害结果，但在实害结果出现，危险急剧增加的时点到来前，A的中止行为通过提高得到医治的概率，直指避免死亡结果出现的方向。与此相对，在【案例7】中，因血液流速及流量不同，死亡的时点可能会有差异，甲的止血送医行为无非是在时间这个维度上延缓死亡的到来，并没有逆转危险朝着死亡结果发展的方向，所以该挽救行为不能用以评价原犯罪行为的违法性降低。

那么，与以下【案例8】相比，在什么意义上可以说【案例7】中甲的犯罪行为更加严重，以至于丧失了成立中止的机会呢？【案例8】甲’在离医院仅有百步处砍伤乙’，乙’的伤情比【案例7】中的更重，甲’立即将乙’送往医院使其得救。确实，仅从伤情这一点来看，【案例8】中甲’的行为确实比【案例7】中的甲更严重。但实行行为是个规范概念，不仅包含身体动作这一个要素，而且包含行为的时间、地点、状态以及方法等。综合行为发生时的各种情状来看，在甲和甲’决定将乙和乙’送医救治时，【案例8】中乙’的获救可能性远远大于【案例7】中的乙，而该情状在实行原犯罪行为时就存在，所以【案例8】中原犯罪行为的违法性可以说本来就比【案例7】中的更低。换言之，【案例7】中甲选择了一个不利于救助被害人的时空条件实施杀害行为，尽管在中止前伤害程度并不严重，但只要造成了当时情状下难以挽回死亡结果的局面，就应认定为实施了使自己丧失中止机会的严重犯罪。

总而言之，我国现行《刑法》第24条第1款中的“有效防止犯罪结果发生”可以且应当扩大解释为“通过有效防止中间结果高概率地防止既遂结果发生”。但是，无论如何扩大理解，也不能也不应完全架空“有效防止犯罪结果发生”这一明文规定的中止犯成立条件。因此，难以认为“因中止得太晚或侵害法益太重以致自始就妙手不可回春的情形”也属于“有效防止犯罪结果发生”。

4. 共同导致结果发生的场合

行为人与他力共同导致结果发生的情形，可以细分为两种：第一，中止行为本来可以有效防止犯罪结果发生，由于介入因素导致与原犯罪相同的结果出现，但该介入因素并不异常，即不能阻断原犯罪行为与结果发生之间的因果关系。第二，中止行为与他力共同导致了与原犯罪相同的结果发生，但并不构成阻断原犯罪行为与结果发生之间因果关系的异常介入因素。无论哪种情形，从结局上看既然能够将犯罪结果归属于原犯罪行为，那么意味着中止行为没有降低导致结果发生的危险。这只是“现实的因果关系与最初构想的因果关系之间的偏差，而这种差异……大多时候并不重要”，[1]原犯罪仍然应认定为既遂，只是把反映有责性的降低的情节作为量刑时酌情考虑从轻或减轻处罚的考虑因素。

需注意的是，共同导致结果发生的场合与前述结果不可避免发生的场合有本质不同。在共同导致结果发生的场合下，中止行为仍有回避结果发生的可能性，只不过后来偏离了这条可行的路径，走向了伴随介入因素导致结果发生的歧途。与此相对，在结果不可避免地发生时，根本不存在返回的金桥。所以，在开始中止的时点，共同导致结果发生的场合下原犯罪行为的违法性

〔1〕［德］冈特·施特拉腾韦特，洛塔尔·库伦：《刑法总论Ⅰ——犯罪论》，杨萌译，法律出版社2006年版，第282页。

比结果不可避免发生时要低一些，导致既遂结果出现的概率也不同。虽然都不成立有效的中止犯类型，但在量刑时仍有区分的意义。

综上所述，在形同原犯罪既遂结果已发生的场合，当既遂结果可以归属于原犯罪行为时，当然不成立中止犯。但是，“在结果发生与实行行为没有相当因果关系的场合，仍有中止犯成立的余地”。[1]有学者主张此时至少“应该类推适用中止犯，从轻处罚。此类推适用不会恶化行为人的法律地位，因此不抵触罪刑法定原则”。[2]笔者则更倾向于通过“中间结果”与“异常介入因素”的运用，将该情形直接纳入中止犯的应有之义中。当既遂结果只归属于他力或中止行为时，为成立中止犯，除相应的有责性降低外，还需要中止行为在客观上指向避免结果发生的方向。另外，针对未发生既遂结果和已发生既遂结果两种情形下违法降低程度不同的各种场合，如图 7-2 所形象化展示的，分别需要搭配不同程度的责任降低，以形成满足减免处罚根据中的刑事政策要求的中止犯类型。

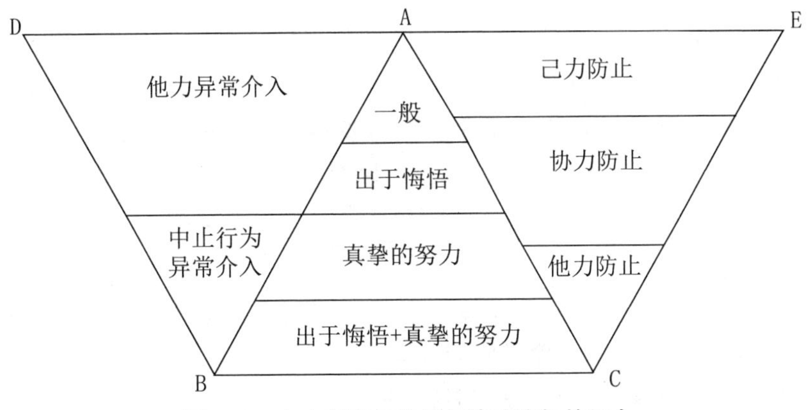

图 7-2　中止犯责任降低与违法降低的组合

注：△ABC 表示有责性自上而下逐渐降低的层级，△ABD 和△ACE 分别表示发生既遂结果与未发生既遂结果时违法性自下而上逐渐降低的层级。四边形 ABCE 表示未发生既遂结果时中止犯的成立类型，四边形 DBCA 表示发生既遂结果时中止犯的成立类型。

---

〔1〕［日］曾根威彦『刑法原論』（成文堂，2016 年）506 頁注 70。

〔2〕林东茂：《刑法综览》，中国人民大学出版社 2009 年版，第 169 页。

第三节　政策因素视角下的中止犯成立类型

一、作为约束条件的政策因素

根据类型并合说，违法性降低与有责性降低虽可相互补足，但最终能否成立值得减免处罚的中止犯类型，还受政策因素的影响。政策因素包含政策激励与政策褒奖两个方面，且主要是后者。值得褒奖的原因在于满足了刑罚目的的需要。预防犯罪的必要性是一种具有社会防卫性质的前瞻性判断，这使政策因素具有灵活性，依各国的社会现状以及具体裁判结果的需要，针对同一案情可能会得出截然相反的处理结论。例如，对于考虑女子处于经期，出于怜悯之心，停止强奸的情形，日本有判例以客观上可以完成强奸但行为人选择停止为由，肯定中止犯的成立，〔1〕但在我国有着不同的处理。

例如，2000 年 5 月 16 日下午，冯某纠集张某、施某卫及“新新”等人强行将被害人曹某带至某宾馆，进入以施某卫名义租用的客房。冯某、张某、施某卫等人使用暴力、威胁等手段，强迫曹某脱衣服站在床铺上，并令其当众小便和洗澡。嗣后，被告人张某对曹某实施了奸淫行为，在发现曹某有月经后停止奸淫；被告人施某卫见曹某有月经在身，未实施奸淫，而强迫曹某采用其他方式使其发泄性欲。〔2〕上海市长宁区人民法院认为，“被告人施某卫主观上具有奸淫的故意，后自动放弃奸淫意图而未实施奸淫行为，是强奸犯罪中止”。对此，检察机关提起抗诉认为，“被告人施某卫虽未实施奸淫行为，但并没有自动放弃奸淫意图。原判认定被告人施某卫属强奸犯罪中止，违背了法律有关犯罪中止的规定”。上海市第一中级人民法院二审认为，“施某卫的行为不能认定为犯罪中止，其行为具有严重的社会危害性，原判对施某卫适用减轻处罚不当，依法应予以改判”。

本案中，一审法院与检察机关的分歧在于行为人是否自动放弃了奸淫意图。二审法院虽然支持了检察院的结论，但并未就该争议做出决断，而是转

---

〔1〕 日本大阪地判平成 9 年 6 月 18 日判時 1610 号 155 頁参照。

〔2〕 参见“张某、施某卫等强奸、强制猥亵妇女案”（法宝引证码 CLI. C. 71642）。

向政策因素的考虑，以具有严重的社会危害性为由否定中止犯的成立。被告人施某卫没有造成强奸的既遂后果，已造成的猥亵结果虽有可能评价为强制猥亵罪中的严重社会危害性，但无法直接评价为强奸罪中的严重社会危害性。所以二审法院所说的“严重的社会危害性”应理解为被告人的犯罪行为反映其具有较大的特殊预防必要性，以及因为造成了较大的社会影响，故需通过对行为人的严惩来恢复一般民众对法的信赖，以实现一般预防。该案原本属于没有发生既遂结果的情形，且行为人的中止行为与该结果未发生之间有紧密的因果性，所以只需有责性一般性地降低即可。但在判断是否具有自动性时，二审法院实际上是基于上述政策因素的考虑，无论采用哪种学说都会为了得出否定中止犯的结论而做出不具有自动性的判断，即否定有责性降低。日本也有判例在行为人因被害人提出为其口淫而停止奸淫行为，其后让被害人进行口淫、手淫的案件中否定自动性。〔1〕

即便在行为人做出了真挚努力，甚至表露出悔悟的场合，也可能基于政策因素的考虑而得出不成立犯罪中止的结论。例如，2008 年 6 月 19 日 20 时许，李某容以一同到龙岩玩为由将潘某秀骗上车。20 日凌晨，李某容停车，用绳子将潘某秀绑在座位上，抢走潘某秀携带的财物并逼迫潘某秀说出金穗卡密码。4 时许，李某容用绳子猛勒潘某秀的脖子致其昏迷，并用绳子将潘某秀的手脚捆绑后扔到汽车后备箱。李某容在途中发觉潘某秀未死遂打开后备箱，先后用石头砸潘某秀的头部，用随身携带的小剪刀刺潘某秀的喉部和手臂致使潘某秀再次昏迷。6 时多，李某容恐潘某秀未死，中途购买一把水果刀，准备杀害潘某秀。苏醒后的潘某秀挣脱绳索，乘李某容上厕所之机，打开汽车后备箱逃至公路上向过路行人呼救，行人用手机报警。李某容见状即追赶潘某秀，并用水果刀捅刺潘某秀的腹部，因潘某秀抵挡且衣服较厚致刀柄折断而未能得逞。李某容遂以“你的命真大，这样做都弄不死你，我送你去医院”为由劝潘某秀上车。潘某秀上车后李某容又殴打潘某秀。后潘某秀在一加油站旁从车上跳下向路人呼救。李某容大声说“孩子没了不要紧，我们还年轻，我带你去医院”以搪塞路人，并再次将潘某秀劝上车。李某容威胁潘某秀不能报警否则继续杀她，潘某秀答应后，李某容送潘某秀去医院。途中，潘某秀要回了被抢财物，并打电话叫朋友赶到医院。8 时许，李某容将潘

〔1〕 日本和歌山地判平成 18 年 6 月 28 日判タ1240 号 345 頁参照。

某秀送医院治疗，并借钱支付了4000元医疗费。经鉴定，潘某秀的伤情程度为轻伤。[1]

被告人李某容辩称，“送被害人潘某秀到医院的原因不是无法下手，而是其清楚杀人要偿命，才送潘某秀去医院的”。其辩护人提出，“由于被告人仍然掌控着被害人，被告人本可将车开往没人的地方继续实施杀人犯罪，但其自动放弃犯罪，并将被害人送入医院治疗，应认定为犯罪中止”。对此，福建省龙岩市上杭县人民法院则认为，“李某容在实施故意杀人犯罪的过程中由于意志以外的原因而未得逞，是犯罪未遂。（1）李某容在主观上并没有自动放弃杀人的故意，而是在客观上已是白天，路上行人多，潘某秀有反抗能力，李某容担心路人已报警罪行败露的情况下，才被迫停止犯罪，属于犯罪未遂。（2）李某容因急需钱用预谋对潘某秀实施抢劫并杀人灭口。李某容在劫取潘某秀的财物后，因怕罪行败露而实施了一系列的杀人灭口行为，虽因其意志以外的原因而未得逞，但已致潘某秀轻伤，其犯罪情节极为恶劣，社会危害性极大，因此，不宜减轻或免除处罚”。

本案法院意见中的“社会危害性极大”也是从预防犯罪的角度来考虑的。被害人只受轻伤，最终获救依赖于被告人李某容的送医救助行为，从客观上看是被告人的行为遮断了导致死亡结果发生的因果流程。此外，被告人将财物返还被害人，允许其打电话通知朋友前来照料，并积极地将其送往医院、垫付费用，这一系列行为表现出其真挚的努力与悔过之意。即便因为害怕被追究刑事责任而威胁被害人不得报警，也不排除自动性与中止意思存在的余地。当被害人仅受轻伤时，即违法性降低幅度较大的场合，本来并不需要特别高程度的责任降低就能组合出满足减免处罚根据的中止犯类型。但是，被告人多次行凶，反映出其特殊预防必要性大。此外，被告人在白天的公路上继续行凶，极大地动摇了国民的法规范意识，需要通过严惩来实现一般预防的目的。出于刑罚目的的考虑，为了不留有依照中止犯规定减免处罚的余地，就不得不看重作为犯罪工具的水果刀刀柄折断以及被告人所说的“你的命真大，这样做都弄不死你”等事实，从而在检讨有责性降低时将送医情节归纳为行为人在无奈之下的末路之举，否定被告人停止杀害行为的

[1] 参见福建省龙岩市上杭县人民法院（2008）杭刑初字第238号刑事判决书。

自动性。[1]

综上所述，作为约束条件的政策因素可为具体案件中止犯构成要件要素的判断限定解释的方向，将明显不满足刑罚目的要求的中止犯类型划到减免处罚根据的存在域之外。

二、危险犯的中止

以犯罪行为与作为构成要件结果的危险出现之间是否存在可供评价危险程度变化的间隔为标准，可将危险犯分为危险结果犯与危险行为犯。由于危险行为犯中犯罪一经着手就能终局性地评价为出现了作为构成要件结果的危险，似无成立中止的余地及必要，因此本章所讨论的危险犯中止，主要是指犯罪行为与危险结果出现之间尚有余地权衡危险发展变化的危险结果犯。

从表面上看，危险犯的中止涉及的是中止时间性的问题，但实际上是如何运用减免处罚根据界定危险结果犯中止类型的问题。即便认为危险犯是将既遂的时点提前到了未遂阶段，但从表面上看，危险犯的中止涉及的是中止时间性的问题，但实际上是如何运用减免处罚根据界定危险结果犯中止类型的问题。即便认为危险犯是将既遂的时点提前到了未遂阶段，但倘若一概否定危险犯的中止，就会令人感到困惑，如德国学者指出的，既然形式上的既遂时点往往是非常随意地被确定下来的，那么为什么中止犯减免处罚的依据不在于行为人阻止了自己的不法结果，而在于行为人在既遂时点前实施了中止行为？因此，或许至少有必要对实质上还未既遂的犯罪的中止类推适用中止犯减免处罚的规定。[2]当然，并非一切停止继续实施犯罪行为的危险犯都值得赋予处罚上的优待，时间性要件与法感情上的矛盾以及法感情内部的细微差别应如何说明，正是研究危险犯中止问题的主要任务所在。危险犯的中止不是从构成要件的评价上开始论证的，而是首先通过法感情推动作为约束

〔1〕 当然，本案在中止犯的时间要件上也存在问题。从第一次杀害行为即“用绳子猛勒潘某秀的脖子致其昏迷”到把被害人送往医院，中间间隔了4小时，完全有可能将被告人决定送医前未造成死亡结果的杀害行为评价为已经形成了犯罪未遂这一停止形态，从而丧失了就同一行为再次成立犯罪中止这一停止形态的时间条件。

〔2〕 参见［德］冈特·施特拉腾韦特、洛塔尔·库伦：《刑法总论Ⅰ——犯罪论》，杨萌译，法律出版社2006年版，第283-284页。

条件的政策因素，直觉性地将部分危险犯的中止类型划入具有减免处罚根据的存在域之中。但是，通过政策因素划定的只是一个模糊的范围，为描绘出其具体类型，仍有必要详述其在犯罪构成上是怎样组合违法性降低与有责性降低以满足刑罚目的的。下文以作为具体危险犯的放火罪为例展开说明，相关论证与结论可推广至全体危险结果犯。

首先，设立危险犯的目的与设立犯罪中止制度的目的不矛盾。设立危险犯的初衷是要提前保护法益，在法益处在危险阶段，尚未受到实际损害时就用刑罚威慑行为人，令其望而却步；同时通过尽早地处罚行为人，使行为人不能继续造成严重的法益侵害，并使一般国民增强保护法益的意识。设立犯罪中止制度则是通过激励行为人迷途知返，降低自身的特殊预防必要性，避免对法益的进一步侵害，从而实现对法益的保护。可见，二者都是从保护法益这个核心目的出发的，理应并行不悖。而且，与其在法益侵害较低的危险犯情形下处罚行为人，使其将侵害进行到底，不如及时劝其浪子回头，避免法益侵害的现实化。如果不是坚持行为无价值论的立场，仅因行为违反了规范就必须处罚，而是站在结果无价值论的立场考虑最有效的法益保护方式，当然会认为比起事后惩罚犯罪，事前预防犯罪更为重要。从而在法益侵害较轻的场合更有激励行为人趁早收手的可能与必要。因此，较之实害犯，危险犯更具有成立犯罪中止的余地。此外，危险犯中止时的法益侵害程度与预防必要性较之相应的实害犯中止更低，更应获得量刑上的优待。也正是在犯罪的预防这一点上，可以说“准中止制度和既遂后中止制度是一个问题的两个方面，也可以说，两种制度是一个立法意在两类犯罪中的共同贯彻”。[1]既然如本章第二节中所论证的，当中止行为欠缺与结果不发生之间的因果关系时，仍然有可能承认准中止犯的成立类型，那么顺理成章也应接受危险犯中止的合理性。

其次，危险犯的规定本身包含实害犯中止的情形，危险犯自身也存在成立中止的可能。障碍未遂与中止未遂都是未遂犯的表现形态，我国现行《刑法》第114条作为第115条第1款未遂犯的既遂化，理论上当然也包含后者

[1] 李邦友、魏修臣：《行为犯既遂后“中止”探讨》，载《中国刑事法杂志》2009年第10期，第32页。

的中止未遂。[1]既然第115条第1款的中止犯也已被第114条既遂化，那么就不应再同时适用第115条第1款与第24条第2款的规定减免处罚，[2]而应直接适用第114条（再考虑是否同时适用中止犯的规定问题）。[3]其实，倘若认为对于所谓的第115条第1款的放火中止而言，虽然中止行为避免了“致人重伤、死亡或者使公私财产遭受重大损失”等实害后果，但放火行为对公共安全已经造成的危险属于我国现行《刑法》第24条第2款中所说的“造成损害”，[4]那么即便认定为中止犯也不能直接免除处罚，而是要依照第115条第1款的法定刑减轻处罚。如此一来形成的处断刑与第114条的法定刑是一致的。真正值得检讨的危险犯中止问题，实际上是第114条放火罪本身能否成立犯罪中止，[5]能否比照危险犯的法定刑减免处罚，[6]以及需满足什么条

---

〔1〕 也有学者不是从未遂犯的思路而是从刑罚限制的思路出发，主张“在行为人积极实施行为以追求实害结果发生的犯罪中，所谓危险犯，只是立法者为了从重从严打击相应犯罪而为具体危险状态单独配置法定刑，它并非独立的犯罪形态，而仅仅是实害犯在实现过程中所出现的具体危险状态，从刑法规范目的来讲，它同时针对实害犯的中止和实害犯的未遂两种情况”（周铭川：《论法定危险状态出现之后能否成立中止犯》，载《上海交通大学学报（哲学社会科学版）》2012年第3期，第47页）。

〔2〕 倘若此时还适用实害犯的规定来认定中止，那么会有架空危险犯规定之嫌（参见陈建桦、杜国伟：《危险犯既遂后中止问题新解》，载《中国刑事法杂志》2013年第6期，第6-7页）。

〔3〕 有学者因为否定结果加重犯的未完成形态，所以在成立危险犯既遂的前提下为中止寻找理由（参见陈勇：《关于危险犯既遂后主动排除危险状态行为的思考》，载《政法论丛》2002年第5期，第28页）。但笔者认为作为结果加重犯的实害犯（如我国现行《刑法》第115条第1款规定的放火罪），当对加重结果具有故意时当然也存在未完成形态，只不过是被法定化为危险犯（如我国现行《刑法》第114条的放火罪）罢了。

〔4〕 张明楷：《刑法学（上）》，法律出版社2021年版，第489页。其指出，《刑法》第24条第2款中的“‘损害’一般仅限于行为造成的实害，不包括行为造成的危险。……但是，如果刑法分则规定了独立的具体危险犯……行为人虽然自动避免了实害结果的发生，但仍然符合独立的具体危险犯的成立条件时，则宜认定为造成了损害，应当减轻处罚，而不宜免除处罚”。

〔5〕 有学者通过区分既遂状态与停止状态来说明危险犯的中止，且极力强调不是相对于实害犯的中止（参见姜敏：《危险犯既遂后的中止问题研究》，载《政法学刊》2008年第1期，第83-84页）。但从其论证来看，似乎只能说明实害犯中止的成立，无法论证中止行为使“危险状态”在到来之前得以停止，难言是对危险犯中止的有力说明。

〔6〕 有学者只承认危险犯中结果犯的中止，而不承认危险犯中行为犯的中止（参见刘明祥：《论危险犯的既遂、未遂与中止》，载《中国法学》2005年第6期，第135页）。但论者实际上混淆了实害犯与结果犯以及危险犯与行为犯，将本属于实害犯的结果犯也认定成了危险犯（如我国现行《刑法》第115条第1款的放火罪本是实害犯，但该论者认为是危险犯中的结果犯），本质上仍然是否定真正的危险犯（该学者所言的危险犯中的行为犯）的中止。本章所说的危险结果犯完全不同于该论者所说的危险犯中的结果犯。详言之，本章所说的危险结果犯不包括该论者所说的危险犯中的结果犯，但包括部分其所说的危险犯中的行为犯，剩下的那部分论者所说的危险犯中的行为犯则归入本章所说的危险行为犯之中。

件才能构成危险犯本身的中止。

否定危险犯中止的关键理由是，“当某种危险状态形成了，行为的社会危害性已达到一定程度，即便以后自动解除危险，并不能否定危险状态曾经存在的事实”〔1〕“法定危险状态出现后，不法事实就已达致可罚性的标准，并不存在因行为人的中止行为而减除或消灭已经产生的不法评价，否则将不利于保护法益”。〔2〕可是，一方面，如前所述，在制度目的上，设立危险犯与设立犯罪中止都是从保护法益这个核心目的出发的，二者可并行不悖；另一方面，有关危险的判断并非纯粹的静态事实判断，而是对事实的动态规范评价。〔3〕与实害犯相比，由于实害结果的出现是确定的客观事实，不会因为其后的行为更改性质，所以一旦既遂，就排除中止犯成立的可能。而在危险犯的场合，即便出现了可评价为既遂根据的危险，也会因为该结果存在更改评价的可能，从而留有成立中止犯的余地。正是由于“危险”本身是一个可评价的概念，所以在犯罪未终了之前，随时存在修改这一评价的可能，即危险出现后行为人尚有选择是否反向操纵危险的机会，行为人有可能通过自身努力降低该危险所彰显的违法性。倘若行为人放弃了这一朝反方向消解危险的修改机会，在犯罪终了后，将终局地维持着手后即产生的对危险的高程度评价，亦即危险达到不可逆的程度。或许危险犯存在犯罪中止正是中止犯作为反过来的犯罪论本身所具有的颠覆性力量造成的，可将评价为犯罪既遂的根据（危险程度被评价为较高）直接反过来评价为成立犯罪中止得以减免处罚的根据（危险程度被评价为降低）。简言之，在作为既遂根据的危险已产生，但尚未脱离行为人控制的场合，由行为人主动将其向反方向逆转的，有评价为中止犯的余地。〔4〕

最后，既然是比照危险犯的法定刑减免处罚，那么，在评价违法性降低时就不应考虑中止行为遮断了实害结果发生的因果流程。在危险犯中，通过

---

〔1〕 毛毅坚：《论危险犯的中止与既遂》，载《政治与法律》2006 年第 2 期，第 141 页。

〔2〕 刘昊：《危险犯既遂后犯罪中止之否定及理论评介》，载《江苏警官学院学报》2020 年第 2 期，第 36 页。

〔3〕 关于危险结果不是纯粹的事实判断而是规范评价的详细分析，参见本书第一章第一节。

〔4〕 也有学者从危险状态是否脱离行为人自力控制的角度出发肯定危险犯中止与未遂存在的余地（参见吴丙新：《危险犯停止形态研究》，载《山东公安专科学校学报》2003 年第 2 期，第 46 页以下）。但该论者的立论基础是到达危险犯既遂状态所要求的程度之前，有一个存在论上的危险层升过程。这与笔者在规范论上就同一危险状态先后作出不同评价的论证方法有本质区别。

中止行为只是使可逆转的危险发展流程不再继续，将先前可评价为既遂根据的危险程度作降低评价，但不可否认的是，为危险犯的既遂结果奠定基础的事实本身客观上的确已经出现。所以，与实害犯的中止相比，违法性降低极少。此外，设立危险犯本身也是为了通过提前处罚促使行为人尽早形成反对动机，实现保护法益的目的，并不完全依赖于中止规定的激励作用。所以，并非一切自动中止的危险犯都有资格享受减免处罚的优待。唯有对特殊预防必要性极小的行为人减免处罚，才不至于使危险犯提前处罚的立法目的落空。因此，一方面承认危险犯可以有中止形态，另一方面也必须提高构成危险犯中止的标准。既然违法性降低只达到最低标准，那么有责性必须最大限度地降低。换言之，成立危险犯的中止，必须要求行为人出于悔悟且做出真挚的努力，否则仍应基于已经出现的危害结果（如放火对公共安全已经造成的危险）认定为危险犯既遂（而非实害犯的中止犯）。

例如，被告人张某宝于 2009 年 3 月 9 日 11 时许，在中坤大厦 10 层正在装修的 1012 室内（房主黄某忠），与该房间装修工程的转包方崔某龙就装修工程欠款一事发生纠纷。被告人张某宝为泄私愤，要挟崔某龙交付工程欠款，而将自己反锁在 1012 室内，将房间内存放的两桶易燃稀料和锯末倾洒在地，持随身携带的打火机试图在房间内放火。因公安人员及消防队员及时赶到现场，并经民警反复劝解后张某宝自动放弃放火行为，主动打开门后被民警抓获归案。从其身上起获 2 个打火机，经试验均能正常使用。[1]北京市海淀区人民法院认为，"虽被告人张某宝的犯罪动机是为索要欠债，其犯罪行为尚未造成严重后果，但其行为的潜在危害性极大。本案案发现场是在中坤大厦的十层，且其试图用来放火的材料锯末、稀料均为易燃易爆品，一旦起火则极难控制火势，若其行为既遂则后果不堪设想；且因其扬言要放火，公安民警与消防官兵均赶到现场，浪费了大量宝贵的公共资源，造成了现场的混乱。因此其行为不能视为没有造成损害。鉴于被告人张某宝在犯罪过程中自动放弃犯罪，系犯罪中止，且当庭认罪态度较好，本院依法对其减轻处罚"。

本案中，法院虽然认定被告人造成了我国现行《刑法》第 114 条放火罪的客观危险，且注意到"一旦起火则极难控制火势，若其行为既遂则后果不堪设想"，却仍认定成立中止犯。笔者认为主要考虑了以下两点：第一，被告

---

〔1〕 参见北京市海淀区人民法院（2010）海刑初字第 1509 号刑事判决书。

人的犯罪动机只是为了索要欠款，不是为了杀人、毁物而放火。一旦满足其犯罪目的，即可使其悔过自新，即容易形成悔悟动机，特殊预防必要性小。事实上行为人也确实通过行动表现出了悔悟。第二，被告人虽然是经反复劝解，做出了思想斗争后才中止犯罪的，但被告人主动开门投案以及身上虽有2个打火机却一直没有点火等事实，足以表明其一直掌控着危险发展的流程，适时地扭转了局面，为将危险止于未遂阶段做出了真挚的努力。

另外，比起具体危险犯，抽象危险犯的既遂对危险的程度要求更低，所以虽不能完全否定成立中止犯的余地，但认定时应更加严格。尤其是在抽象危险已长时间出现的场合，应认定行为人并非真挚地避免结果发生，成立犯罪既遂。例如，行为人为逃避交警临检，醉酒驾车逃跑半小时后幡然悔悟，主动将车停在路边接受处理的，应认定行为人早已错过了扭转危险评价的时机，停车接受检查的行为难言是真挚地希望避免（已发生的）危险结果不发生，构成危险驾驶罪既遂。在具体危险犯中，也存在错过时机的情形。例如，2010年1月28日夜，被告人宋某良因感情问题，在其女友贾某的暂住地内释放屋内（女方本不在屋内，后经要求进入屋内）煤气罐中的煤气并手持打火机，欲点燃煤气罐。[1]被告人宋某良辩称其仅是想吓唬贾某，经过公安机关劝说，自己主动从屋里走出来并把打火机交给民警。其辩护人辩称，“被告人宋某良有中止情节，又没有产生危害结果，依法应免除处罚”。北京市丰台区人民法院则认为，“宋某良因感情问题，发短信恐吓贾倩，并闯入贾某暂住地内释放煤气罐内燃气，在民警到达现场后，不听劝阻继续释放燃气，并手持打火机威胁，其行为足以危害公共安全，故对辩护人的辩护意见不予采纳”。

本案中最终否定犯罪中止，笔者认为主要有三点考虑：第一，被告人形成放火行为的动机比较随意，为了单方面徇情不惜造成公共危险。其犯罪目的也难以满足，主动放弃犯罪的可能性小，更难在短时间内幡然悔悟，特殊预防必要性大。第二，被告人在民警到达现场后没有立即放弃犯罪，且继续释放燃气。这表明其放任危险继续发生，没有试图去将危险控制在未遂阶段，难言付出了真挚的努力。第三，如证人的证言——民警让被告人出来，被告人让贾某进屋单独谈话，因为屋门被他反锁了，民警让他出来过一次，但他一手拿着煤气罐，一手拿着打火机，我们就赶紧往后躲，民警又继续跟他谈

〔1〕 参见北京市丰台区人民法院（2010）丰刑初字第1297号刑事判决书。

话，他又进屋了——所示，被告人不仅让其女友由屋外安全地带进入屋内承受死亡的危险，而且出来后继续威胁在场人员，并再度回到充满燃气的屋内，错过了成立中止的时机。如果被告人第一次出来时主动归案，仍有缩小评价先前造成的危险，使其降至未到达既遂程度的可能。但几经反复之后就不得不认定宋某良已经将既遂危险固定化，终局性地不可再逆转了。

综上所述，造成危险犯无中止余地这一表现的根源在于形式化的法律逻辑。但是，“逻辑绝非思想的全部，亦非法律的全部。任何一种知识（包括法律），如果只讲逻辑，这个知识就会机械化，会出现缝隙，会失去人的味道”。[1]政策因素的作用或许就在于把这种人的味道给找回来吧！从政策的角度来看，应为危险犯留下成立犯罪中止的可能，但在成立条件方面，为了弥补危险犯中止时违法性降低较少之不足，需在责任降低方面提出相当高的要求。尤其是需要在危险出现后及时实施中止行为，否则难以体现中止意思的高度真挚性，应评价为危险结果已终局性地确定下来了。

结　语

根据笔者所主张的类型并合说，中止犯的减免处罚根据是以政策因素为约束条件，违法性降低与有责性降低的不同程度组合而成的存在域。本章立足于该类型并合说，从作为并合要素的责任降低、违法降低与政策因素三个视角出发分别展示不同中止犯成立类型中需要何种程度的责任降低与违法降低组合在一起以满足刑罚目的的最低要求，以此呈现中止犯减免处罚根据问题与中止犯成立条件问题二者之间的关联。首先，自动性与中止意思是反映中止犯有责性降低的两个独立要素，这两个要素各自内部存在不同层级，二者结合后使有责性降低的层级更加丰富。其次，中止行为只需与危险消灭（而非结果不发生）之间存在因果关系即可反映中止犯的违法性降低。当中止行为消灭危险的作用不明显时，需要行为人做出真挚的努力或出于悔悟，甚至二者兼备。若形同原犯罪的既遂结果只能在客观上归属于作为异常介入因素的他力或中止行为本身，则原犯罪仍有构成中止的余地，但需要中止行为在客观上确实指向避免结果发生的方向。最后，政策因素作为评判责任与违

---

〔1〕 林东茂：《刑法综览》，中国人民大学出版社 2009 年版，第 163 页。

法降低程度的不同组合是否足以依照中止犯规定减免处罚的约束条件，一方面可指示中止犯相关成立条件是否满足的判断方向，直接否定不满足刑罚目的的中止犯类型；另一方面为认定危险犯的中止提供了正当化基础，并对危险犯中止时的有责性降低提出了较高程度的要求。